**누구보다 맨유
전문가가 되고싶다**

프리미어리그 시리즈01
_맨유

누구보다 맨유
전문가가 되고싶다

누구보다
맨유
전문가가
되고싶다

이성모 지음

1878년 뉴튼 히스 LYR에서 현재의 맨체스터 유나이티드까지
한국의 '레드 데블스'를 위한 맨유 FC의 모든 것

bs
브레인스토어

누구보다
맨유 그리고 PL 전문가가
되고 싶은 분들께

작가의 말

"맨유의 역사는 맷 버즈비 감독 부임 이전과 이후로 나뉜다."

이 책에는 약 150년에 이르는 맨체스터 유나이티드의 역사를 빼곡히 채워온 중요한 이야기들이 모두 담겨 있습니다. 그 역사 속에는 맨유가 겪어야 했던 두 차례의 파산 위기와 올드 트래포드 위에 떨어진 독일군의 폭격, 퍼거슨 감독이 겪었던 경질 위기와 그가 온갖 난관을 이겨내고 잉글랜드 리그 최다 우승팀의 자리를 차지하기까지의 과정들이 생생히 묘사되어 있습니다. 상당수가 이 책을 통해 국내에 처음 소개된 이야기들입니다.

퍼거슨 감독 재임기간의 이야기나 올드 트래포드를 빛낸 수많은 레전드들의 이야기, 그리고 그 외의 전체 역사에 대해서도 심혈을 기울여 썼지만 특히 위에 인용한 '챕터 4' 속에 담긴 내용들이 제가 이 책을 맨유의 가장 열정적인 팬분들께도 자신 있게 권해드릴 수 있는 이유입니다. 맨유의 역사는 퍼거슨 감독 이전에 있었던 맨유의 명장인 버즈비 감독이라는 인물, 그리고 그의 재임기간에 있었던 일들과 결코 떼놓고 이야기할 수 없습니다.

맨유 팬들은 이 책을 통해 '버즈비의 아이들'로부터 뮌헨 참사를 거쳐 '맨유 삼위일체'까지 이어지는 그 시절의 이야기를 보면서 맨유라는 팀의 영혼과 정체성이 어떻게 만들어졌는지를 확실하게 알 수 있을 것입니다. 축구계 최악의 재앙으로 불리는 고난을 이겨내고 유럽 최정상에 오른 그들의 이야기를 통해 가슴 깊이 '내가 이런 위대한 팀의 팬이다'라는 자부심 또한 느낄 수 있을 것입니다.

이 책은 더더욱 비단 맨유 팬뿐이 아닌 프리미어리그의 모든 팬분들, 더 나아가서 특정 리그와 관계없이 축구를 사랑하는 모든 분들께 꼭 보여드리고 싶은 책입니다. 프로축구의 종주국인 잉글랜드에서 세계적으로 팬이 가장 많은 '빅4'팀들 중 가장 오랜 역사를 갖고 있는 맨유의 역사를 들여다보는 것은 맨유라는 주인공을 통해 축구의 역사를 돌아보는 것과 다름없습니다.

특히 최초의 프로리그인 '풋볼리그'의 탄생 배경을 다룬 부분이나 풋볼리그 초기에 존재했던 테스트 매치에서 시작된 맨유와 리버풀의 인연에 대한 부분은 축구팬 전체에게 도움이 될 만한 부분임과 동시에 맨유와 가장 큰 경쟁 관계를 형성하고 있는 리버풀 팬들에게도 오히려 흥미롭게 다가올 수 있는 부분일 것입니다. 역설적으로, 저는 이 책이 그 리버풀의 팬분들을 포함하여 맨유를 좋아하지 않는, 아니 싫어하는 분일수록 꼭 읽어보실 만한 책이라고 말씀드리고 싶습니다.

과거 잉글리시 프리미어리그 시리즈 도서들에 보내주신 축구팬분들의 리뷰와 의견은 하나도 빠짐없이 모두 확인했습니다. '지하철에서 책을 읽으면서 너무 행복해서 소리를 지르고 싶었다'는 리뷰나 '다른 팀 팬이 읽어도 재미있어서 누구에게라도 권할 만하다'는 의견을 보면서 저자로서 무척 행복했습니다. 이번에 새롭게 다시 작업한 『누구보다 맨유 전문가가 되고 싶다』는 그 외에도 보내주신 각종 의견들을 반영하여 집필했습니다. 이번 책과 앞으로 이어질 시리즈에 대해서도 많은 의견 부탁드립니다.

이 책의 개정판 작업을 마치며 그 누구보다 출간된 지 10년 된 이 책에 애정을 갖고 개정판이 나올 때까지 도와주시고 함께 작업해주신 브레인스토어의 홍정우 대표님 및 편집부 분들께 감사의 인사 드립니다.

끝으로 이 책과 시리즈에 큰 관심과 의견을 보내주고 계신 모든 축구팬분들께 이 책을 바칩니다. 그리고 그 축구팬분들께 자신 있게 말씀드립니다. 여러분의 시간과 돈이 아깝지 않은 책을 썼습니다. 이 책을 꼭 한 번 읽어주십시오.

2025년 11월
이성모

계속
깃발이
날리게 하라

prologue

1958년 2월, 뮌헨. 평균 연령 22세의 나이로 1부 리그 우승을 차지했고 잉글랜드 최초의 유러피언컵 출전팀이 되어 2년 연속 4강까지 진출했던 맨체스터 유나이티드 선수단 중 8명이 사망하는 비극이 발생했다. 훗날 '뮌헨 참사'라고 불리게 되는 그 사고의 생존자들이 치료를 받고 있던 뮌헨의 한 병원에서는 그 선수들을 직접 이끌었던 감독이 생명을 건 사투를 벌이고 있었다. 맨유에 명문이라는 이름을 안겨준 맨유의 영혼이자 상징인 맷 버즈비 감독이었다.

이제 막 병실에 실려온 그를 진찰했던 의사들은 그의 생존확률과 사망확률이 50 대 50이라고 말했고, 치료를 받던 중 그는 사망이 임박한 환자가 받는 병자성사를 두 차례나 받았다. 그 기간 중에 문득 의식을 찾았을 때 그는 자신의 오른팔과도 같았던 지미 머피 코치에게 말했다.

계속 깃발이 날리게 해주게. 내가 돌아갈 때까지 맨유가 무너지지 않게 해줘.

    그와 같은 병원에서 치료를 받던 '버즈비의 아이들' 중에서도 가장 큰 기대와 사랑을 받았던 던컨 에드워즈는 2주에 걸친 죽음과의 싸움 끝에 결국 세상을 떠났다. 맨유의 관계자들과 팬 그리고 영국 여왕을 포함한 영국 국민 전체와 유럽의 축구팬들이 한마음으로 부디 버즈비 감독만은 병상을 털고 일어나길 기원하고 또 기도했다. 버즈비 감독은 마치 맨유에 남은 마지막 한 조각의 희망처럼 병상을 털고 일어났다.
    그의 앞에는 한순간에 정상에서 나락으로 떨어진 맨유가 놓여 있었다. 그리고 그에겐 선택권이 있었다. 그대로 축구장을 떠나서 축구와 관련된 어떤 것도 하지 않고 여생을 보내는 것과 자신이 잉글랜드 챔피언으로 키워냈던 20대 초반의 어린 선수들 8명이 사망한 비극을 딛고 그 모든 것을 처음부터 다시 시작하는 것. 더 쉬운 선택은 전자였다. 그가 의식을 찾았을 때 처음 했던 생각도 같은 것이었다. 그대로 축구계에서 완전히 사라지는 것.
    그러나 그는 결국 지팡이를 짚은 채 올드 트래포드로 돌아왔다. 정상에 올랐던 맨유도 폐허가 된 맨유도 목숨을 잃은 선수들도 살아남은 선수들도 그 모두가 자신의 책임이라고 생각했다. 그는 절망에 빠져 도망치는 대신 자신의 힘으로 맨유를 다시 일으켜 세우는 길을 선택했고 올드 트래포드에 모여 있던 관중들은 마치 잃어버린 아버지를 다시 만난 것처럼 눈물을 흘리고 그의 이름을 연호하며 그를 맞이했다.
    그 후로 다시 맨유가 잉글랜드와 유럽의 최정상에 올라서는 긴 여정과 퍼거슨 감독 시대에 누린 영광, 그리고 그 '버즈비의 아이들'의 이야기와 두 번의 파산 위기를 극복하며 팀을 지탱하고 일궈온 150년 가까운 역사는 20세기가 시작되기 22년 전이었던 1878년, 맨체스터의 한 창고에서 시작됐다.

차례

작가의 말 / 4
프롤로그 / 8

Chapter 1. 1878~1902년
뉴튼 히스 LYR과 맨유의 탄생

1. 1878년, 맨체스터 랭커셔 & 요크셔 철도회사의 한 창고 / 18
2. 1880~1888년, 뉴튼 히스 LYR의 발전과 맨체스터컵 우승 / 18
3. 1886~1892년, 첫 FA컵 경기와 풋볼리그 참가 / 20
4. 1894년 4월 28일, 리버풀과의 운명적인 첫 대결과 첫 강등 / 24
5. 맨유의 옛 홈구장, 노스 로드와 뱅크 스트리트 / 27
6. 1902년, 파산 위기에 몰린 뉴튼 히스와 뜻밖의 구원자 / 28
7. 뉴튼 히스의 마지막 경기와 맨체스터 더비의 기원 / 30
8. 1902년 4월 26일, '맨체스터 유나이티드'의 탄생 / 31

Chapter 2. 1902~1915년

올드 트래포드 시대의 개막과 리그의 강자로 떠오른 맨유

9. 1903년, 맨유의 첫 '명장' 어니스트 망날 감독의 부임 / 36
10. 1904년, 맨유에 첫 영광을 가져온 주장, 찰리 로버츠의 입단 / 37
11. 1905/1906시즌, 첼시와의 승격 경쟁과 12년 만의 1부 리그 승격 / 38
12. 1907/1908시즌, 맨유 창단 30년 만의 첫 리그 우승 / 39
13. 1908/1909시즌, 커뮤니티실드 첫 대회에서의 우승과 FA컵 우승 / 41
14. 1910년, 올드 트래포드 개장과 리버풀과의 첫 OT 경기 / 43
15. 1910/1911시즌, 아스톤 빌라와의 우승 경쟁과 두 번째 리그 우승 / 44
16. 1912~1915년, 망날 감독의 맨시티 감독 부임과 로버츠의 이적 / 46
17. 1915년 4월 2일, 맨유와 리버풀의 승부조작 스캔들 / 47

Chapter 3. 1915~1945년

1, 2차 세계대전과 폐허가 된 올드 트래포드

18. 1915~1919년, 올드 트래포드에서 열린 FA컵 결승전과 1차 세계대전 / 52
19. 1919~1922년, 메레디스의 이적과 2부 리그 강등 / 53
20. 1923~1925년, 프랑크 바슨의 맹활약과 1부 리그 복귀 / 54
21. 1925~1930년, 계속되는 감독 교체와 헨리 데이비스 구단주의 사망 / 55
22. 1930~1932년, 12연패와 강등, 또 한 번의 파산 위기 / 56
23. 맨유의 두 번째 구원자, 제임스 깁슨 구단주 / 57
24. 1933/1934시즌, 3부 리그 강등 위기와 운명의 밀월전 / 58
25. 1936~1938년, 1부 복귀, 2부 강등, 다시 1부 복귀 / 59
26. 1939~1945년, 2차 세계대전과 폐허가 된 올드 트래포드 / 60

Chapter 4. 1945~1969년

버즈비의 아이들과 맨유 삼위일체

27. 1945년, 맨유를 '명문'으로 만든 남자, 맷 버즈비의 감독 부임 / 64
28. 맷 버즈비의 성장과정과 그가 맨유 감독에 부임하기까지 / 65
29. 1946~1948년, 지미 머피 코치의 영입과 37년 만의 우승 / 67
30. 1948~1951년, 올드 트래포드 복귀와 '버즈비의 아이들'의 탄생 / 69
31. 1951~1955년, 41년 만의 리그 우승과 젊은 영웅들의 등장 / 70
32. 1955~1957년, 평균 연령 22세로 달성한 리그 우승과 리그 2연패 / 71
33. 1956/1957시즌, 유러피언컵에 참가한 첫 잉글랜드 팀이 된 맨유 / 72
34. 1956/1957시즌, 맨유의 첫 유러피언컵 참가와 4강 진출 / 74
35. 1958년 2월 6일, 뮌헨 / 75
36. '최고의 재능' 던컨 에드워즈와 8명의 희생자들 / 79
37. 1958년, 생사의 기로에서 돌아와 맨유 재건에 나선 버즈비 감독 / 81
38. 버즈비와 베르나베우의 우정과 레알 마드리드의 지원 / 84
39. 1959~1962년, 맨유 재건에 나선 버즈비 감독과 데니스 로의 입단 / 86
40. 1962/1963시즌, 강등 위기와 맨유의 부진을 끝낸 FA컵 우승 / 87
41. '궁극의 골잡이', 데니스 로 / 89
42. 1963~1965년, 조지 베스트의 데뷔와 되찾은 리그 우승 트로피 / 91
43. 1965/1966시즌, 유러피언컵 재도전과 조지 베스트의 비상 / 92
44. 그라운드의 '비틀즈', 조지 베스트 / 93
45. 1966~1968년, 또 한 번의 리그 우승과 유러피언컵 재도전 / 97
46. 1968년 5월 29일, 맨유의 첫 유러피언컵 우승 / 98
47. 맨유 최고의 레전드, 보비 찰튼 / 100
48. 데니스 로, 보비 찰튼, 조지 베스트, '맨유 삼위일체' / 105
49. 맨유 역사 최고의 조연, 지미 머피 코치 / 108
50. 1969년, 이사진에 합류한 버즈비와 버즈비 시대의 폐막 / 110

Chapter 5. 1969~1986년

버즈비의 후계자를 찾아서

51. 1969~1970년, 맥기네스 감독의 조기경질과 버즈비 감독의 짧은 컴백 / 114
52. 맨유 VS 리즈의 1970년 FA컵 준결승전과 양 팀의 라이벌 관계 / 115
53. 1971/1972시즌, 버즈비의 후계자 찾기와 오파렐 감독의 실패 / 116
54. 1972년, 토미 도허티 감독의 부임과 세대교체의 시작 / 118
55. 1974년 4월, '맨시티 선수' 데니스 로의 골과 맨유의 강등 / 119
56. 1974~1977년, 맨유의 FA컵 우승과 리버풀의 트레블 무산 / 121
57. 1977년, 도허티 감독의 경질과 섹스턴 감독의 부임 / 122
58. 1977~1981년, 무관으로 막을 내린 섹스턴 감독의 4년 / 123
59. 1981~1983년, 론 애킨슨 감독의 부임과 리버풀의 벽 / 124
60. 1983~1985년, 두 차례의 FA컵 우승과 브라이언 롭슨의 맹활약 / 125
61. 최장기간 주장 롭슨과 '천재' 화이트사이드 / 126
62. 1986년, 애킨슨 감독의 경질과 새 시대의 서막 / 128

Chapter 6. 1986~1999년

퍼거슨 시대의 개막과 맨유의 트레블 달성

63. 1986년 11월 6일, 알렉스 퍼거슨 감독의 맨유 입성 / 132
64. 맨유 감독 부임 이전의 알렉스 퍼거슨 감독 / 133
65. 1986/1987시즌, 퍼거슨 감독의 첫 경기와 첫 리버풀전 / 134
66. 1987~1990년, 퍼거슨 감독의 부진과 경질 위기 / 136
67. 1990년, 퍼거슨의 첫 우승과 그를 구한 두 영웅 / 137
68. 1991년, 바르셀로나를 꺾고 컵 위너스 컵 우승을 차지한 맨유 / 139
69. 맨유 레전드 수비수, 스티브 브루스 / 140
70. 1991/1992시즌, 슈마이켈의 입단과 리즈와의 리그 우승 경쟁 / 142

71. 1992년, 유소년 FA컵 대회 우승과 '클래스 오브 92' / 143
72. 1992/1993시즌, '킹' 에릭 칸토나의 맨유 입단과 퍼거슨의 첫 리그 우승 / 144
73. 1993/1994시즌, 중원의 사령관 로이 킨의 입단과 맨유의 첫 더블 / 146
74. 1994/1995시즌, 칸토나의 '쿵푸킥'과 5년 만의 무관 / 148
75. 1995/1996시즌, '퍼거슨의 아이들'과 퍼거슨 감독의 두 번째 더블 / 149
76. 1996/1997시즌, 앨런 시어러 영입 재시도와 솔샤르의 눈부신 첫 시즌 / 150
77. 맨유의 '킹', 에릭 칸토나 / 152
78. 1997/1998시즌, 셰링엄의 입단과 '맞수' 아르센 벵거의 등장 / 156
79. 1998/1999시즌, 스탐과 요크의 영입과 긱스의 '세기의 골' / 157
80. 1999년 5월 26일, 잉글랜드 클럽 최초로 트레블을 달성한 맨유 / 159
81. 맨유 역사 최고의 골키퍼, 피터 슈마이켈 / 162
82. 셰링엄과 솔샤르 그리고 맨유 트레블의 숨은 주역들 / 163

Chapter 7. 1999~2013년

맨유의 끝없는 진화와 20번째 리그 우승

83. 1999/2000시즌, 퍼거슨 감독의 맨유 재정비와 리그 2연패 / 168
84. 2000/2001시즌, 잉글랜드 축구 최초의 한 감독 3시즌 연속 리그 우승 / 170
85. 2001/2002시즌, 반 니스텔루이의 비상과 베론의 추락 / 171
86. 퍼거슨 감독, 은퇴발표와 번복 / 173
87. 2002/2003시즌, 퍼디난드의 합류와 반 니스텔루이와 스콜스의 '64골' / 176
88. 베컴이 맨유를 떠난 배경과 퍼거슨 감독의 철학 / 178
89. 2003/2004시즌, 호날두 영입과 FA컵 우승 / 181
90. 2004/2005시즌, 루니의 입단과 새로운 강적 무리뉴의 등장 / 183
91. 2005/2006시즌, 박지성의 맨유 입단과 새 영웅들의 등장 / 184
92. 글레이저 가문의 맨유 인수와 유나이티드 오브 맨체스터 / 186
93. 2006/2007시즌, 호날두와 루니의 비상과 리그 우승 트로피를 되찾아온 맨유 / 188

94. 2007/2008시즌, 테베즈의 입단과 유럽 최고의 선수가 된 호날두 / 190
95. 2008년 5월 21일, 퍼거슨 감독의 두 번째 챔피언스리그 우승 / 191
96. 21세기 맨유 최고의 스타, 크리스티아누 호날두 / 194
97. 2008/2009시즌, 반 데 사르의 1,311분 무실점과 리그 2연패 / 198
98. 맨유의 명수문장 반 데 사르와 '철의 포백' / 200
99. 2009/2010시즌, 루니의 맹활약과 새 체제의 구축 / 202
100. 2010/2011시즌, 박지성 최고의 시즌과 역사적인 맨유의 19번째 리그 우승 / 203
101. 잉글랜드 축구가 목격한 최고의 아시아 선수, 박지성 / 205
102. 2011/2012시즌, 맨시티와의 우승 경쟁과 골득실 차이로 우승을 놓친 맨유 / 209
103. 2012/2013시즌, 반 페르시 영입과 20번째 리그 우승 / 210
104. 아내에 의한 은퇴번복과 아내를 위한 은퇴 / 212
105. 맨유 역사상 최다 경기 출전자, 라이언 긱스 / 214

Chapter 8. 2013~2025년

포스트 알렉스 퍼거슨 시대

106. 2013/2014시즌, 데이비드 모예스 감독 시대 / 220
107. 2014/2015시즌 ~ 2015/2016시즌, 루이스 반 할 감독 시대 / 224
108. 2016/2017시즌 ~ 2018/2019시즌, 주제 무리뉴 감독 시대 / 233
109. 2018/2019시즌 ~ 2021/2022시즌, 올레 군나르 솔샤르 감독 시대 / 248
110. 2021/2022시즌, 랄프 랑닉 감독 시대 / 261
111. 2022/2023시즌 ~ 2024/2025시즌, 에릭 텐 하흐 감독 시대 / 264
112. 2024/2025시즌 ~ 2025/2026시즌 현재, 후벵 아모림 감독 시대 / 277

에필로그 / 286

Chapter 1.
뉴튼 히스 LYR과 맨유의 탄생

1878~1902

① 1878년
맨체스터 랭커셔 & 요크셔 철도회사의 한 창고

19세기, 잉글랜드 북서부의 항구도시 리버풀에서 출발해 맨체스터와 리즈를 거쳐 북동쪽의 항구도시 헐까지 운행하는 철도회사가 있었다. 맨체스터에 본부를 두고 있던 그 철도회사의 이름은 랭커셔 & 요크셔 철도회사(Lancashire and Yorkshire Railway)였다.

1878년, 맨체스터 시청에서 5km 거리에 위치한 시가지 뉴튼 히스에 있던 객차 및 화물차 창고 직원들이 회사의 지원에다 자신들의 급여 중 일부를 더해서 축구팀을 만들었다. 팀명으로는 '뉴튼 히스 LYR'이라는 이름을 사용했다. 뉴튼 히스 LYR이 탄생하기 전에 이미 '뉴튼 히스 로코(Newton Heath Loco)'라는 이름의 다른 철도회사 직원들로 구성된 팀이 존재했기 때문에 지명인 뉴튼 히스와 회사명의 이니셜인 LYR을 더해서 만든 이름이었다. 그렇게 축구팀으로서의 모습을 갖춘 뉴튼 히스 LYR은 곧 다른 부서의 팀들이나 다른 철도회사의 직원들이 만든 팀들과 비정기적으로 축구 경기를 하기 시작했다.

그때까지만 해도 그들은 자신들이 만든 클럽이 100년 후까지 존재할 팀이라는 것은 전혀 상상하지 못했다. 그들의 먼 후배들이 1999년에 잉글랜드 클럽 최초의 트레블을 달성하고, 시간이 조금 더 지난 2012년에는 마침내 잉글랜드 축구 역사상 최다 리그 우승팀의 자리를 차지하리라는 사실도 상상할 수 없었다.

② 1880~1888년
뉴튼 히스 LYR의 발전과 맨체스터컵 우승

프로팀이라기보다는 회사 직원들이 만든 실업팀의 성격이 강했던 뉴튼 히스 LYR의 창단 초기 역사는 영국 현지의 자료에도 거의 남아 있지 않다.

기록으로 남아 있는 뉴튼 히스 LYR의 최초 경기는 1880년 11월 20일 볼튼 원더러스 리저브팀과의 경기였다. 그 경기에서 그들은 회사가 사용했던 두 색상인 녹색과 금색으로 맞춘 유니폼을 입고 그라운드에 나서 0-6 패배를 당했다.

뉴튼 히스 LYR이 이제 막 축구팀으로서의 발전을 모색하고 있던 1880년대 초, 잉글랜드 축구협회는 축구팀이 선수들에게 급여를 지불하는 것을 금지하고 있었고, 그럼에도 암묵적으로 선수들에게 급여를 지급하고 있던 일부 팀들은 그 금지를 해지해줄 것을 축구협회에 지속적으로 요구하고 있었다. 그런 상황에서 당시 대부분의 축구팀들은 모회사가 축구팀 선수들에게 축구 이외의 일자리를 주고 그 일에 대해 급여를 지급하는 방식으로 팀을 운영했다.

당시 철도업이 한창 번성했던 맨체스터에서, 이런 배경은 뉴튼 히스 LYR이 높은 급여를 주고 뛰어난 선수들을 데려올 수 있는 환경을 제공했다. 잉글랜드의 축구팀이 공식적으로 선수들에게 급여를 지급할 수 있게 된 것은 1885년의 일로, 그 역시 홈구장 인근 지역에서 태어났거나 최근 2년간 그곳에 산 적이 있는 선수들에게만 해당되는 제한적인 사항이었다.

그런 역사적인 배경에서 뉴튼 히스 LYR은 당시 맨체스터 지역 주변에서 산발적으로 진행되고 있던 각종 컵 대회와 친선경기에 참가하며 팀을 정비해나가기 시작한다. 1883년에는 랭커셔컵에 진출했으나 1라운드에서 블랙번 올림픽에 2-7 패배를 당하며 탈락했고, 그 후 1884/1885시즌부터 개최됐던 맨체스터컵에 참가해 결승전까지 진출했으나 허스트에게 2-3 패배를 당했다.

첫 맨체스터컵 결승전에서 패배를 당했던 뉴튼 히스 LYR은 1886년 4월 3일에 열렸던 바로 다음 시즌 결승전에 다시 올라서 맨체스터 FC를 2-1로 꺾고 첫 우승 트로피를 들어 올렸다. 그 두 번의 결승전을 포함해서 뉴튼 히스 LYR은 9년 사이 8번 결승전에 진출해 5회 우승을 차지했다. 물론 하나의 지역대회였던 맨체스터컵에서의 우승은 현대에 와서 주요 대회 우승으로 인정받지는 못하지만 당시 뉴튼 히스 LYR이 맨체스터 내에서 강팀이었다는 사실을 알 수 있는 대목이다.

3) 1886~1892년
첫 FA컵 경기와 풋볼리그 참가

1886년, 뉴튼 히스 LYR은 당시 웨일스 국가대표로 명성을 얻고 있던 풀백 잭 포웰을 영입하며 점차 잉글랜드 중부지역에 그 이름을 알려나가기 시작한다. 그리고 1886/1887시즌에는 처음으로 FA컵 경기에 참가해 1라운드에서 플릿우드 레인저스와 만나게 된다. 양 팀은 정규시간을 2-2로 마쳤으나 맨유의 주장이었던 포웰은 연장전 치르기를 거부했고 뉴튼 히스 LYR은 그대로 탈락했다.

1888년은 세계 최초의 프로축구 리그인 풋볼리그(Football league)가 잉글랜드에서 출범했던 해다. 풋볼리그 참가를 신청했으나 거절당한 뉴튼 히스 LYR은 그 대신 잉글랜드 북부와 중부의 팀들끼리 형성했던 또 다른 리그인 더 콤비네이션(The Combination)에 참가했다. 그러나 해당 리그는 재정난을 극복하지 못하고 이듬해 4월에 첫 시즌이 채 마무리되기도 전에 파산하고 만다. 뉴튼 히스 LYR은 1890년 또 한 차례 풋볼리그 참가를 신청했으나 승인을 받지 못하고, 더 콤비네이션 소속팀들과 같은 지역을 연고로 하는 팀들이 참가하는 새로운 리그인 풋볼얼라이언스(Football Alliance)에 합류했다.

같은 해인 1890년, 풋볼얼라이언스는 풋볼리그 창설 멤버 12개 팀 중 최초로 방출당했던 스토크 시티를 새 팀으로 받아들였는데, 이 일은 추후 잉글랜그 리그 시스템에 큰 전환기를 마련해주게 된다. 곧이어 풋볼리그와 풋볼얼라이언스가 통합하며 2부 리그 시스템이 탄생하게 된 것이다. 대부분의 풋볼얼라이언스 소속팀들이 2부 리그에 배정받은 사이, 1891/1892시즌을 2위로 마친 뉴튼 히스 LYR은 1부 리그에서 다음 시즌을 맞이하게 됐다. 당시 리그 우승을 차지했던 노팅엄 포레스트 역시 1부 리그를 배정받았다.

잉글랜드 정규리그의 탄생과 발전
1. 잉글랜드 정규리그의 탄생

맨체스터 유나이티드는 21세기의 PL 팬들에게 '빅4'로 널리 알려져 있고 국내에 가장 많은 팬을 보유한 4개 팀(맨유, 리버풀, 아스널, 첼시) 중 가장 먼저 창단된 구단이다. 맨유의 역사를 살펴보면서 함께 잉글랜드 정규리그의 탄생과 발전과정에 대해 살펴보는 것도 잉글랜드 축구 역사를 깊이 있게 이해하는 데 도움이 될 것이다.

19세기 말이었던 1888년 잉글랜드에서, 각지에 산발적으로 존재하는 팀들을 모아 그들이 특정 기간 동안 주기적으로 경기

잉글랜드 리그 창설자 윌리엄 맥그레거

를 갖게끔 하자는 움직임이 시작됐다. 그 캠페인을 주도했던 인물은 당시 아스톤 빌라의 단장이었고 후에 잉글랜드 리그의 창립자로 불리게 되는 윌리엄 맥그레거였다.

리그 창설에는 크게 두 가지 동기가 작용했다. 첫 번째 동기는 1885년부터 축구협회가 축구팀들이 선수에게 직접 급여를 지급할 수 있도록 하면서 프로축구의 개념이 본격적으로 도입됐던 것이다. 선수들의 급여를 직접 지급하게 된 팀들에겐 당연히 더 많은 수입이 필요했고, 더 많은 수입을 얻기 위해서는 더 많은 관중이 경기장을 찾아와야 했다. 그리고 더 많은 관중을 불러모으기 위해서는 이미 시행중이었던 FA컵과 같은 토너먼트 대회 이외에 정기적이고 꾸준히 진행되는 리그 시스템이 필요했던 것이다.

또 한 가지는 당시 잉글랜드의 사회문화적인 요소다. 샐퍼드 대학교의 스티븐 필딩 역사학 교수는 현지에서 발간된 맨유 관련 서적 『더 오피셜 일러스트

레이티드 히스토리 오브 맨체스터 유나이티드(The Official Illustrated history of Manchester United)』에서 다음과 같이 말했다.

19세기 후반의 잉글랜드는 노동자 계급의 시민들이 현대적인 개념의 '레저 시간'을 점점 더 많이 누릴 수 있게 된 시기였다. 바로 그것이 그 시기에 수많은 축구팀들이 탄생했고 축구 이외의 다른 스포츠들도 번성하기 시작했던 이유다. 간단하게 말해서, 축구팀에겐 더 많은 경기를 치를 '시간'이 생겼고 시민들에겐 축구를 보러 갈 수 있는 '돈'이 생긴 것이다.

그런 사회문화적인, 그리고 역사적인 배경에서 맥그레거 단장의 지휘 아래 당시 잉글랜드의 12개 팀들은 런던과 맨체스터를 오가며 조율을 거친 뒤 1888년 4월 17일 맨체스터에서 모든 사항에 합의를 봤다. 그리고 바로 그해부터 축구에 '리그'라는 개념이 도입되어 세계 최초의 축구 리그가 시작됐다.

첫 시즌의 기록 중 프레스턴 노스엔드의 무패우승은 이후 2003/2004시즌 아스널의 무패우승까지 잉글랜드의 축구 역사상 유일한 무패우승 기록이었다. 프레스턴은 같은 해 FA컵에서도 우승하면서 잉글랜드 축구 역사에 최초로 '더블'을 기록한 팀이 됐다. 풋볼리그의 창설 멤버인 12개 팀 중 1896년에 해산한 아크링턴을 제외한 11개의 클럽은 현재도 운영되고 있다.

리그 창설에 참가했던 12개 팀의 첫 시즌 순위표

순위	팀	경기수	승	무	패	득점	실점	승점
1	프레스턴 노스엔드	22	18	4	0	74	15	40
2	아스톤 빌라	22	12	5	5	61	43	29
3	울버햄튼 원더러스	22	12	4	6	50	37	28
4	블랙번 로버스	22	10	6	6	66	45	26
5	볼튼 원더러스	22	10	2	10	63	59	22
6	웨스트 브롬	22	10	2	10	40	46	22
7	아크링턴	22	6	8	8	48	48	20
8	에버튼	22	9	2	11	35	46	20
9	번리	22	7	3	12	42	62	17
10	더비 카운티	22	7	2	13	41	61	16
11	노츠 카운티	22	5	2	15	40	73	12
12	스토크 시티	22	4	4	14	26	51	12

2. 타 리그와의 통합과 2부 리그의 탄생

앞서 뉴튼 히스 LYR의 리그 진입과정에서 살펴본 것처럼, 1888년 최초로 풋볼리그가 발족한 이후 잉글랜드에는 다른 리그 또한 탄생했으며('더 컴비네이션', '풋볼얼라이언스' 등) 각 리그가 별도로 존재했기 때문에 1, 2부 리그라는 수직적인 개념도 존재하지 않았다. 풋볼리그 창립 과정에 합류하지 못한 팀은 다른 리그에 참가하면 되는 상황이었던 것이다.

당시 풋볼리그는 승리한 팀에 승점 2점, 무승부를 거둔 팀에 승점 1점을 부여하고 홈앤어웨이 방식으로 한 시즌당 각 팀 사이에 두 경기를 치른다는 큰 방침을 채택한 후 지속적으로 발전을 해나갔다. 특히 현재의 축구와 크게 다른점은, 당시의 풋볼리그는 승강제 대신(하부 리그가 없었으므로) 최하위를 기록한 팀을 리그에 존속시킬 것인지 방출할 것인지에 대해 구성원들의 투표로 결정했다는 것이다.

이 과정에서 최초로 리그에서 방출당했던 팀이 스토크 시티였으며 그 대신 12번째 팀으로 합류했던 팀이 선더랜드였다. 선더랜드는 곧바로 두각을 드러내며 19세기에만 1부 리그 우승 3회를 기록(1891/1892, 1892/1893, 1894/1895시즌), 아스톤 빌라, 프레스턴 노스엔드와 함께 잉글랜드 리그 초창기의 강자로 군림한다.

그러던 1892년, 당시 잉글랜드에서 가장 정통성을 갖고 있고 강력했던 리그인 풋볼리그가 뉴튼 히스가 소속되어 있던 또 다른 리그인 풋볼얼라이언스와

풋볼리그 첫 시즌에
무패우승을 차지한
프레스턴 노스엔드

합병하게 된다. 풋볼리그가 1부 리그를 형성하되 풋볼얼라이언스의 일부 팀이 1부에 합류, 나머지는 2부 리그를 형성하는 흡수합병의 형태였다. 뉴튼 히스와 함께 1부 리그로 승격했던 팀은 노팅엄 포레스트와 더 웬즈데이(셰필드 웬즈데이의 전신)였다.

4 1984년 4월 28일,
리버풀과의 운명적인 첫 대결과 첫 강등

정식으로 잉글랜드 1부 리그인 풋볼리그에서 뛰게 된 뉴튼 히스 LYR은 다른 철도회사들과의 경기를 중단하고 팀명에 사용하던 회사명인 'LYR'도 없애는 한편, 스스로 유한책임회사를 설립하여 본격적인 프로구단으로서의 행보를 시작한다. 알프레드 알버트가 팀의 비서관에 임명되어 현대 축구에서의 감독과 같은 역할을 하기 시작했고, 1893년에는 팀의 홈구장도 노스 로드에서 뱅크 스트리트로 옮겼다.

그들의 역사적인 첫 리그 경기 상대팀은 당시 풋볼리그에서 강팀으로 인정받고 있던 블랙번이었다. 강한 비가 내리는 날씨 속에 8천 명의 관중이 지켜보는 가운데 펼쳐진 경기에서 뉴튼 히스는 3점을 내리 실점하며 0-3으로 뒤졌다가 투지 있게 따라붙기 시작했지만 결국 3-4 패배를 당했다. 이 경기에서 뉴튼 히스, 즉 맨유 역사상 최초의 풋볼리그 골을 기록한 주인공은 스코틀랜드 출신의 공격수 밥 도날드슨이었다. 그는 1892/1893시즌에 총 16골을 기록하며 팀 내 최다 득점자가 됐다.

뉴튼 히스에게 풋볼리그는 녹록지 않았다. 첫 경기에서 패배를 당한 뒤 6경기 동안 승리를 기록하지 못했던 그들은 1892년 10월 15일 열린 울버햄튼 원더러스와의 홈경기에서 도날드슨의 해트트릭을 포함해 10-1의 대승을 거뒀지만 바로 다음 경기부터 5경기 동안 또다시 승리를 거두지 못했다. 결국 그들은 1부 리그에서 보낸 첫 시즌 리그 최하위를 기록하며 2부 리그 우승팀이었던 스몰 히스**(버밍엄 시티의 전신)**와 플레이오프를 치르게 된다.

당시 풋볼리그는 자동승격 및 강등제 없이 1부 리그 하위 팀과 2부 리그 상위팀이 맞대결을 벌여 그 경기에서 승리한 팀에게 다음 시즌 1부 리그에서 뛸 수 있는 자격을 부여했다. 풋볼리그에서 이 경기에 대해 사용했던 정확한 명칭은 '테스트 매치'였다. 일부 현지서적에는 테스트 매치를 가진 이후에도 투표에 의해 승격과 강등을 결정했다고 되어 있으나 이는 형식적인 절차였으며 실제로 테스트 매치 결과에 따라 팀의 승격과 강등이 좌우됐다.

스몰 히스와의 테스트 매치에서 승리하며 강등을 면한 뉴튼 히스는 다음 시즌 또 한 번 리그 최하위로 시즌을 마치며 테스트 매치를 치르게 된다. 1894년 4월 28일 열렸던 그 경기에서 뉴튼 히스에게 0-2 패배를 안기며, 구단 역사상 첫 강등이라는 아픈 기억을 준 상대는 다름 아닌 리버풀이었다. 두 팀 간의 첫 공식경기였던 당시 경기 상황에 대해서는 2013년 1월 영국에서 출간된 책 『브라이트 레드: 리버풀 - 맨유 매치스**(Bright Red: The Liverpool-Manchester United Matches)**』에 소개되어 있다. 책에서는 경기 종료 2일 후인 1894년 4월 30일 「맨체스터 가디언」의 기사를 인용하여 다음과 같이 당시 경기 장면에 대해 묘사했다.

> 경기에 지장을 주지 않을 정도의 바람이 부는 가운데 경기가 시작됐다. 리버풀이 우세한 전반전을 펼친 가운데 고든과 휴 맥퀸이 골을 기록해 리버풀이 2-0의 리드를 안은 채 전반전이 종료됐다. 후반전 시작과 동시에 다시 리버풀이 우위를 점했지만 뉴튼 히스 역시 한동안 공격을 시도했다. 경기가 막판으로 치달으면서 뉴튼 히스에 득점할 기회가 찾아왔지만 도날드슨의 슈팅은 포스트를 멀리 벗어났다. 전반적으로 리버풀이 승리할 자격이 있는 경기였다.

1892년 창단했던 리버풀은 이날의 경기로 뉴튼 히스와는 정반대의 영광을 안았다. 1893/1894시즌 풋볼리그의 2부 리그에 합류한 지 첫해 만에 2부 리그 우승을 차지하고 승격을 하게 된 것이다. 그 후로 뉴튼 히스는 12년 동안 1부 리그로 복귀하지 못했으며 그 사이 리버풀은 두 차례 리그 우승을 차지했다.

뉴튼 히스와 리버풀, 즉 현재의 맨유와 리버풀의 첫 공식경기에서부터 두 팀은 상대에게 각각 구단의 첫 강등과 첫 승격을 안겨준 상대팀이 됐다. 두 팀의 관계를 넘어 두 도시 간의 갈등을 고조시켰다고 평가받는 맨체스터 운하가 개통된 것도 두 팀이 처음 맞대결을 벌였던 바로 그 1894년이었다. 두 팀이 그 후로 현재까지 '철천지원수'가 된 것은 너무나도 당연한 수순이었다.

19~20세기 초반 잉글랜드 축구 역사와 비서관(Secretary)

맨유를 비롯해서 많은 잉글랜드 팀의 초기 역사를 살펴보면, 특히 20세기 초반까지 팀을 이끈 인물에 오늘날 축구계에서 감독에 흔히 사용하는 '매니저(Manager)' 대신 '시크리터리(Secretary)'라는 호칭을 사용하는 것을 쉽게 찾아볼 수 있다. 이 호칭을 정확히 어떻게 한국어로 표현할 것인지에 대해서는 아직 국내에 확실히 정립된 것이 없지만, 당시의 그들이 구단에서 수행한 역할과 원어의 사전적 의미를 모두 고려할 때 가장 가까운 것은 '비서관' 정도가 될 것이다.

축구의 시스템이 정확히 체계화되지 않은 초기 역사의 일이었던 만큼 각 팀마다 이 비서관들이 맡은 역할에는 조금씩 차이가 있었지만, 맨유의 경우 비서관이 선수 선발, 팀 관리 등 현대의 감독들이 하는 일을 맡아서 했다. 그 태생부터 이사진과 감독의 중간자적인 성격이 있었기 때문에 후대에 맨유 감독 중에는 감독을 맡았다가 전임 감독이 부임한 뒤에는 같은 인물이 다시 구단의 비서관이 되어 행정적인 역할을 했던 경우도 있었다.

뮌헨 참사로 인해 사망한 월터 크리머가 그 대표적인 인물로 그는 맨유가 파산 위기에 처해 전임 감독을 구할 수 없을 때 팀의 감독직을 수행했다가 후에 맨유가 스콧 던컨 감독을 임명하자 비서관의 역할을 맡았고 다시 2차 세계대전 직전에 감독직을 맡았다가 맷 버즈비 감독이 부임하자 또다시 비서관의 역할을 맡아 버즈비 감독의 개혁을 뒤에서 충실히 보좌했다.

맨유의 역사에서 현대적인 의미에서의 전임 감독, 즉 팀의 단장 및 이사진과 구별되어 전적으로 팀의 운영을 맡았던 감독은 1914년에 부임한 잭 롭슨 감독이었다. 그에 앞서 맨유에서 감독 역할을 했던 4명의 감독인 알프레드 알버트, 제임스 웨스트, 어니스트 망날, 존 벤틀리의 경우 모두 정식 명칭은 감독이 아닌 비서관이었다. 그러나 그들이 했던 역할이 오늘날의 감독과 유사했기 때문에 현대에 와서는 그들을 맨유의 감독이었다고 인정하는 견해가 지배적이며 이는 맨유만이 아닌 다른 대부분의 구단도 마찬가지다. 일부 팀에서는 이들의 명칭을 두 단어를 합쳐 '시크리터리-매니저'라고 부르기도 했다.

5) 맨유의 옛 홈구장
노스 로드와 뱅크 스트리트

맨유의 전신인 뉴튼 히스는 두 곳의 홈구장을 사용했다. 창단시 사용했던 구장인 노스 로드와 그 후에 옮겼던 뱅크 스트리트였다.

1893년까지 15년간 사용했던 노스 로드는 최초 수용인원이 1만 2천 명이었던 작은 구장이었고 잔디 상태는 물론 종합적으로 열악한 환경 탓에 원정팀들의 항의가 끊이질 않았다. 가장 불편했던 점은 선수들이 유니폼을 갈아입기 위해 도보로 10분 거리에 있는 펍 뒤의 방을 이용해야 했다는 것이다. 이후에 시설 및 스탠드를 추가하면서 1만 5천 명까지 입장할 수 있도록 했으나 상황은 별로 나아진 것이 없었다. 게다가 뉴튼 히스 LYR이 풋볼리그 참가를 전후로 회사와의 관계를 끊고 단독적인 팀으로 독립하면서 회사가 지원해주던 지원금이 단절되어 결국 다른 구장을 구하게 됐다.

그 후로 옮긴 구장 뱅크 스트리트는 5만여 명을 수용할 수 있는 큰 구장이었으나 원정팀들의 불만은 더 심각했다. 화약공장 인근에 경기장이 위치

뉴튼 히스 LYR의 첫 홈구장이었던 노스 로드

한 탓에 '경기장에서 화약폐기물 냄새가 난다'거나 '공장 굴뚝에서 나는 연기가 경기에 방해가 된다'는 불만이 계속 이어졌다. 월설 타운 스위프트는 처음 뱅크 스트리트에 도착했을 때 경기 자체를 거부하기도 했다.

그 후 뉴튼 히스를 인수하고 맨체스터 유나이티드로 이름을 바꾼 데이비스 구단주는 1910년에 뱅크 스트리트의 확장성이 한정적인 것을 감안하여 올드 트래포드를 건설하기로 결정한다. 맨유가 새 구장으로 옮긴 지 2일 만에 뱅크 스트리트의 메인스탠드가 폭풍에 날아가 버렸다.

⑥ 1902년
파산 위기에 몰린 뉴튼 히스와 뜻밖의 구원자

리버풀과의 테스트 매치에서 패하며 2부 리그로 강등당한 뉴튼 히스는 좀처럼 1부 리그로 승격하지 못하고 2부 리그를 전전했다. 철도회사의 노동자들로 구성된 팀에서 시작해, 그들이 만든 유한책임회사였던 팀의 재정은 자연스럽게도 곧 한계를 드러내기 시작했다.

1901년 2월, 파산 위기에 처한 뉴튼 히스의 선수들은 맨체스터의 세인트 제임스홀에서 바자회를 열어 모금운동을 벌이고 나섰다. 그러나 당시 뉴튼

히스가 지고 있었던 채무는 모금운동으로 충당할 수 있는 수준의 금액이 아니었다. 그들이 바자회를 통해 거둬들인 수입은 그에 비해 터무니없는 액수였다.

그때 뉴튼 히스에 아주 뜻밖의 구원자가 등장했다. 맨유의 역사를 다룬 다양한 현지서적에 소개되어 있는 그 이야기는 대략 다음과 같다.

뉴튼 히스 선수 중 가장 열성적으로 모금운동에 나선 이는 주장 해리 스태포드였다. 그는 심지어 그가 키우던 메이저라는 이름의 세인트버나드 개의 목에 깡통을 달아 동전을 얻어오도록 풀어놨는데, 혼란스러운 틈 속에 메이저는 사라져버렸다. 절망에 빠져 메이저를 찾아다니던 스태포드는 며칠 후 맨체스터 지역에서 주류공장을 운영하고 있던 사업가 존 데이비스의 펍에서 메이저를 발견했다. 데이비스는 메이저를 아주 예뻐하는 그의 딸에게 메이저를 선물하고 싶어 했고, 그 두 남자는 펍에서 긴 대화를 나눴다. 그 대화를 나눈 후에 데이비스는 뉴튼 히스에 본인의 자금을 투자하기로 결정했고, 스태포드는 메이저를 데이비스의 딸에게 선물로 줬다. 그렇게 메이저와 데이비스 구단주는 뉴튼 히스의 구원자가 됐다.

맨유의 주장 스태포드와 그의 개 메이저 그리고 곧 맨유의 구단주가 될 데이비스의 만남에 대한 이야기는 전설처럼 구전되어 내려오는 까닭에 소개하는 현지 서적마다 그 양상이 조금씩 다르다. 그러나 당시 뉴튼 히스의 단체 사진에는 실제로 목 주변에 깡통을 차고 다른 팀원들과 같이 사진을 찍은 메이저의 모습이 있으며 메이저의 이야기에 대해서만 따로 다룬 책이 출간된 바도 있다.

그 후로 데이비스는 뉴튼 히스의 회장이 되어 본인의 사비를 대거 투입

맨유 선수단과 함께 사진을 찍은 세인트버나드 개 '메이저'의 모습
사진 중앙 아래에 'Major'라는 이름이 표기된 것을 확인할 수 있다

해 팀의 재정난을 극복하고 팀의 기반을 마련해주기 시작했으며 메이저는 뉴튼 히스의 살아 있는 마스코트가 됐다.

7 뉴튼 히스의 마지막 경기와
맨체스터 더비의 기원

서로의 역사에서 빼놓을 수 없는 맨체스터 더비의 두 주인공, 맨체스터 유나이티드와 맨체스터 시티가 최초로 대결을 벌였던 것은 1881년 11월 12일의 일이었다. 맨유의 전신 뉴튼 히스와 맨시티의 전신 웨스트 고튼의 맞대결은 뉴튼 히스의 3-0 승리로 끝났고, 현지 기자가 당시 경기에 대해 '즐거운 경기였다'고 보도했던 기록이 현재까지 남아 있다.

맨체스터와 그 주변에 존재했던 수많은 중소규모의 팀들 중, 두 팀이 맨체스터를 대표하는 클럽으로 올라섰던 계기가 된 무대는 맨체스터컵이었다. 특히 1888년부터 1893년까지 두 팀은 이 대회 우승을 양분하며 라이벌 구도를 형성했다. 묘하게도, 뉴튼 히스가 '뉴튼 히스'라는 이름으로 치른 마지막 경기의 무대 역시 맨체스터컵이었으며 그 상대팀은 맨체스터 시티였다. 정확히는 1902년 4월 26일 맨체스터컵 결승전에서의 맞대결로, 뉴튼 히스는 맨시티를 2-1로 꺾고 우승을 차지했다.

두 팀의 경쟁 관계가 본격화됐던 것은 맨체스터컵을 양분하던 무렵 시작된 리그였던 풋볼얼라이언스와 그 풋볼얼라이언스가 흡수 통합된 풋볼리그에 양 팀이 참가하기 시작하면서였다. 그 순간부터 두 팀은 단순히 맨체스터 지역의 컵 대회에서 경쟁하는 두 팀이 아니라 맨체스터를 대표해서 잉글랜드 리그 전체의 무대에서 활약하는 존재가 된 것이다. 잉글랜드라는 무대 속에서 두 팀 중 누가 더 좋은 성적을 내는지는 이제 더 이상 맨체스터 시민만이 아닌 잉글랜드 국민 전체가 관심을 갖는 이슈가 됐고 당연히 두 팀의 자존심이 걸린 문제가 됐다.

그런 두 팀이 처음 리그에서 벌인 맞대결은 1894/1895시즌의 일로 뉴튼 히스가 맨시티의 옛 홈구장 하이드 로드에서 5-2 원정승을 거뒀다.

뉴튼 히스의 통산 리그 성적표

시즌	리그	경기 수	승	무	패	승점	순위
1892/1893	1부	30	6	6	18	18	16
1893/1894	1부	30	6	2	22	14	16
1894/1895	2부	30	15	8	7	38	3
1895/1896	2부	30	15	3	12	33	6
1896/1897	2부	30	17	5	8	39	2
1897/1898	2부	30	16	6	8	38	4
1898/1899	2부	34	19	5	10	43	4
1899/1900	2부	34	20	4	10	44	4
1900/1901	2부	34	14	4	16	32	10
1901/1902	2부	34	11	6	17	28	15

8 1902년 4월 26일
'맨체스터 유나이티드'의 탄생

뉴튼 히스의 새 구단주이자 회장이 된 데이비스는 팀에 새로운 활기를 불어넣길 원했다. 그는 팀의 유니폼 색깔을 뉴튼 히스가 철도회사의 색깔에서 착안해서 사용하고 있던 녹색과 금색에서 빨간색과 하얀색으로 변경했고, 팀의 분위기 쇄신을 위해 새로운 팀 이름도 만들기로 결심했다.

새 이름의 후보로는 '맨체스터 센트럴', '맨체스터 셀틱' 등 다양한 이름이 거론됐으나 회의 도중에 이탈리아 출신의 이사 루이스 로커가 '맨체스터 유나이티드'라는 이름을 제안했다. 이후에도 맨유 역사에 아주 중요한 기여를 하게 되는 인물인 로커가 제안했던 그 이름은 이사진 투표에서 '맨체스터 셀틱'보다 1표를 더 받으며 그대로 팀의 새 이름으로 결정됐다. 그 후로 113년이 지난 현재까지 계속 사용되고 있는 이름 '맨체스터 유나이티드'가 탄생하는 순간이었다.

그렇게 맨체스터의 한 창고에서 시작한 팀 뉴튼 히스 LYR은 뉴튼 히스 시절을 거쳐 맨체스터 유나이티드라는 이름으로 탈바꿈하고 사업가 구단주의 지원으로 파산위기를 넘긴 뒤 본격적으로 잉글랜드 무대에서의 비상을 준비하기 시작했다.

Chapter 2.
올드 트래포드 시대의 개막과 리그의 강자로 떠오른 맨유
1902~1915

9 1903년
맨유의 첫 '명장' 어니스트 망날 감독의 부임

> 여러 가지 면에서 맨유의 역사는 세 남자의 이야기라고 할 수 있다.
> 맷 버즈비, 알렉스 퍼거슨, 그리고 어니스트 망날.
>
> 『맨유 더 바이오그라피(Manchester United The Biography: The complete story of the world's greatest football team)』 중에서

맨체스터 유나이티드라는 이름으로 팀 이름을 개명하고 본격적인 체제 개편에 나선 맨유는 1903년에 맨유 역사상 세 번째로 성공적인 감독으로 평가받는 어니스트 망날 감독을 임명한다. 맨유 부임 직후에 망날 감독은 그의 후대에 맨유를 위대한 클럽으로 만든 두 남자, 버즈비 감독과 퍼거슨 감독과 똑같은 원칙을 바탕으로 팀을 이끌어 나간다. 팀의 중심은 선수도 이사진도 아닌 감독이라는 원칙이었다.

이런 방식은 후에 살펴볼 버즈비 감독의 시대에도 마찬가지였지만, 그보다 40년이 빠른 망날 감독 시대에는 더더욱 보기 드문 사례였다. 그의 공식 직함은 감독이 아닌 비서관이었지만, 후대에 많은 축구전문가들이 그를 두고 '진정한 의미에서 맨유의 첫 감독이었다'라고 평가하는 것도 바로 그런 이유 때문이었다.

망날 감독은 크게 두 가지 특징을 가진 감독이었다. 첫 번째는 주중에 선수들에게 절대 볼을 건드릴 수 없도록 하는 그만의 훈련 철학이었다. 그는 선수들이 주중에 볼을 다루지 않아야 실전 경기에서 더욱 열정적으로 경기에 임하고 그것이 효과를 볼 수 있다고 믿는 감독이었다. 볼과 관련된 훈련을 일체 배제한 채 그는 철저하게 선수들의 신체적인 능력을 향상시키는 데 집중했다. 현지 전문가들은 그런 그의 방식을 '구시대적인 동시에 효과적이

었다'고 대체적으로 평가하고 있다.

또 한 가지 눈에 띄는 점은, 그가 기자들과의 의사소통에 대단히 능수능란한 달변가였다는 점이다. 『맨체스터 유나이티드 그레이티스트 게임스 (Manchester United Greatest Games)』의 저자 롭 클락은 그런 그를 현재의 독설가이자 언론을 전략적으로 다루기로 유명한 주제 무리뉴 전 첼시 감독에 비견하기도 했다.

잉글랜드 리그 창설자
윌리엄 맥그레거

망날 감독은 부임 첫 시즌인 1904년 9월부터 1905년 2월까지 18경기 무패행진을 달리는 등 팀을 한 단계 성장한 수준으로 이끌며 맨유를 2부 리그 3위로 이끈다.

10 1904년
맨유에 첫 영광을 가져온 주장, 찰리 로버츠의 입단

망날 감독이 맨유에 부임한 다음 해 영입한 찰리 로버츠는 두 가지 의미에서 맨유의 역사에 중요한 부분을 차지하고 있다. 첫 번째는 뛰어난 리더십의 소유자였던 그가 맨유 최초의 리그 우승과 FA컵 우승 트로피를 들어 올린 주장이었다는 점이며, 또 한 가지는 1905년 잉글랜드 국가대표팀에 데뷔한 그가 맨유 소속 선수로는 잉글랜드 대표팀에서 뛴 첫 번째 선수였다는 점이다.

물론, 그 두 가지를 가능하게 한 것은 그의 뛰어난 실력이었다. 같은 시기에 맨유에서 활약한 덕워스, 벨과 함께 리그 최고의 하프백 라인을 형성했던 그는 민첩성과 강한 체력, 뛰어난 패스 능력을 두루 갖춘 선수였다. 맨유에서 뛴 9년 동안 총 299경기에서 23골을 기록한 그가 1913년 맨유를 떠나 올드햄 애슬레틱에 입단했을 때 맨유가 받은 이적료 1,500파운드는 당시 잉글랜드 리그의 최고 기록이었다. 1934, 1938년 이탈리아의 월드컵 우승을 이끌었던 비토리오 포조 감독은 20세기 초기 잉글랜드에 방문했을 때 로버츠를 보고 세계 최고의 선수라는 극찬을 남기기도 했다.

뛰어난 경기력 이외에 그가 당시 화제를 몰고 다녔던 이유가 몇 가지 더 있었는데, 그가 늘 양말을 무릎 위까지 올려 신고 경기를 했다는 점이었다. 이는 당시 축구협회의 규칙에 위반되는 행위였고, 그는 이후에도 축구협회의 뜻에 반해서 선수들의 권리를 위한 선수노조를 창설하는 움직임을 주도하게 된다.

11 1905/1906시즌
첼시와의 승격 경쟁과 12년 만의 1부 리그 승격

1905/1906시즌은 맨유가 망날 감독 체제에서 맞이한 세 번째 시즌인 동시에 첼시가 창단 직후에 2부 리그에 참가해 두 팀이 같은 리그에 소속됐던 첫해였다. 망날 감독과 함께 앞선 두 시즌에서 나란히 리그 3위를 기록한 맨유와 창단 첫해 좋은 경기력을 선보인 첼시는 그 시즌 1위를 차지한 브리스톨 시티 이외에 리그 2위에게 주어지는 승격 티켓 한 장을 놓고 시즌 막바지까지 치열한 승격 전쟁을 벌였다.

이 시즌 맨유는 경기장에서 팀 전체를 훌륭하게 지휘한 찰리 로버츠 외에도 시즌 개막전이었던 브리스톨 시티전에서 해트트릭을 기록한 공격수 찰리 사가, 리그에서만 20골을 기록하며 팀 내 최다 득점자가 된 잭 피켄의 활약이 눈부셨다. 특히 그중 찰리 사가의 데뷔전 해트트릭 기록은 99년 후인 2004년 웨인 루니가 맨유 데뷔전에서 해트트릭을 기록할 때까지 맨유 역사의 유일한 기록이었다.

1905년 12월 25일 열린 첫 번째 맞대결에서 0-0 무승부를 기록한 채 치열한 승점 경쟁을 펼치던 두 팀은 1906년 4월 13월에 열린 두 번째 경기에서도 마찬가지로 무승부를 기록하며 리그에서 처음 펼친

1905/1906시즌 맨유 선수단

두 경기에서 승부를 내지 못했다. 그러나 두 팀은 그 두 번째 맞대결 이후 전혀 다른 행보를 보였다. 맨유가 남은 5경기에서 전승을 거둔 반면, 첼시는 4경기에서 1승도 거두지 못하며 주저앉고 만 것이다.

결국 맨유는 리그 2위를 기록하며 2부 리그 우승을 차지한 브리스톨 시티와 함께 승격을 차지하는 기쁨을 누렸다. 첼시는 창단 첫해 승격이라는 목표를 달성하지 못한 채 훗날을 기약해야 했다.

12 1907/1908시즌
맨유 창단 30년 만의 첫 리그 우승

1부 리그에 승격한 첫 시즌이었던 1906/1907시즌, 맨유는 리그 8위로 시즌을 마무리했다. 메레디스와 나란히 징계를 받았던 맨시티 출신의 선수들은 장기징계가 풀린 1907년 1월 이후에야 경기에 나설 수 있었기 때문에 시즌의 절반 정도밖에 경기장에 나서지 못했다.

메레디스가 시즌 개막부터 출전할 수 있었던 첫 시즌인 1907/1908시즌, 맨유는 리그 개막과 동시에 아스톤 빌라, 리버풀을 상대로 4골씩을 득점하

며 좋은 출발을 보인 후 9월 중순부터 11월까지 10연승을 구가하는 등 뛰어난 경기력을 선보인 끝에 결국 대망의 첫 리그 우승을 차지한다. 리그 2위를 차지한 아스톤 빌라보다 승점 9점이 많은 압도적인 성적이었다. 당시는 1승에 승점 2점이 부여되던 시절이었다.

메레디스와 함께 맨시티에서 맨유로 건너왔던 샌디 턴불은 리그에서만 25골, FA컵까지 총 27골을 기록하여 메레디스와 완벽한 호흡을 자랑하며 팀의 우승을 이끌었다. 두 대회에서 23골을 기록한 조지 월 역시 맨유의 막강한 공격진을 형성했고, 그들의 활약 속에 맨유는 그 시즌 38경기 81골로 리그 내 최다 득점을 기록했다. 주장 찰리 로버츠 역시 맨유의 후방을 잘 지휘하며 팀의 첫 우승을 도왔다.

1907/1908시즌 1부 리그 순위표

순위	팀	경기	승	무	패	득점	실점	골평균	승점
1	맨유	38	23	6	9	81	48	1.688	52
2	아스톤 빌라	38	17	9	12	77	59	1.305	43
3	맨시티	38	16	11	11	62	54	1.148	43
4	뉴캐슬	38	15	12	11	65	54	1.204	42
5	더 웬즈데이	38	19	4	15	73	64	1.141	42
6	미들즈브로	38	17	7	14	54	45	1.2	41
7	버리	38	14	11	13	58	61	0.951	39
8	리버풀	38	16	6	16	68	61	1.115	38
9	노팅엄 포레스트	38	13	11	14	59	62	0.952	37
10	브리스톨 시티	38	12	12	14	58	61	0.951	36
11	에버튼	38	15	6	17	58	64	0.906	36
12	프레스턴 노스엔드	38	12	12	14	47	53	0.887	36
13	첼시	38	14	8	16	53	62	0.855	36
14	울위치 아스널	38	12	12	14	51	63	0.81	36
14	블랙번 로버스	38	12	12	14	51	63	0.81	36
16	선더랜드	38	16	3	19	78	75	1.04	35
17	셰필드 유나이티드	38	12	11	15	52	58	0.897	35
18	노츠 카운티	38	13	8	17	39	51	0.765	34

| 19 | 볼튼 원더러스 | 38 | 14 | 5 | 19 | 52 | 58 | 0.897 | 33 |
| 20 | 버밍엄 | 38 | 9 | 12 | 17 | 40 | 60 | 0.667 | 30 |

⑬ 1908/1909시즌
커뮤니티실드 첫 대회에서의 우승과 FA컵 우승

매년 프리미어리그 시즌이 개막되기 전에 리그 우승팀 대 FA컵 우승팀이 대결하는 커뮤니티실드(이전 명칭: 채리티실드)의 우승 경력은 주요 우승 경력에서는 제외하는 경우가 많다. 그러나 그 대회가 처음 시작됐던 1908년, 그 최초의 우승팀은 맨유였으며 현재까지 커뮤니티실드 최다 우승팀 기록 역시 맨유가 보유하고 있다.

커뮤니티실드는 1898년부터 1년에 한 번씩 프로팀 대 아마추어팀끼리 맞대결을 벌였던 대회 '셰리프 오브 런던실드'에서 유래된 것으로 1908/1909시즌에 창설됐던 당시에는 풋볼리그와 남부 지역팀들 위주로 형성됐던 사우던리그의 우승팀들끼리 경쟁하는 대회였다. 이전 시즌 풋볼리그의 우승팀은 맨유였으며, 사우던리그의 우승팀은 QPR이었다. 두 팀은 스탬퍼드 브릿지에서 펼쳐진 채리티실드 경기에서 1-1 무승부를 기록했고, 재경기에서 맨유가 4-0 승리를 거두며 채리티실드 최초의 우승팀이 됐다.

커뮤니티실드 최다 우승팀 리스트(2025년 기준)

1. 맨유 - 21회
2. 아스널 - 17회
3. 리버풀 - 16회
4. 에버튼 - 9회
5. 토트넘/맨시티 - 7회

채리티실드 우승으로 시작한 1908/1909시즌, 맨유는 1월 이후 단 2승만을 거두는 부진을 보인 끝에 리그 13위라는, 전 시즌에 비하면 크게 실망스러운 성적으로 리그를 마무리했다. 그러나 그 시즌 리그에서의 부진을 기억하는 맨유 관계자는 많지 않다. 같은 시즌에 맨유가 구단 역사상 최초의 FA컵 우승 트로피를 들어 올렸기 때문이다.

맨유는 FA컵 3라운드에서 블랙번을 6-1로 대파한 것을 시작으로 1909년 4월 24일 열린 브리스톨 시티와의 결승전에서 1-0 승리를 거두며 팀의 첫 FA컵 우승 트로피를 들어 올렸다. 이날의 유일한 골이자 결승골을 터뜨린 주인공은 맨유가 첫 리그 우승을 달성한 시즌 팀 내 최다 득점자였던 스타 공격수 샌디 턴불이었다. 두 대회 우승에 큰 공을 세운 그는 맨유 커리어를 통틀어 247경기 출전 101골이라는 기록을 남기지만 1차 세계대전을 앞두고 불미스러운 스캔들에 휘말리게 된다.

1908/1909시즌 FA컵 맨유 대진

- 1라운드 - 브라이튼 & 호브 알비온, 홈경기, 1-0 승
- 2라운드 - 에버튼, 홈경기, 1-0 승
- 3라운드 - 블랙번, 홈경기, 6-1 승
- 4라운드 - 번리, 원정경기, 3-2 승
- 준결승전 - 뉴캐슬, 중립경기, 1-0 승
- 결승전 - 브리스톨 시티, 중립경기, 1-0 승

최초의 리그 우승에 이어 최초의 FA컵 우승까지 팀이 연이어 좋은 성적을 만들어내는 분위기 속에서 데이비스 구단주는 중대한 결정을 내린다. 맨유가 향후 100년 이상을 머물 수 있는 경기장을 건축하겠다는 대형 프로젝트였다. 그 구장의 이름은 올드 트래포드였다.

14 1910년
올드 트래포드 개장과 리버풀과의 첫 OT 경기

맨유의 홈구장이자 성지인 올드 트래포드 건축에는 크게 두 가지 동기부여가 있었다. 첫 번째로는 당시 맨체스터라는 도시 자체의 상황이었다. 1910년대를 전후해서 맨체스터의 인구가 200만 명으로 증가했고 근무시간이 축소되면서 점점 더 많은 팬들이 축구를 보러 갈 수 있는 환경이 됐던 것이다. 한마디로 이제 막 우승 트로피를 들어 올리기 시작한 맨유에는 더 많은 팬들이 찾아올 수 있는 큰 구장이 필요했다.

두 번째는 축구 그 자체적인 요소였다. 당시 맨유가 사용하고 있던 뱅크 스트리트는 상대팀들에게 불평의 대상이 되기 일쑤였고 구장을 확장하고 개조하는 데도 한계가 있었다. 데이비스 구단주는 더 먼 미래를 보고 맨유가 한 곳에 확실히 정착할 수 있는 구장을 갖길 바랐다. 10만 명의 관중이 찾아올 수 있는 경기장을 만들겠다는 것이 그의 목표였다.

데이비스 구단주가 구체적으로 올드 트래포드 건축에 필요한 부지를 찾아 나선 것은 1909년의 일이었다. 맨체스터 운하와 트래포드파크 산업지구 인근으로 부지를 확정한 그는 곧 유명 건축가 아치볼드 레이치에 의뢰해 새 경기장을 만들어달라고 요청했다. 레이치는 스코틀랜드 출신의 건축가로 안필드(리버풀), 하이버리 스타디움(아스널), 스탬퍼드 브리지(첼시)를 비롯한 20여 축구팀의 경기장을 직접 건축하거나 그 디자인 작업에 참가한 전설적인 건축가다.

두 사람이 합의한 목적은 간단했다. '잉글랜드 북부에서 가장 뛰어난 경기장을 만들겠다'는 것. 건축과정에서 재정적인 문제로 수용인원이 8만 명으로 조정되긴 했지만, 그 결과물은 충분히 훌륭한 것이었다.

그렇게 완공된 올드 트래포드에서 가진 첫 경기는 1910년 2월 19일에 펼쳐졌다. 그리고 그 역사적인 순간의 상대팀은 또 한 번 리버풀이었다. 약

5만 명의 관중이 입장한 가운데 두 팀은 마치 미래에 같은 경기장에서 펼쳐질 두 팀 사이의 치열한 더비전을 예고하기라도 하듯 7골을 주고 받으며 멋진 경기를 펼쳤다. 결국 4-3이라는 스코어로 끝난 경기에서의 승자는 원정팀인 리버풀이었다. 맨유로서는 뉴튼 히스 시절 자신에게 첫 강등을 안겨줬던 리버풀에게 또 한 번 당하는 역사적인 순간에서의 패배였다.

그러나 그 후로 맨유는 홈경기에서 약 1년간 무패를 기록하며 안정적인 시즌을 보낸다. 그리고 올드 트래포드에서 보낸 첫 시즌에 팀의 두 번째 리그 우승을 차지하게 된다.

⑮ 1910/1911시즌
아스톤 빌라와의 우승 경쟁과 두 번째 리그 우승

맨유가 홈구장을 올드 트래포드로 옮긴 다음 시즌이었던 1910/1911시즌, 맨유는 두 번째 리그 우승을 차지했다. 리그 우승이 결정됐던 장소 역시 올드 트래포드였다.

그 시즌 맨유와 리그 최종전까지 우승 경쟁을 펼쳤던 팀은 1892년부터 1900년까지 리그 우승을 5회 차지했고 바로 전 시즌인 1909/1910시즌에서도 우승을 차지했던 당대의 강자 아스톤 빌라였다. 풋볼리그를 창설한 주인공이 바로 그 아스톤 빌라의 단장 출신이었다는 점은 결코 우연이 아니었다.

시즌 내내 아스톤 빌라와 우승 경쟁을 펼치던 맨유는 리그 종료까지 2경기를 남겨둔 1911년 4월 22일 아스톤 빌라와 결정적인 원정경기를 치르게 된다. 맨유가 승리한다면 그 즉시 리그 우승이 확정되는 순간이었고, 아스톤 빌라가 이길 경우 최종전까지 우승의 향방을 알 수 없는 상황이었다.

아스톤 빌라의 홈구장 빌라 파크에 약 5만 명이 운집한 가운데 펼쳐진 경기에서 맨유는 2-4 패배를 당하며 심리적인 타격을 입게 된다. 리그 우승

1910/1911시즌 리그 우승 트로피와 함께 포즈를 취한 1911/1912 시즌 맨유 선수단

이 유리했던 상황에서, 최종전에서 반드시 이기고 아스톤 빌라가 패해야 우승을 차지할 수 있는 상황으로 변하게 된 것이다. 맨유의 최종전 상대는 그 시즌 리그 3위를 차지한 선더랜드였고 아스톤 빌라의 상대는 맨유의 가장 큰 라이벌인 리버풀이었다.

결국 맨유는 올드 트래포드에서 열렸던 선더랜드와의 리그 최종전에서 5-1로 승리를 거뒀다. 경기가 종료되자마자 맨유 선수단과 팬들은 리버풀에서 열린 리버풀 대 아스톤 빌라의 경기 결과를 간절히 기다리고 있었다. 당시 상황에 대해 맨유 주장 찰리 로버츠는 다음과 같이 말했다. "경기가 끝나자마자 우리와 팬들은 한마음으로 리버풀에서의 소식을 기다리고 있었다. 갑자기 어디선가 기쁨의 환호성이 터져나오기 시작했고 우리는 그 즉시 우리가 리그 우승을 차지했다는 사실을 직감했다."

16년 전 뉴튼 히스와의 테스트 매치에서 승리하며 뉴튼 히스를 강등시켰던 리버풀이 맨유의 우승 경쟁자이자 맨유보다 우승에 더 가까웠던 아스톤 빌라를 3-1로 꺾으며 맨유에 두 번째 리그 우승을 선사해준 순간이었다. 맨유와 선더랜드, 리버풀과 아스톤 빌라의 리그 최종전이 끝났을 때 맨유의 승점은 52점, 아스톤 빌라의 승점은 51점이었다.

16 1912~1915년
망날 감독의 맨시티 감독 부임과 로버츠의 이적

1910/1911시즌 리그 우승을 기록한 맨유는 다음 시즌을 맨시티 원정경기 무승부로 시작한 이후로 전 시즌의 경기력을 다음 시즌으로 이어가지 못한 채 리그 13위로 마무리했다. 그 시즌의 우승은 블랙번 로버스에게 돌아갔다.

그 시즌을 끝으로 망날 감독은 돌연 맨유를 떠나 그들의 지역 라이벌인 맨시티로 이적하여 팬들을 놀라게 했다. 묘하게도, 그의 맨유 감독으로서의 마지막 경기는 맨시티와의 맨체스터 더비 경기였으며, 그 경기에서 맨유는 홈에서 맨시티에 0-1 패배를 당했다. 그렇게 망날 감녹은 맨시티 감녹이 됐고, 현재까지도 맨유와 맨시티 두 팀을 모두 지도한 유일한 감독으로 남아 있다.

망날 감독의 후임으로 맨유를 이끈 인물은 전 풋볼리그의 회장이었던 존 벤틀리였다. 축구계에서의 경험이 풍부했던 그는 첫 시즌이었던 1912/1913시즌, 맨유를 4위로 이끌며 좋은 출발을 보였지만 시즌 말에 맨유 팬들의 절대적인 사랑을 받았던 주장 찰리 로버츠를 올드햄에 이적시키며 팬들의 미움을 샀다.

망날 감독에 이은 로버츠의 이적으로 맨유는 1910년대의 영광에 완전히 마침표를 찍었다. 주장 로버츠가 떠난 바로 다음 시즌 맨유는 14위로 리그를 마쳤으며, 반대로 올드햄은 1914/1915시즌에 구단 역사 최고의 순위인 1부 리그 2위로 시즌을 마무리했다.

비서관으로서 감독 역할을 했던 벤틀리 감독에 이어 맨유에 첫 전임 감독으로 임명됐던 잭 롭슨 감독으로 지휘봉이 이어졌지만 그 역시 결코 망날 감독의 자리를 대체하지 못했다. 반면에, 망날 감독이 합류한 맨시티는 점점 더 좋은 성적을 거두기 시작했다. 1차 세계대전과 2차 세계대전 사이에 맨시티가 맨유보다 우세한 팀이었던 것은 망날 감독의 맨시티 부임과 결코 무관하지 않았다.

17 1915년 4월 2일
맨유와 리버풀의 승부조작 스캔들

1915년 4월 2일, 올드 트래포드에서 열린 맨유 대 리버풀의 리그 경기는 굴곡 많은 두 팀의 수많은 역사적 경기들 중 가장 돌이키고 싶지 않은 경기로 남아 있다. 양 팀의 일부 선수들이 맨유의 리그 잔류라는 표면적인 이유를 위해, 더 구체적으로는 개인의 수익을 위해 경기 결과를 조작하기로 합의한 채 경기장에 들어섰던 것이다.

당시 잉글랜드는 1차 세계대전의 발발이 점점 가까워지고 있었고, 1914/1915시즌을 끝으로 리그가 중단되리라는 것이 거의 확실시되던 시점이었다. 맨유는 시즌 내내 하위권을 맴돌고 있었고 리버풀은 중위권에 머물러 있었다. 그런 가운데 펼쳐진 경기에서 맨유는 2-0 승리를 거뒀고, 결과적으로 그 경기에서 얻은 2점은 맨유가 그 시즌 강등권을 벗어나는 데 결정적인 역할을 했다.

그러나 해당 경기가 종료된 후 언론과 당시 경기장에 있던 팬들로부터 이상한 징후가 계속 포착되기 시작했다. 양 팀 선수들이 경기 전에 맨체스터의 한 펍에서 만난 것을 목격했다는 팬들도 있었고, 경기 도중 일부 선수들의 플레이가 비상식적이었다는 보도도 이어졌다. 당시 경기를 취재했던 「맨체스터 데일리 디스패치」의 기사 중 일부는 다음과 같았다.

이 경기의 후반전은 아무 활기 없는 축구 그 자체였다. 경기 시간 22분을 남기고 2-0으로 앞서고 있던 맨유는 이미 그 상태에 너무 만족을 해서 더 이상 점수 차를 늘릴 아무런 의지가 없어 보였다. 리버풀 역시 득점하겠다는 의지가 거의 보이지 않았다.

결국 경기 종료 후 축구협회의 집중적인 조사 끝에 과거 맨유에서 뛰었다가 리버풀로 이적했던 재키 셸든의 주도하에 세 명의 맨유 선수와 네 명의 리버풀 선수가 승부조작에 가담했다는 사실이 밝혀졌다. 가담자들은 그 즉시 축구계에서 영구추방 조치를 당했다.

맨유의 세 선수 중 샌디 턴불과 아더 웰리는 곧 자신의 혐의를 인정했지만 다른 한 선수인 에녹 웨스트는 전쟁이 끝난 뒤에도 계속해서 법원에 자신의 결백을 주장했다. 그러나 그에게 내려졌던 축구계에서의 추방 조치는 그로부터 30년이 지난 1945년에야 특별사면으로 해제됐다. 그가 이미 59세가 된 뒤였다. 그는 그로부터 24년이 더 지나 사망할 때까지 자신의 결백을 주장했다.

그리고 그 후에 발발한 1차 세계대전과 함께 맨유가 첫 리그 우승과 FA컵 우승을 차지했던 1900년대 초반의 영광이 마무리됐다. 전쟁 발발 직전에 터진 승부조작 스캔들과 망낼 감독이 맨시티로 떠난 뒤 흔들리기 시작했던 맨유의 모습은, 마치 그들이 1차 세계대전부터 2차 세계대전까지 겪을 구단 역사상 최악의 부진을 예고하는 것 같았다.

Chapter 3.
1, 2차 세계대전과 폐허가 된 올드 트래포드
1915~1945

18) 1915~1919년
올드 트래포드에서 열린 FA컵 결승전과 1차 세계대전

1차 세계대전으로 잉글랜드 리그가 중지되기 직전이었던 1915년, 맨유의 홈구장 올드 트래포드에서 FA컵 결승전이 치러졌다. 그 전까지 결승전 무대가 됐던 크리스탈 팰리스의 홈구장이 런던에 있어서 전쟁으로 인한 위험상황 및 교통상의 문제가 발생할 수 있었기 때문이다.

그렇게 개최된 결승전의 주인공 두 팀은 첼시와 셰필드 유나이티드였다. 첼시로서는 구단 창단 후 처음으로 진출한 컵 대회 결승전이었으나 간판스타 비비안 우드워드의 결장과 함께 득점 없이 3실점을 하며 0-3 패배를 당하고 만다.

1차 세계대전 중 맨유는 랭커셔를 중심으로 개최됐던 임시 대회인 랭커셔섹션에 참가했지만 별다른 소득은 올리지 못했다. 랭커셔섹션은 랭커셔와 그 인근에 연고를 두고 있는 맨유, 리버풀, 블랙번, 블랙풀, 번리, 볼튼 원더러스 등이 전쟁 중에 참가했던 대회다.

1915년 올드 트래포드에서 열린 FA컵 결승전에 입장하고 있는 셰필드 선수단

이 시기의 맨유 관계자들에게 가장 충격적인 소식은 샌디 턴불에게 일어난 비극에 대한 것이었다. 망날 감독의 지휘 아래서 리그 우승과 FA컵 우승에 크게 기여했고, 1915년 승부조작에 가담한 혐의로 추방당하는 등 맨유에서 파란만장한 선수생활을 했던 샌디 턴불은 나라를 위해 참전했다가 1917년 프랑스에서 치러진 전투 중 전사했다.

전쟁 전에 잠시 맨유를 이끌었던 벤틀리 감독 역시 리그가 재개되기 1년 전인 1918년에 병으로 사망했다. 전쟁이 모두 끝났을 때, 1914/1915시즌의 맨유 선수단 중 새 시즌에 참가한 선수는 단 두 명뿐이었다.

19 1919년~1922년
메레디스의 이적과 2부 리그 강등

샌디 턴불을 포함한 많은 선수들과 시민의 목숨을 앗아간 전쟁이 끝난 뒤, 잉글랜드 각 클럽의 홈경기장에는 그 상실감을 스포츠를 통해 잊으려는 듯 전에 없이 많은 관중들이 찾아오기 시작했다. 1920/1921시즌 맨유의 홈경기 평균 관중은 당시까지 최대인 3만 5,525명이었고 1920년 12월 27일 열렸던 아스톤 빌라전에는 7만 명이 넘는 관중이 경기장을 찾아오기도 했다.

그러나 그런 관중들의 높은 기대와 조 스펜스의 맹활약에도 불구하고 맨유는 리그에서 부진한 모습을 이어가다가 전쟁 종료 후 3시즌 만에 2부 리그로 강등당하게 된다. 1차 세계대전 종료 후 맨유 지휘봉을 잡았던 존 롭슨 감독은 미들스브로, 크리스탈 팰리스 등을 이끌어본 풍부한 경험을 가진 감독이었으나 맨유에서는 신통치 못한 모습을 보인 끝에 1921년을 끝으로 감독직을 내려놓고 말았다.

맨유에게는 뼈아프게도, 그들의 강등에 가장 결정적이었던 요소는 맨유 감독직을 내려놓은 뒤 맨시티에 부임한 망날 감독이 맨유의 중심선수였던 메레디스를 다시 맨시티로 데려간 것이었다. 맨유가 2부 리그로 강등당했던 시즌은 맨유가 처음으로 메레디스 없이 시즌을 보냈던 바로 그 1921/1922 시즌이었다.

1919~1922년 맨유의 리그 성적표

시즌	리그	경기	승	무	패	승점	순위
1919/1920	1부 리그	42	13	14	15	40	12위
1920/1921	1부 리그	42	15	10	17	40	13위
1921/1922	1부 리그	42	8	12	22	28	22위

20 1923~1925년
프랭크 바슨의 맹활약과 1부 리그 복귀

2부 리그에서 보낸 3시즌 동안 맨유 최고의 선수는 수비수이자 주장이었던 프랭크 바슨이었다. 아스톤 빌라 출신으로 1920년 팀의 FA컵 우승을 이끌었던 그는 1920년대 잉글랜드에서 가장 터프한 수비수로 이름을 날렸던 선수였고, 맨유에서도 주장을 역임하며 팀의 1부 리그 승격을 도왔다.

이미 잉글랜드에서 유명한 선수였던 그가 2부 리그로 강등된 맨유에 입단한 것에 대해 당시 영국 언론에서는 큰 의아함을 표했는데 그와 맨유의 계약에는 특이한 조건이 있었다. 영국 언론 「가디언」은 그 일화에 대해 다음과 같이 소개하고 있다.

> 바슨과 맨유는 계약시 특이한 계약조건에 합의를 했는데, 그가 맨유에 입단한 지 3시즌 안에 팀이 1부 리그로 승격하면, 맨유가 그 즉시 아무런 조건 없이 바슨의 명의로 펍을 하나 내준다는 것이었다. 그리고 바슨은 자신이 맨유에 합류한 지 정확히 3시즌 만에 맨유의 리그 승격을 이끌었고 데이비스 구단주로부터 약속했던 펍을 제공받았다. 그 펍의 이름은 조지&드래곤이었다. 그러나 펍의 영업 개시일

날 맨유 승격의 영웅이었던 바슨을 보려고 너무 많은 팬들이 모여들자 번잡한 펍의 모습에 질색을 한 바슨은 곧바로 종업원에게 열쇠를 던져주고 알아서 운영하라는 말을 남긴 채 뛰쳐나가서는 다시는 그 펍에 돌아오지 않았다.

1924/1925시즌 맨유가 2부 리그에서 2위를 차지하며 1부 리그 승격을 확정 지을 수 있었던 데는 바슨을 포함한 수비진 전체의 뛰어난 활약이 있었다. 특히, 이 시즌 맨유의 골문을 지켰던 골키퍼 알프 스튜어드는 42경기 중 25경기에서 무실점을 기록했다. 그런 그가 골문을 지키고 그 앞에 바슨이 버틴 맨유의 수비진은 42경기에서 23실점만을 허용한 채 시즌을 마쳤다.

21) 1925~1930년
계속되는 감독 교체와 헨리 데이비스 구단주의 사망

바슨과 스튜어드의 철벽 같은 수비에 힘입어 1부 리그에 복귀한 맨유는 1926년부터 1927년 사이에 두 차례 감독이 바뀌며 3년 사이에 3명의 감독이 팀을 이끄는 복잡한 상황에 빠져들었다. 그 결정적인 계기가 된 것은 맨유의 1부 리그 승격을 이끌었던 존 채프먼 감독이 1926년 돌연 축구협회로부터 감독 자격정지를 당한 일이었다. 그 사유가 무엇이었는지는 지금까지도 공식적으로 밝혀지지 않았다.

채프먼 감독의 뒤를 이으며 맨유 역사상 최초의 선수 겸 감독이 됐던 클래런스 힐디치 감독은 잠시 팀을 이끌었지만 신통치 못한 지도력을 보여줬고, 결국 1927년 4월에 허버트 밤렛 감독이 부임하여 그 후로 4년 동안 맨유를 이끌었다. 밤렛 감독은 과거에 맨유의 경기를 주심으로서 관장한 경험이 있는 주심 출신 감독이라는 특이한 경력을 가진 감독이었다.

이 시기에 맨유에 불어닥친 악재는 감독의 잦은 교체만이 아니었다. 파산 직전이었던 뉴튼 히스를 구제했고, 현재까지 전해지는 '맨체스터 유나이티드'라는 새 이름을 정했으며 팀에 올드 트래포드라는 잉글랜드 최대 규모의 경기장을 선물한 데이비스 구단주가 1927년에 지병으로 사망한 것이었다. 그의 사망은 곧바로 1부 리그와 2부 리그를 오가며 부진한 경기력을 보여주고 있던 맨유에 재정난이라는 또 다른 무거운 짐으로 이어지게 된다.

데이비스 구단주의 사망과 잦은 감독 교체로 혼란스러웠던 1920년대 후반의 맨유는 1928년에 바슨이 맨유를 떠나 왓포드에 입단하면서 더욱 불안한 모습으로 1920년대를 마무리하게 된다.

1925~1930년 맨유의 리그 성적표

시즌	리그	경기	승	무	패	승점	순위
1925/1926	1부 리그	42	19	6	17	44	9위
1926/1927	1부 리그	42	13	14	15	40	15위
1927/1928	1부 리그	42	16	7	19	39	18위
1928/1929	1부 리그	42	14	13	15	41	12위
1929/1930	1부 리그	42	15	8	19	38	17위

22) 1930~1932년
12연패와 강등, 또 한 번의 파산 위기

1920년대 말의 부진과 우려는 1930/1931시즌에 곧바로 현실이 됐다. 맨유는 허더스필드에 당한 0-6 패배를 포함해 구단 역사상 최악인 12연패로 시즌을 시작했다. 결국 그 시즌 맨유는 42경기에서 115골을 실점하고 27패를 당하며 리그 최하위로 다시 한 번 강등을 당하게 된다. 팬들은 실망스러운 모습을 반복하는 팀에 팬들의 메시지를 전달하고자 홈경기를 보이콧하고 나섰고 2부 리그에서 맞은 1931/1932시즌 첫 경기에 경기장을 찾은 맨유 팬은 3,507명에 불과했다.

든든한 지원군이었던 데이비스 구단주가 1927년 사망했고, 팀의 부진으로 갈수록 경기장에 방문하는 팬이 줄어드는 맨유에게 재정난은 불가피한 결과였다. 맨유 강등의 가장 큰 비판을 받았던 허버트 밤렛 감독이 퇴임했을 때, 맨유는 새 감독을 구할 돈조차 없어 팀의 비서관이었던 월터 크리머가 감독의 역할까지 맡아야만 했다. 크리스마스를 기점으로 맨유에는 선수들에게 지급할 수 있는 주급조차 없었다. 데이비스 구단주의 도움으로 피해갈 수 있었던 파산위기가 또 닥쳐온 것이다.

그리고 그 절망적인 순간에 또 한 명의 구원자가 나타났다.

23 맨유의 두 번째 구원자
제임스 깁슨 구단주

"맨유팬들은 제임스 깁슨 전 구단주에게 감사해야 할 일이 아주 많다. 비록 대부분의 팬들은 그를 알지도 못하지만."

2012년 맨유 공식 홈페이지 기사 중

1931년 12월, 맨유는 언제 파산을 선고해도 이상할 것이 없는 상태에 놓여 있었다. 그런 절박한 상황에서 맨유의 비서관이자 감독이었던 월터 크릭머는 맨유를 파산 위기에서 구제한 것뿐만 아니라 맨유가 마침내 현대에 이르러 명문이라는 칭호에 걸맞은 팀으로 성장하는 큰 발판을 마련해준 남자를 만나게 된다. 제임스 깁슨 구단주였다.

맨체스터에서 유니폼 제조회사를 경영하고 있던 깁슨 구단주는 사실 축구보다는 럭비와 크리켓을 좋아하는 사업가였다. 그런 그가 처음에 맨유를 돕기로 했던 동기는 단순했다. 맨체스터를 연고로 하는 프로구단이 사라지는 것을 원치 않았기 때문이다. 그는 크릭머와 만난 직후에 사비를 투자하며 맨유의 급한 불을 꺼줬다.

당시 맨유를 이끌던 이 사진과 만난 자리에서 그들에게 사임할 것을 요구하며 자신이 1932년 1월까지 구단의 비용을 책임지겠다고 약속했던 깁슨 구단주는 1월 19일 맨유의 새 구단주로 취임하며 단번에 구단의 모든 채무를 청산했다. 파산 직전에 놓였던 맨유가 깁슨 구단주를 만난 지 불과 2개월 만에 회생한 것이다.

맷 버즈비 웨이에 설치된 깁슨 구단주를 기리는 기념패

그 후, 깁슨 구단주는 병으로 사망한 1951년까지 19년 동안 맨유를 다방면에서 지원하면서 2차 세계대전 중 폐허가 된 올드 트래포드를 재건하는 데 앞장섰으며, 맨유 최초의 정식 유소년 시스템이었던 맨유 주니어 애슬레틱 클럽을 창설했다. 그리고 가장 결정적으로, 맷 버즈비 감독과 직접 만난 자리에서 그에게 팀의 운영에 대한 모든 권한을 줄 것을 약속하며 그를 맨유 감독으로 임명하고 전폭적인 지지를 보내줬다.

파산위기에 있던 뉴튼 히스를 구제하고 맨유라는 이름과 올드 트래포드를 만든 데이비스 구단주와 마찬가지로, 또 한 번의 파산위기에서 맨유를 구하고 올드 트래포드를 재건한 후 버즈비 감독을 전폭 지원했던 깁슨 구단주가 아니었다면 오늘날의 맨유는 존재하지 않았을 것이다.

24 1933/1934시즌
3부 리그 강등 위기와 운명의 밀월전

깁슨 구단주는 부임 직후, 당시 맨유를 이끌고 있던 스콧 던컨 감독에게 이적시장에서 쓸 수 있는 자금을 지원해줬다. 그러나 결론적으로 그는 그 돈을 효과적으로 사용하지 못했다.

1933/1934시즌은 1, 2차 세계대전을 전후로 길게 이어진 맨유의 부진이 그 최저점을 찍은 시즌이자 맨유가 약 140년의 역사에서 최악의 리그 성적을 거뒀던 시즌이었다. 리그 최종전을 앞두고 맨유의 순위는 2부 리그 22개 팀 중 21위였다. 마지막 경기에서 승리를 거두지 못하면 3부 리그로 강등당하는 것이 확실한 상황에 놓인 맨유였다.

그리고 그 시즌, 그들의 마지막 상대는 맨유보다 1점 높은 승점을 획득하고 있었던 밀월이었다. 당연히 그 둘의 승부는 강등당할 팀을 결정짓기 위한 최후의 승부가 됐다. 밀월의 홈구장에서 2만 4천 명의 팬들이 모인 가운데 펼쳐진 승부에서 맨유는 톰 맨리와 잭 케이프의 골로 2-0 승리를 거두며 가까스로 3부 강등을 면했고 밀월은 그대로 3부로 떨어졌다.

25 1936~1938년
1부 복귀, 2부 강등, 다시 1부 복귀

밀월과의 최종전에서 승리하며 3부 리그 강등을 면한 맨유는 바로 다음 시즌이었던 1935/1936시즌 2부 리그 우승을 차지하며 팬들로 하여금 팀이 드디어 바닥을 치고 올라서는가 하는 기대를 안게 했다. 그들의 2부 리그 우승과 1부 리그 승격이 확정됐던 순간 경기장으로 뛰어들어오며 환호성을 지르는 팬들의 모습이 그 기대를 보여주는 상징적인 장면이었다.

그러나 바로 다음 시즌인 1936/1937시즌, 맨유는 1부 리그 21위의 성적을 기록하며 다시 2부 리그로 강등당했다. 그리고 다음 시즌인 1937/1938시즌에는 2부 리그 2위를 기록하며 다시 1부 리그로 돌아왔다. 차이점이 있다면, 이번의 승격은 1시즌 만에 다시 2부로 내려가는 것이 아니라 1부 리그에서 맨유를 36년 동안 더 머물게 했다는 점이다.

맨유 역사상 가장 부진했던 1, 2차 세계대전 사이의 기간이 서서히 끝나갈 무렵, 뉴튼 히스가 새로운 팀 이름을 정할 때 '맨체스터 유나이티드'라는 이름을 제안했고 그 후로 스카우터로 활동하고 있었던 루이스 로커는 1930년대 후반과 2차 세계대전 종료 후 잉글랜드 리그에서 가장 뛰어난 측면 수비수로 인정받은 조니 캐리를 발굴해서 팀에 데려왔다.

캐리는 1936년 데뷔한 후 지속적으로 뛰어난 활약을 펼쳤고, 맨유는 1부 리그로 복귀한 1937/1938시즌을 리그 14위로 마치며 마침내 긴 슬럼프의 바닥을 치고 올라서는 모습을 보여줬다. 그리고 바로 그다음 해였던 1939년, 2차 세계대전이 발발했다.

26 1939~1945년
2차 세계대전과 폐허가 된 올드 트래포드

유럽을 배경으로 일어난 두 차례 세계대전에서 축구 경기장에 폭격이 떨어진 일은 그리 흔치 않았다. 그러나 맨유의 홈구장 올드 트래포드는 그 폭격을 두 번이나 겪었다. 그중 후자의 경우는 경기장의 대부분이 파괴될 정도로 심각한 것이었다.

처음 올드 트래포드에 독일군의 폭격이 가해졌던 것은 1940년 12월 22일의 일이었다. 당시의 피해로 맨유는 전쟁 중에 예정되어 있던 스톡포트 카운티와의 친선전을 미리 예정됐던 올드 트래포드가 아닌 상대팀의 홈경기장에서 치러야 했다. 3개월 후인 1941년 3월 8일, 올드 트래포드에서 다시 친선경기가 펼쳐지긴 했지만 그로부터 불과 3일 후에 이번에는 경기장의 대부분이 파괴되는 전과 비교할 수 없을 정도로 대규모의 폭격이 가해졌다.

그 후 깁슨 구단주는 전쟁피해보상 위원회에 압력을 가해서 보상금을 요구하는 동시에 올드 트래포드를 재건하기 위해 나섰지만 올드 트래포드에서 다시 경기가 펼쳐지기까지는 8년이 걸렸다. 2차 세계대전이 종료된 후

2차 세계대전 중 독일군의 폭격을 맞은 맨체스터 시내의 모습

1949년까지 4년 동안 맨유는 맨시티 홈구장인 메인 로드에 임대료를 지불하고 홈경기를 펼쳤다.

    2차 세계대전 중 전쟁에 참가하지 않은 선수와 게스트 선수들로 구성된 맨유는 1941년에 랭커셔컵에서 우승을 차지했다. 그리고 6년에 걸쳐 벌어진 2차 세계대전의 종식과 함께 맨유의 긴 부진도 마침표를 찍었다. 맨시티 홈경기장에서 새 시즌을 시작하게 된 맨유는 맨시티에서 선수로 뛰며 명성을 얻었고 맨유의 감독이 되어 그들의 운명을 바꿀 새 감독과 만나게 된다.

Chapter 4.
버즈비의 아이들과 맨유 삼위일체

1945~1969

(27) 1945년
맨유를 '명문'으로 만든 남자, 맷 버즈비의 감독 부임

"맷 버즈비의 존재는 언제나 맨유와 함께할 것이다. 그가 바로 맨유 그 자체다."

보비 찰튼

맨유의 역사는 맷 버즈비 감독 부임 이전과 이후로 나뉜다. 맨유 감독 재임기간 중에 감독이 겪을 수 있는 최악의 고난과 최고의 영광을 모두 겪은 그는 단순히 맨유에 우승 트로피를 안겨준 감독이 아니라 현재까지 이어져 오는 맨유 고유의 정체성과 영혼을 불어넣은 감독이었다. 맨유의 두 명장 중 현대 역사에 맨유를 무적의 함대로 만들어낸 퍼거슨 감독이 더 성공적인 감독이라면, 버즈비 감독은 더 중요한 감독이었다.

그가 맨유를 넘어 잉글랜드 축구계에 남긴 영향과 업적을 생각하면 그 주어를 맨유가 아니라 잉글랜드로 바꿔도 큰 무리가 없을 것이다. 그는 잉글랜드 팀의 유럽 대회 진출을 반대하는 풋볼리그의 지침에 정면으로 도전해 잉글랜드 팀을 최초로 유럽 대회에 데리고 나간 주인공이자, 자신이 리그 챔피언으로 키워낸 선수단의 8명이 사망하는 비극을 이겨내고 결국 잉글랜드 클럽 최초로 유러피언컵 우승컵을 들어 올린 감독이었다. 당시 잉글랜드 축구계에서 그의 성공은 단순히 맨유의 성공이 아니라, 잉글랜드 축구의 성공이었다.

버즈비 감독 부임 이전의 맨유는 약 70년의 역사 동안 단 2차례 리그 우승과 1회의 FA컵 우승을 차지한, 두 번의 파산 위기를 맞고 수시로 1부 리그와 2부 리그를 오르내리는 팀이었다. 그러나 버즈비 감독의 재임기간이 끝났을 때 맨유는 잉글랜드를 넘어 유럽 축구의 중심에 서 있었다. 한마디로 말해, 오늘날 맨유가 '명문'으로 불리게 된 것은 모두 그의 덕분이었다. 그가 맨유의 역사를 완전히 바꿔놓지 않았다면, 1980년대 애버딘 감독 시절 이미 유럽 대회 우승을 차지했던 알렉스 퍼거슨 감독이 맨유 감독에 부임하는 일도 없었을 것이다.

그런 그와 맨유의 인연은 그 시작부터 특이한 바가 있었다. 그는 맨유 감독에 부임하기 전 두 곳의 잉글랜드 프로팀에서 활약했고 그중 더 나중에 뛴 팀에서는 주장을 역임했는데, 그 두 팀은 맨유와 가장 격렬한 라이벌 관계를 형성하고 있는 주인공인 맨시티와 리버풀이었다.

28 맷 버즈비의 성장과정과 그가 맨유 감독에 부임하기까지

맷 버즈비는 1909년 5월 26일 스코틀랜드의 작은 광산 마을 오비스턴에서 태어났다. 그의 출산을 도왔던 의사는 버즈비의 다리를 보자마자 '축구선수가 태어났다'는 말을 남겼다. 그날은 훗날 맨유가 바이에른 뮌헨에 극적인 역전승을 거두며 잉글랜드 클럽 최초로 트레블을 달성했던 1999년 5월 26일에서 정확히 90년 전이었다.

광부였던 그의 아버지는 그가 8세였던 1917년, 1차 세계대전에 병사로 참전했다가 저격수의 총알에 맞아 사망했다. 장남이었던 그는 일찍이 광산에서 일을 하며 어머니와 함께 가장의 역할을 맡아 3명의 자매를 돌보며 성장했다. 유럽에 전쟁의 폐해가 남아 있던 1928년, 그의 어머니는 그와 함께 미국으로 이민을 가기 위해 비자를 신청했으나 발급이 지연되고 있었고 그 사이에 그의 축구 재능을 알아본 한 구단이 그에게 주급과 함께 프로선수 계약을 제의했다. 같은 맨체스터의 또 다른 팀, 맨체스터 시티였다.

당시 상황에 대해 버즈비는 1967년 맨체스터 시에서 그의 업적을 기려 수여한 상을 받은 자리에서 다음과 같이 말했다.

어머니와 나는 미국으로 이민을 가려고 했지만 비자 발급이 계속해서 지연되고 있었다. 그걸 기회, 운, 운명 등 뭐라고 불러도 좋지만 결국 그 지연이 내 인생을 완전히 바꿔놨다. 나는 결국 미국이 아니라 맨체스터로 이주했다.

1928년 맨시티 입단 당시 윙포워드로 주로 활약했던 버즈비는 입단 초기부터 두각을 드러낸 선수는 아니었다. 오히려 1930년에는 피터 호지 당시 맨시티 감독이 버즈비를 이적대상자에 올리기도 했다. 이때 그를 영입하겠다고 제안했던 클럽이 바로 맨유였으나 두 팀은 이적료에 합의를 보지 못했다.

그다음 시즌이었던 1930/1931시즌, 호지 감독은 버즈비에게 새로운 포지션인 하프백으로 출전하도록 지시했고 버즈비는 그 포지션에서 뛰어난 활약을 펼치며 잉글랜드 리그 전체에서 주목을 받는 선수로 성장했다. 그는 결국 1936년까지 맨시티 선수로 활약하며 맨시티의 리그 우승과 FA컵 우승을 도왔다.

1936년에 리버풀에 입단한 버즈비는 거의 모든 경기에 선발출전하며 좋은 활약을 펼쳤고 리버풀 역시 그를 팀의 주장에 임명하며 중용했다. 그리고 2차 세계대전이 발발하기 직전이었던 1939년, 훗날 리버풀의 명장이 되는 밥 페이슬리가 리버풀에 입단했다. 전쟁 발발로 인해 두 사람이 함께 뛴 시간은 길지 않았지만 맨유와 리버풀이라는 두 팀의 발전에 가장 큰 역할을 한 그 둘은 그때로부터 오래 우정을 이어나갔다. 페이슬리는 훗날 버즈비에 대해 "우러러보고 존경할 수 있는 남자였다"고 말했다.

2차 세계대전이 종료된 1945년, 선수생활을 마친 그에게 처음으로 축구 지도자의 기회를 제안했던 팀은 리버풀이었다. 실제로 그는 리버풀에서 당시 감독이었던 조지 케이 감독을 보좌하는 수석코치 역할을 제안받았고 리버풀이 버즈비를 장래의 감독감으로 내다보고 있다는 언론의 보도도 이어졌지만 그는 감독직에 대한 확고한 철학이 있었다. 감독이 팀의 모든 것을 장악하고 컨트롤해야만 한다는 것이었다. 이는 오늘날의 축구계에서는 쉽게 찾아볼 수 있는 일이지만, 당시에는 전례를 찾아보기 힘든 것이었다. 다른 모든 팀들과 마찬가지로, 리버풀에서도 그것은 불가능한 일이었다.

리버풀이 버즈비에게 코치직을 제안할 무렵, 맨유는 새 감독의 임명이 절실한 상황이었다. 1902년 데이비스 구단주가 뉴튼 히스를 인수한 후 새 이름을 고려할 때 맨체스터 유나이티드라는 이름을 제안했던 맨유의 스카우터 루이스 로커는 맨유 구단 측에 새 감독 임명 건을 자기에게 맡기라고 당부하고는 버즈비에게 장문의 편지를 보냈다.

맨유의 운명을 바꾼 깁슨 구단주와 버즈비 감독의 만남은 1945년 2월 15일에 이뤄졌다. 깁슨 구단주와 만난 자리에서 버즈비 감독은 다음과 같은 사항을 요구했다. 선수 훈련지침, 선수 선발, 선수 및 코치의 영입 및 방출에 대한 전권을 감독에게 줄 경우에만 감독직을 수락하겠다는 것. 버즈비 감독에게서 분명한 가능성을 본 깁슨 구단주는 그의 요구에 응했고 그에게 3년 계약을 제시했다. 버즈비는 자신이 생각하는 비전을 맨유에서 이루기에는 최소한 5년이 필요하다고 요청하며 결국 5년 계약에 사인, 맨유의 새 감독이 됐다.

㉙ 1946~1948년
지미 머피 코치의 영입과 37년 만의 우승

일찌감치 감독에게 팀 운영에 대한 모든 권한을 요청했던 버즈비 감독이 처음으로 영입한 인물은 선수가 아니라 코치였다. 그리고 그 후로 버즈비 감독을 충실하게 보좌했던 지미 머피 코치의 영입은 그가 감독 기간 내내 했던 모든 영입 중 가장 잘한 영입으로 손꼽힌다.

머피 코치를 영입한 후 버즈비 감독은 7명의 기존 선수를 이적대상자로 지정하고 새 선수들을 데려오며 자신의 철학에 맞는 팀을 꾸려가기 시작한다. 그중 가장 대표적인 선수는 셀틱에서 영입한 득점력이 뛰어난 윙어 지미 델라니였다. 그의 지도력은 첫 시즌부터 빛을 발했고 맨유는 리버풀에 이어 리그 2위로 버즈비의 첫 시즌을 마무리한다. 2차 세계대전 직전에 1부 리그와 2부 리그를 오가던 팀이 전쟁 종료 직후에 재개된 시즌에서 새 감독 버즈비의 지휘 아래 리그 2위를 기록한 것이다.

그다음 시즌에도 리그에서 2위를 차지한 버즈비 감독은 맨유 감독 부임 두 시즌 만에 맨유에 37년 만의 트로피를 선사했다. FA컵 결승전에서 초대 발롱도르 수상자이자 잉글랜드 축구계의 레전드 스탠리 매튜스가 뛰고 있던 블랙풀을 4-2로 꺾고 들어 올린 우승 트로피였다. 공격수 잭 로울리는 결승전에서만 2골을 넣으며 팀 우승에 일등공신이 됐다.

맨유가 FA컵 우승을 차지한 다음날, 「뉴스 오브 더 월드」에서는 이날의 경기에 대해 '웸블리에서 열린 최고의 결승전이었다'라는 제목으로 두 팀의 경기를 다음과 같이 보도했다.

> 모든 것이 다 있는 결승전이었다. 드라마틱한 긴장감, 하나같이 멋진 여섯 골, 그리고 웸블리 구장에서 지금까지 펼쳐졌던 경기 중 최고의 플레이까지. 이 경기는 분명 직접 본 모든 사람들의 기억 속에 불멸의 경기로 남을 것이다.

맨유를 파산 위기에서 구하고 버즈비 감독을 맨유 감독에 임명했던 깁슨 구단주는 우승을 차지하고 돌아온 버즈비 감독에게 "자네가 내 최고의 꿈을 이뤄줬네"라는 말로 고마움을 표했다.

1947/1948시즌 FA컵 맨유 대진

3라운드 - 아스톤 빌라, 원정경기, 6-4 승
4라운드 - 리버풀, 홈경기, 3-0 승
5라운드 - 찰튼 애슬레틱, 홈경기, 2-0 승
6라운드 - 프레스턴 노스엔드, 홈경기, 4-2 승
준결승전 - 더비 카운티, 중립경기, 3-1 승
결승전 - 블랙풀, 중립경기, 4-2 승

30 1948~1951년
올드 트래포드 복귀와 '버즈비의 아이들'의 탄생

2차 세계대전 중 독일군에 의해 폭격을 당한 올드 트래포드는 1949년에 수리가 완공됐다. 맨유가 약 10년 만에 그들의 홈구장을 되찾은 바로 그 즈음에 버즈비 감독은 머피 코치와 함께 본격적으로 자신이 맨유에 부임했던 당시부터 꿈꿨던 프로젝트를 펼쳐나가기 시작한다. 맨유에서 축구를 배우고 시작한, 맨유의 정체성을 가진 유망주들을 통해 새 미래를 열겠다는 계획이었다.

버즈비 감독은 나이가 많거나 전성기가 지난 선수들을 다른 팀으로 떠나보내고 유소년팀에 대한 정책과 투자를 대폭 강화하는 한편 팀의 스카우팅 시스템을 확장하며 대대적으로 팀을 개편하고 나섰다. 그 첫 열매를 맺었던 순간은 1951년 11월의 일이었다. 당시 18세였던 재키 블랜치플라워와 22세의 로저 번이 리버풀 원정경기에서 데뷔전을 가진 것이다.

그 경기 후 「맨체스터 이브닝 뉴스」의 톰 잭슨 기자는 두 선수를 가리켜 '유나이티드의 아이들(United's babes)'이라는 표현을 썼다. '버즈비의 아이들'의 어원이 된 말로 그 후 1950년대 중반에 버즈비 감독의 지도 아래 어린 선수들이 팀의 주축으로 성장하면서 '유나이티드' 대신 '버즈비'라는 감독의 이름을 사용하게 됐다.

31 1951~1955년
41년 만의 리그 우승과 젊은 영웅들의 등장

재키 블랜치플라워와 로저 번이 데뷔했던 1951/1952시즌, 맨유는 리그에서 30골을 터뜨리며 득점왕을 차지한 로울리의 맹활약과 함께 리그 우승을 차지한다. 23승 11무 8패, 승점 57점을 기록하며 같은 승점에 골평균 차이로 2, 3위를 기록했던 토트넘과 아스널을 승점 4점 차이로 여유 있게 따돌리며 차지한 우승으로 맨유 역사상 3번째이자 41년 만의 리그 우승이었다.

FA컵 우승에 이어 리그 우승까지 차지한 버즈비 감독은 더 본격적으로 유소년 선수들을 1군 무대에 투입하기 시작한다. 그리고 1953년에는 맨유의 역사에 아주 중요한 두 선수가 맨유와 첫 인연을 맺게 된다. 1953년 4월 4일에 16세(185일)의 나이로 1군 무대에 데뷔한 던컨 에드워즈와 같은 해에 15세의 나이로 맨유 유소년팀에 합류한 보비 찰튼이었다.

던컨 에드워즈는 16세의 나이로 1군 경기를 치른 첫 경기부터 언론으로부터 큰 주목을 받으며 곧 잉글랜드 최고의 재능으로 인정받기 시작한다. 그는 당시 그의 모습을 지켜봤던 축구기자들 및 팬들로부터 여전히 맨유가 배출한 최고의 선수로 처음 손에 꼽히는 선수다. 훗날 맨유와 잉글랜드의 최다 득점자가 되는 보비 찰튼은 맨유 유소년팀에 합류한 지 1년 만인 1954년에 구단과 프로계약을 맺고 1956년에 1군 무대에 데뷔하게 된다.

두 선수의 맨유 합류를 전후로 '버즈비의 아이들'을 완성할 주인공들이 속속 1군 무대에 모습을 드러내기 시작했다. 마크 존스, 리암 월런, 에디 콜먼, 데이비드 펙, 데니스 바이올렛, 빌 폴크스 등이다. 이들은 모두 버즈비 감독의 지도 아래 지속적으로 경기에 출전하며 잠재력을 성장시켜나간다. 그리고 1955/1956시즌, 잉글랜드 축구계에 신화로 남은 대업을 달성하게 된다.

32 1955~1957년
평균 연령 22세로 달성한 리그 우승과 리그 2연패

1955/1956시즌, 평균 연령 22세의 선수단으로 구성된 맨유는 압도적인 전력을 선보이며 2월부터 리그에서 무패행진을 계속하여 그 시즌 2위 팀 블랙풀보다 승점 11점이 더 많은 60점으로 리그 우승을 차지한다. 버즈비 감독의 개혁이 완벽한 성과로 꽃을 피우는 순간이었다. 1955/1956시즌 리그 우승을 차지한 주전 선수단 중 1951/1952시즌 우승 당시 뛰었던 선수는 로저 번과 조니 베리 단 두 명뿐이었다.

그다음 시즌인 1956/1957시즌은 버즈비의 아이들이 전 시즌보다 한층 더 성숙한 경기력을 보여줬던 해다. 이 시즌 맨유는 103골을 터뜨리며 2위 토트넘보다 8점 많은 승점 64점으로 리그 2연패를 달성했다. FA컵에서도 결승전까지 진출하며 더블을 노렸지만 아스톤 빌라에 1-2로 패하고 말았다.

그 두 시즌에 맨유에서 눈부신 활약을 한 것은 '버즈비의 아이들'만은 아니었다. 맨유 유소년팀에서 성장한 선수들 이외에 1953년에 반슬리에서 영입해온 공격수 토미 테일러는 전방에서 최고의 활약을 펼치며 리그에서만 1955/1956시즌 25골, 1956/1957시즌에는 34골을 터뜨리며 리그 내 최고의 공격수로 우뚝 섰다. 1951년에 버밍엄 시티에서 영입해온 윙어 조니 베리 역시 날카로운 돌파와 결정력으로 맨유 공격에 힘을 보탰다.

버즈비의 아이들 중 맨유 역사에 가장 큰 족적을 남긴 보비 찰튼은 1956년 1군 무대에 데뷔했다. 10월 6일 찰튼 애슬레틱과의 홈경기에서 데뷔한 찰튼은 자신의 데뷔전에서 두 골을 기록했고, 이듬해 2월 같은 찰튼 애슬레틱을 상대로 가진 원정경기에서는 자신의 커리어 첫 해트트릭을 기록했다. 데뷔 시즌, 찰튼은 모든 대회를 통틀어 17경기에 출전해 12골을 터뜨리며 자신의 비범한 재능을 일찌감치 드러내기 시작했다.

33 1956/1957시즌
유러피언컵에 참가한 첫 잉글랜드 팀이 된 맨유

맨유가 리그에서 2연패를 달성했던 1956/1957시즌은 맨유뿐만이 아니라 잉글랜드 축구 역사에서 아주 중요한 해였다. 맨유가 최초로 유러피언컵에 참가하면서 잉글랜드 팀이 유럽 무대에 처음 등장한 해였기 때문이다. 그리고 이 과정에서의 버즈비의 역할이 바로 그가 맨유가 아니라 잉글랜드 축구계에 남긴 가장 큰 업적 중의 하나였다.

버즈비의 아이들이 리그 우승을 차지하기 바로 전 해였던 1954/1955시즌, 잉글랜드 리그 우승을 차지한 팀은 창단 50주년을 맞이한 첼시였다. 첼시는 아스널 레전드 선수 출신 테드 드레이크 감독의 지휘로 창단 후 첫 리그 우승을 차지하며 팀의 1960년대 성공의 기반을 닦았다.

챔피언스리그의 전신인 유러피언컵이 처음 개최됐던 때가 바로 첼시가 우승을 차지한 다음 시즌인 1955/1956시즌이었다. 당연히 유러피언컵에 참가하는 첫 잉글랜드 팀은 첼시가 되어야 했지만 그들은 대회에 출전하지 못했다. 자국 리그에 집중하길 바라는 풋볼리그 측의 입장 때문이었다.

첼시의 유러피언컵 출전이 그렇게 무산된 바로 다음 시즌 풋볼리그는 이번에도 "맨유의 유러피언컵 참가는 풋볼리그에 아무런 도움이 되지 않는다"는 성명까지 발표하며 맨유의 유러피언컵 출전을 허용하지 않겠다는 입장을 밝혔다. 그러나 버즈비 감독은 맨유의 유럽 진출을 막는 리그의 결정을 그대로 수긍하지 않았다. 그는 풋볼리그에 정면으로 도전했고 결국 맨유를 유러피언컵에 진출한 첫 잉글랜드 팀으로 만들었다.

당시의 정황에 대해서는 2013년 3월에 영국에서 발간된 도서 『맨체스터 유나이티드 인 유럽: 트레지디, 히스토리, 데스티니』에 상세히 소개되어 있다. 그 주요 내용은 다음과 같다.

1955년 원정경기를 위해 이동 중 포즈를 취한 맷 버즈비 감독(제일 아래 오른쪽)과 맨유 선수단

버즈비 감독은 1956년 맨유 이사진과 만난 자리에서 '축구는 이제 전 세계의 게임이 됐고 더 이상 잉글랜드와 스코틀랜드만의 것이 아니다'라고 말하며 맨유 이사진의 동의를 얻어냈다. 그리고 그는 곧 상상도 하기 힘든 일을 하고 나섰다. 풋볼리그에 정면으로 도전하고 나선 것이다.

그는 당시 맨유의 회장이었던 헤럴드 하드만과 함께 축구협회의 비서관이자 유럽축구연맹의 멤버였던 스탠리 로우스를 찾아가서 대화를 나눈 끝에 풋볼리그가 맨유를 유러피언컵에 진출할 수 없도록 막을 법적인 권리가 없다는 것을 밝혀냈다. 그 후로 맨유 이사진 회의에서 버즈비 감독은 이사진 전원에게 풋볼리그의 지침을 거절하도록 설득했고 결국 맨유는 다음 시즌 유러피언컵에 참가했다.

그렇게 유러피언컵에 참가하게 된 맨유는 유럽에서 맞은 첫 시즌부터 뛰어난 활약을 펼치며 잉글랜드 리그의 대표자로 유럽에 이름을 알리게 된다.

34 1956/1957시즌
맨유의 첫 유러피언컵 참가와 4강 진출

맨유가 유러피언컵에서 처음 상대한 팀은 벨기에의 명문 안더레흐트였다. 원정경기에서 2-0 승리를 거둔 맨유는 당시 홈구장에 조명시설이 갖춰지지 않았기 때문에 올드 트래포드 대신 맨시티의 홈구장 메인 로드에서 경기를 치렀다. 그 경기에서 맨유는 바이올렛의 4골과 테일러의 해트트릭을 더해 10-0으로 대파하며 화려하게 자신들이 유럽 무대에 등장했음을 알렸다. 이 10-0 승리는 여전히 그들의 유럽 대회 최다 점수 차 승리 기록으로 남아 있다.

핵심 공격수였던 테일러와 바이올렛의 맹활약으로 도르트문트, 아틀레틱 빌바오를 꺾고 4강에 진출한 맨유의 상대팀은 레알 마드리드였다. 당시 레알 마드리드에는 전설적인 공격수 알프레도 디 스테파노가 뛰고 있었다. 레알 마드리드의 홈구장에서 펼쳐진 1차전에서 디 스테파노는 득점을 올렸으며 맨유는 테일러가 한 골을 기록했지만 결국 레알 마드리드에 3실점을 했다. 올드 트래포드에서 열린 2차전에서는 보비 찰튼이 골을 기록하며 분투했지만 결국 2-2 무승부를 기록하며 1차전의 1-3 패배를 뒤집지 못하고 결승 진출에 실패하게 된다.

그 시즌, 유러피언컵 우승은 맨유를 꺾고 결승에 진출한 레알 마드리드가 차지했다. 그러나 맨유와의 준결승전에서 맨유의 경기력을 높이 산 레알 마드리드의 산티아고 베르나베우 회장은 맷 버즈비 감독에게 레알 마드리드의 감독직을 제의하고 나섰다. "맨체스터를 떠나서 마드리드로 오시죠. 파라다이스를 선물해드리겠습니다." 맷 버즈비 감독은 다음과 같이 말하며 단번에 그 제안을 거절했다.

맨체스터가 나의 천국입니다.

올드 트래포드에 걸려 있는 '맨체스터가 나의 천국입니다' 배너

35) 1958년 2월 6일
뮌헨

1956/1957시즌 유러피언컵에서 4강에 진출했고 리그 우승을 차지했던 맨유는 다음 시즌이었던 1957/1958시즌에도 유러피언컵에 진출해 다시 한 번 우승에 도전했다.

샴록 로버스, 둘카 프라하를 꺾고 8강에 진출한 맨유는 유고슬라비아 명문팀 레드스타 벨그라데와의 홈경기에서 2-1 승리를 거둔 뒤, 원정경기에서 3-3 무승부를 거두며 다시 한 번 4강 진출에 성공했다. 빠르게 팀의 중심공격수로 성장하고 있던 보비 찰튼은 레드스타와의 두 경기에서 3골을 기록했다.

그리고 레드스타 벨그라데와의 원정경기를 치르고 맨체스터로 돌아오는 길에 올랐던 맨유 선수단에게 축구계 최악의 재앙으로 불리는 뮌헨 참사가 닥쳐왔다. 정확히는 1958년 2월 6일의 일이었다.

눈이 내리는 날씨 속에서 뮌헨 공항에 도착한 맨유 선수단 및 관계자, 여행사 직원 그리고 영국 기자 등으로 구성된 일행은 비행기에서 내려서 공항 건물 안에 들어가 휴식을 취했다. 개중에는 연료를 보충하는 스태프들과 눈싸움을 하며 장난을 치는 선수들도 있었다. 기장은 스태프들에게 비행기의 양쪽 날개에 제설 및 방설 작업을 하도록 지시했다.

현지 시각 2시 20분, 기장이 비행기가 이륙할 준비가 끝났다고 알리자 선수들과 일행은 비행기에 탑승했다. 그러나 이륙을 시도한 비행기 엔진에서 비정상적인 소리가 나기 시작했고 기장은 부기장과 논의 후에 잠시 기다렸다가 이륙을 시도하기로 했다. 그러나 두 번째 시도에서도 같은 소리가 났고 결국 기장은 선수단 및 승객들에게 엔진의 결함으로 이륙할 수 없다며 다시 한 번 공항으로 돌아가 달라고 부탁했다. 선수들은 공항으로 돌아왔고 기장과 스태프들은 비행기의 상태를 점검하기 시작했다.

공항으로 돌아온 던컨 에드워즈는 자신이 묵고 있던 집의 여주인에게 '비행이 취소되어 내일 돌아간다'는 내용의 전보를 보냈다. 그러나 그 직후에 기장은 비행기가 이륙할 수 있다고 통보했고 선수들과 일행은 다시 비행기에 탑승했다. 승객의 절반은 비행기의 정면을 바라보고 절반은 뒤편을 바라보도록 디자인되어 있던 그 비행기에서 일부 선수들은 비행기의 뒤편이 더 안전할 것이라고 생각하고 그쪽으로 자리를 옮겼다.

현지 시간 3시 4분, 세 번째 이륙을 시도한 비행기는 이륙 직전에 갑자기 속도를 잃었고 공항을 둘러싸고 있는 펜스에 부딪힌 후 전방에 있던 민가와 그대로 충돌했다. 그 충돌로 인해 비행기가 두 동강이 나면서 뒤편에 앉아 있던 선수들과 승객 대부분이 그 자리에서 즉사했고 민가에는 불이 붙었다. 급히 파견된 의료진이 현장에 도착했을 때는 맨유 선수 7명을 포함해 21명의 승객이 이미 사망한 상태였다. 생존자들은 급히 인근의 병원으로 이

뮌헨 비행기 사고 직전에 가진 레드스타 벨그라데와의 경기 시작 전의 맨유 선수단

뮌헨 참사에 대해 보도한 당시 「데일리 헤럴드」

송됐다.

버즈비의 아이들 중 7명이 즉사했으며 에드워즈가 중태에 빠졌고 버즈비 감독의 생존확률과 사망확률이 50대 50이라는 진단결과가 영국 신문 및 방송으로 쏟아져 나오기 시작했다. 당시 이 사건은 결코 맨유라는 한 팀과 축구계만의 비극이 아닌 영국 연방과 유럽 전체의 비극이었다. 해당 소식을 전해들은 영국 여왕은 그 즉시 "깊고 큰 충격을 받았다"는 말과 함께 희생자들에게 추모 메시지를 남겼다. 사고의 희생자는 맨유의 선수들뿐이 아니었다. 현장을 취재하기 위해 동참했던 영국의 유명 축구기자들과 여행사 직원 및 일반 승객도 명을 달리했다.

전 국가가 침통함에 빠져서 현장에서 살아남은 생존자들만이라도 무사히 돌아오길 기다리던 그 시기, 뮌헨의 한 병원에서는 던컨 에드워즈가 자신의 생명을 걸고 사투를 벌이고 있었다. 사고 현장에서 갈비뼈와 골반, 다리가 모두 부숴지고 폐와 신장에도 큰 중상을 입은 에드워즈는 잠시 의식을 찾았던 순간에 병실을 찾아온 지미 머피 코치를 알아보고 말했다. 에드워즈를 반드시 맨유에 데려와야 한다고 버즈비 감독을 설득했던 이가 바로 머피 코치였다.

코치님, 다음 경기는 3시에 시작하나요?

생사를 헤매던 순간에도 팀의 다음 경기 일정을 생각했던 에드워즈는 결국 사고 발생일로부터 15일이 지난 2월 21일 새벽 2시 16분에 마지막 숨을 거두었다. 그를 진료했던 의사들이 그가 어떻게 그런 심각한 중상을 입고도 2주를 버틸 수 있었는지 이해하기 힘들다고 말했다.

그 병원에서 또 한 명 죽음과의 투쟁을 벌이고 있던 사람은 맨유의 영혼인 맷 버즈비 감독이었다. 맨유의 관계자 및 전 유럽의 축구팬들 그리고 일

반 시민들까지 간절히 그의 귀환을 기다리고 있던 순간 잠시 의식을 찾았을 때 그는 자신의 오른팔과도 같은 머피 코치에게 말했다.

계속 깃발이 날리도록 해주게. 내가 돌아갈 때까지 맨유가 무너지지 않게 해줘.

36 '최고의 재능'
던컨 에드워즈와 8명의 희생자들

뮌헨 참사로 사망한 각각의 맨유 선수들과 관계자들 모두 안타깝고 비극적이었지만, 특히 그들 중에서도 큰 기대를 받았고 그 기대만큼 많은 축구팬들의 아쉬움을 산 선수가 있었다. 잉글랜드 축구 최고의 재능이자 미래로 평가 받았던 던컨 에드워즈였다.

유소년 선수들을 적극 기용한 버즈비 감독의 버즈비의 아이들 중에서도 유독 어린 나이부터 두각을 드러냈던 에드워즈는 1953년 4월 4일, 16세 185일의 나이로 1군 리그 경기에 출전하며 잉글랜드 1부 리그 최연소 출전기록을 세웠다. 그가 처음 잉글랜드 국가대표로 출전했던 것은 18세 183일이 되던 날의 일로 그 기록 역시 2차 세계대전 이후의 선수 중 최연소 기록이었다. 그 기록은 1998년 2월에 마이클 오언이 경신할 때까지 약 40년 동안 깨지지 않았다.

강하고, 빠르고, 뛰어난 기술과 슈팅능력을 모두 갖춘, 하프백이나 레프트백으로 주로 뛰었지만 그 외에 어떤 포지션도 능숙하게 소화할 수 있었던 에드워즈의 잠재력에 대해서는 그와 함께 뛰었던 동료나 그를 지켜본 지도자들의 말을 통해 가늠해볼 수 있다.

맨유와 잉글랜드의 최고 레전드 보비 찰튼 경은 그에 대해 "나에게 열등감을 느끼게 했던 유일한 선수였다. 그의 죽음은 맨유와 잉글랜드 축구의 최악의 비극이었다"라고 말했다. 훗날 맨유의 감독이 되는 토미 도허티는 그에 대해 "그가 세계 최고의 선수가 될 것이라는 데는 조금의 의문도 없었다. 단지 맨유나 잉글랜드에서만이 아니라, 세계에서 말이다. 조지 베스트는 펠레나 마라도나와 마찬가지로 특별한 선수였지만 모든 포지션에서 뛸 수 있는 능력이나 기술에 관해서라면

던컨 에드워즈를 추모하여 건립된 조각상

내 생각에는 에드워즈가 그보다 더 뛰어난 선수였다"라고 말했다.

에드워즈가 좀 더 미래의 가능성이 돋보이는 선수였다면, 이미 원숙한 기량을 선보이며 맨유에서 핵심적인 역할을 하던 두 선수 역시 뮌헨 참사로 세상을 떠났다. 주장 로저 번과 주포로 활약했던 토미 테일러였다.

'버즈비의 아이들'의 주장이었던 로저 번은 주로 왼쪽 측면에서 뛰었지만 에드워즈와 마찬가지로 다양한 포지션을 소화할 수 있는 선수였다. 28세의 나이에 사망하기 전까지 잉글랜드 국가대표로도 뛴 그는 33경기에 연속으로 출전했으며 당시 잉글랜드 국가대표 감독이었던 월터 윈터보텀 감독이 그를 차기 주장으로 고려하고 있었다는 현지 언론의 보도도 있었을 만큼 믿음직한 경기력을 보여주던 선수였다.

반슬리에서 영입된 선수로 정확한 의미에서의 '버즈비의 아이들'은 아니었지만, 1950년대 맨유 공격을 이끌었던 토미 테일러 역시 이 사고로 목

숨을 잃었다. 사망하기 전, 그는 맨유에서만이 아니라 잉글랜드 국가대표팀에서도 폭발적인 골결정력을 뽐냈다. 1953년부터 1957년까지 국가대표팀에서 활약한 그는 19경기에 출전해서 16골을 터뜨렸다. 맨유와 유러피언컵 4강전에서 맞대결을 벌였던 레알 마드리드의 전설적인 공격수 알프레도 디 스테파노 역시 테일러의 공격적인 재능에 대해 찬사를 보내기도 했다.

뮌헨 참사 희생 선수 8인의 당시 나이와 출전 기록

1. 로저 번 - 28세, 277경기 19골
2. 에디 콜먼 - 21세, 107경기 2골
3. 데이비드 펙 - 22세, 148경기 28골
4. 마크 존스 - 24세, 120경기 1골
5. 토미 테일러 - 26세, 191경기 131골
6. 던컨 에드워즈 - 21세, 175경기 21골
7. 지오프 벤트 - 25세, 12경기
8. 리엄 윌런 - 22세, 96경기 52골

8명의 선수 이외에 2차 세계대전 이전에 맨유의 비서관, 감독으로 활약했고 깁슨 구단주를 만나 맨유가 두 번째 파산 위기를 극복하는 데 결정적인 역할을 했던 월터 크리커 역시 목숨을 잃었다. 뮌헨 참사로 목숨을 잃지는 않았으나 심한 부상을 입은 조니 베리와 재키 블랜치플라워는 그 후로 다시는 경기에 나서지 못했다.

(37) 1958년
생사의 기로에서 돌아와 맨유 재건에 나선 버즈비 감독

사고 당시 가장 심각한 부상을 당했다고 전해진 버즈비 감독은 2개월 동안 생사의 기로에 서 있었다. 그는 치료를 받던 도중 두 차례나 사망이 임박한 환자에게 실시하는 병자성사를 받았다. 그러나 마치 이미 많은 영웅들을 잃은 맨유에 남은 마지막 한 조각 희망처럼 그는 결국 병상을 털고 일어섰다.

정신을 회복한 그에게 처음 찾아온 감정은 심각한 죄책감이었다. 그는 잉글랜드 팀들의 유럽 대회 진출을 반대하는 풋볼리그에 도전해서 맨유 이사진을 설득해 맨유를 유러피언컵에 이끌고 나갔던 장본인이었다. 그는 당시 그의 심정에 대해 밝혔던 인터뷰에서 다음과 같이 말했다.

내게 처음 든 생각은 다시는 축구와 관련된 그 무엇도 하고 싶지 않다는 것이었다.

버즈비 감독과 1군 선수단이 유러피언컵 경기를 위해 이동중이던 기간에 자신이 겸임하고 있던 웨일스 국가대표팀을 지휘하기 위해 원정에 참가하지 않았던 지미 머피 코치는 남아 있는 선수들을 꾸려서 버즈비 감독이 회복할 때까지 리그 및 FA컵 일정을 소화하고 있었다. 뮌헨 참사 직후에 있었던 셰필드 유나이티드와의 경기를 앞두고 발행된 프로그램에 맨유의 라인업에는 11명의 선수 이름을 적는 란이 공란으로 남아 있었다. 선발 라인업도 제대로 꾸릴 수 없었던 당시의 맨유가 처한 상황이 얼마나 절망적이었는지를 상징적으로 보여주는 장면이었다.

그런 난관 속에서도 맨유는 머피 감독의 지휘로 FA컵 준결승전에 진출했고, 3월 8일 웨스트브롬과의 리그 경기가 시작되기 전 경기장에는 뮌헨의 병실에서 녹음된 버즈비 감독의 목소리가 울려퍼졌다. 차분한 목소리로 팀의 FA컵 준결승 진출을 축하한다는 그의 말에 경기장에 모여 있던 관중들은 모두 눈물을 흘렸다.

그가 부상에서 회복해 마침내 올드 트래포드로 돌아온 날은 1958년 4월

23일 뉴캐슬전이었다. 맨유 선수였던 로니 코프는 버즈비 감독이 처음 부상에서 회복해 드레싱룸에 들어왔을 당시에 대해 다음과 같이 말했다.

"나는 그가 뮌헨의 병원에서 돌아와 처음 드레싱룸에 들어왔을 때의 모습을 잊을 수가 없다. 그는 문을 열고 들어와서 드레싱룸에 모여 있는 선수들을 보고는 눈물을 흘리면서 그대로 다시 문 밖으로 나갔다. 선수들은 모두 그의 심정을 잘 알고 있었다. 그는 마땅히 드레싱룸에 있어야 하지만 더 이상은 그 자리에 없는 선수들을 본 것이다."

그렇게 여전히 마음속에서 깊은 상처를 안은 버즈비 감독이 지팡이를 짚고 경기장에 들어섰을 때 올드 트래포드의 모든 관중은 마치 잃어버린 아버지를 다시 만난 것처럼 자리에서 일어나서 그의 이름을 외치고 박수를 치며 그를 맞이했다. 올드 트래포드의 100년 역사 중 가장 감격적이고 감동적인 장면이었다.

그 시즌 맨유는 황망한 가운데서도 남은 스쿼드를 추스려 FA컵 결승전까지 진출했지만 볼튼 원더러스에 패배를 당하게 된다. 당시 경기에 대해 버즈비 감독과 함께 뮌헨 참사에서 살아남아 그 후 맨유 재건에 가장 큰 공을 세우게 되는 선수 보비 찰튼은 다음과 같이 회상했다.

"우리는 볼튼과의 결승전에서 패배했지만, 그 결과는 중요하지 않았다. 중요한 것은 버즈비 감독이 다시 맨유에 돌아왔다는 것과 우리가 살아남았다는 것이었다. 당시 주변에서는 맨유가 그대로 완전히 무너져버릴 것이라는 예측이 많았다. 그러나 버즈비 감독이 다시 감독의 자리에 앉은 것은 그런 우려를 하는 사람들에게 '아무것도 변하지 않았다'는 것을 보여주는 일이었다."

그렇게 생사의 기로에서 돌아온 버즈비 감독은 그 후로 '버즈비의 아이들'과는 또 다른 방식으로 맨유를 재건해나가기 시작한다.

38 버즈비와 베르나베우의 우정과
레알 마드리드의 지원

맨유와 레알 마드리드는 특히 현대에 와서 퍼거슨 감독의 시대에 선수의 이적을 둘러싸고 마찰을 일으키며 적대적인 관계를 형성하기도 했다. 베컴이 그랬고, 호날두가 그랬다. 특히 호날두의 이적 과정에서 퍼거슨 감독은 "레알 마드리드에게는 바이러스도 팔지 않겠다"는 말로 레알 마드리드에 대한 적개심을 공개적으로 드러내기도 했다.

레알 마드리드의 산티아고 베르나베우 회장

그러나 버즈비의 아이들이 이제 막 유럽에 이름을 날리기 시작했고 뮌헨 참사가 터졌을 당시 잉글랜드와 스페인을 대표하는 두 팀 사이에는 아주 우호적이고 협력적인 관계가 존재했다. 그 관계는 당시 맨유의 감독이었던 맷 버즈비 감독과 레알 마드리드의 회장이었던 산티아고 베르나베우, 두 남자의 우정에서 비롯된 아름다운 관계였다.

두 사람이 처음 만난 것은 맨유가 처음으로 유러피언컵에 참가해 4강까지 진출했던 1956/1957시즌의 일이었다. 당시 양 팀의 홈경기장을 오가며 펼쳐진 두 경기 후에 버즈비 감독의 리더십에 반한 베르나베우 회장은 그에게 "파라다이스를 선물하겠다"며 레알 마드리드 감독직을 제안했고 버즈비 감독은 "맨체스터가 나의 천국입니다"라는 말로 그 제안을 거절했다.

두 사람이 처음 만났던 날로부터 뮌헨 참사가 일어나기까지는 불과 10개월밖에 걸리지 않았다. 뮌헨 참사 후에도 유러피언컵은 계속해서 진행됐고 주전 선수 8명을 잃은 맨유는 4강전에서 AC 밀란에 패해 탈락했다. 그리고 결승에 진출한 AC 밀란을 꺾고 그해 유러피언컵 우승을 차지한 팀은 전 시즌에도 4강에서 맨유를 꺾고 우승을 차지했던 레알 마드리드였다.

유러피언컵 우승 직후 베르나베우 회장은 그 우승을 뮌헨 참사로 선수들을 잃은 맨유에 바치겠노라고 말하며 우승 트로피를 증정하겠다는 제안을 하기까지 했다. 맨유는 그 제안을 거절했지만 베르나베우 회장의 지원은 거기서 끝이 아니었다.

그는 그다음 시즌에 당시 세계최고의 선수였던 알프레도 디 스테파노를 선수단 운영에 애를 먹고 있는 맨유에 한 시즌 동안 임대를 보내겠다는 제안을 하고 나섰다. 당시 상황에 대해 『어 테일 오브 투 시티즈: 맨체스터 앤 마드리드 1957~1968(A Tale of Two Cities: Manchester and Madrid 1957-1968)』의 작가 존 루든은 다음과 같이 소개하고 있다.

> 베르나베우 회장은 직접 디 스테파노를 찾아가 임대에 관해 논의를 했다. 디 스테파노 역시 그 제안에 응했으며 양 팀은 디 스테파노의 주급을 절반씩 내겠다는 세부사항까지 합의를 봤다. 그러나 잉글랜드 축구협회는 디 스테파노의 맨유 임대가 잉글랜드 선수의 기회를 뺏을 수도 있다는 이유로 두 팀 간의 임대를 승인하지 않았다.

현재까지도 레알 마드리드의 최고 레전드로 남아 있는 디 스테파노가 맨유에서 뛸 수도 있었던 기회가 축구협회에 의해 무산된 뒤에도 레알 마드리드는 다양한 방법을 동원해 맨유를 지원하고 나섰다. 무엇보다도, 뮌헨 참사는 맨유의 재정에도 큰 타격을 줬다. 레알 마드리드는 뮌헨 참사 희생자들의 이름을 새긴 삼각기를 스페인에서 판매해 그 수입을 맨유에 기부하는 한편 자금 모금을 위해 두 팀 간의 친선경기를 추진하기도 했다.

1959년 10월, 올드 트래포드에서 열린 두 팀의 첫 친선전에서 레알 마드리드는 디 스테파노와 푸스카스의 맹활약 속에 맨유에 6-1 대승을 거뒀다. 그 후로도 두 팀은 1961년까지 수시로 친선경기를 가졌다. 두 팀의 마지막 친선전이 열렸던 1961년 9월, 맨유는 마드리드 원정에서 2-0 승리를 거뒀다. 그리고 그해 맨유는 FA컵 우승을 차지하며 뮌헨 참사 이후 첫 트로피를 들어 올렸다.

뮌헨 참사 발발 10주기가 되던 해에 맨유는 유러피언컵을 들어 올리며 최악의 비극에서 최고의 영광으로 올라가는 역전극을 완성했다. 그 시즌 유러피언컵에서 맨유와 레알 마드리드는 다시 한 번 4강전에서 만났고 이번에는 맨유가 레알 마드리드를 꺾고 결승에 진출했다. 맨유와 버즈비 감독이 고난을 이겨내고 첫 유러피언컵을 들어 올리는 것을 지켜본 베르나베우 회장은 다음과 같이 말했다.

우리가 우승팀이 아니라면, 나는 그 우승팀이 맨유라는 사실이 기쁘다. 버즈비 감독은 내가 축구계에서 만나본 가장 용감하고 위대한 남자다.

39 1959~1962년
맨유 재건에 나선 버즈비 감독과 데니스 로의 입단

맨유 감독 부임 초기 버즈비 감독의 철학은 잉글랜드와 스코틀랜드, 아일랜드 등 영국권에서 재능 있는 어린 유망주 선수들을 데려와서 그들에게 맨유의 철학과 방식을 입혀 1군 선수로 키워내는 것이었다. 그러나 뮌헨 참사 이후의 맨유는 더 이상 유망주 육성에만 의존할 수 있는 상황이 아니었다. 1957/1958시즌을 리그 9위로 마친 맨유는 다음 시즌 2위를 차지했지만 그 후 두 시즌을 연달아 7위로 마친 뒤 1961/1962시즌에는 리그 15위를 기록했다.

이 시기에 맨유에서 가장 뛰어난 활약을 한 선수는 버즈비의 아이들의 일원이었고 뮌헨 참사로 사망한 토미 테일러와 함께 뛰어난 공격력을 선보였던 데니스 바이올렛이었다. 특히 그는 1959/1960시즌 리그에서만 32골을 터뜨렸다. 이 기록은 현재까지도 맨유 선수가 한 시즌 리그에서 기록한 가장 많은 골 기록으로 남아 있다.

그러나 바이올렛의 골도 맨유의 하락세에는 큰 도움이 되지 못했고 그는 1962년 1월 맨유를 떠나 스토크 시티에 합류했다. 맨유에는 확실히 전과는 다른 방식이 필요했고 그래서 버즈비 감독은 스스로 변화하기 시작했다. 유소년팀에 대해서도 꾸준히 투자를 하되, 다른 클럽으로부터 중요한 선수를 데려오는 비중을 높이기 시작한 것이다. 그리고 그 과정에서 1962년에 맨유 유니폼을 입게 되는 선수가 뮌헨 참사 이후 부진에 빠져 있던 맨유를 마침내 끌어올린 '킹' 데니스 로였다.

뮌헨 참사 전후 맨유의 리그 성적표

시즌	리그	경기	승	무	패	승점	순위
1955/1956	1부 리그	42	25	10	7	60	1위
1956/1957	1부 리그	42	28	8	6	64	1위
1957/1958	1부 리그	42	16	11	15	43	9위
1958/1959	1부 리그	42	24	7	11	55	2위
1959/1960	1부 리그	42	19	7	16	45	7위
1960/1961	1부 리그	42	18	9	15	45	7위
1961/1962	1부 리그	42	15	9	18	39	15위
1962/1963	1부 리그	42	12	10	20	34	19위

 1962/1963시즌
강등 위기와 맨유의 부진을 끝낸 FA컵 우승

데니스 로의 합류에도 불구하고 맨유는 결국 1962/1963시즌 21위로 강등당한 맨시티보다 승점 3점이 많은 34점으로 19위를 기록한 채 시즌을 마무리했다. 그러나 맨유가 버즈비 감독의 지휘 아래 최악의 리그 성적을 기록했던 바로 그해를 기점으로 맨유는 뮌헨 참사의 후유증을 떨치고 일어서며 반등하게 된다. 그해 들어 올린 FA컵 우승 트로피가 그 결정적인 계기였다.

1962년 8월 18일, 자신의 맨유 데뷔전이었던 웨스트 브롬전에서 경기 시작 7분 만에 데뷔골을 기록한 로는 그 시즌 리그에서 23골, FA컵에서 6골을 기록하며 첫 시즌 만에 팀 내 최다 득점자가 됐다. 그리고 그는 레스터 시티와의 FA컵 결승전에서도 잉글랜드 역대 최고 골키퍼로 손꼽히는 고든 뱅크스를 상대로 선제골을 터뜨리며 팀의 우승을 도왔다.

맨유 입단 첫 시즌 만에 뮌헨 참사 이후 맨유에게 첫 트로피를 안겨준 로는 당시 상황에 대해 맨유 구단과의 인터뷰에서 다음과 같이 말했다. "내가 맨유에서 뛴 첫 시즌, 우리는 거의 강등당할 위기에 놓여 있었다. 다행히도 FA컵에서는 좋은 활약을 펼쳐서 웸블리 구장에서 경기를 갖고 결국 우승을 차지할 수 있었다. 그 우승이 우리가 그 후로 이뤄낸 모든 성과의 시작이었다."

1962/1963시즌 FA컵 맨유 대전

3라운드 - 허더스필드, 홈경기, 5-0 승
4라운드 - 아스톤 빌라, 홈경기, 1-0 승
5라운드 - 첼시, 홈경기, 2-1 승
6라운드 - 코벤트리 시티, 원정경기, 3-1 승
준결승전 - 사우스햄튼, 중립경기, 1-0 승
결승전 - 레스터시티, 중립경기, 3-1 승

41 '궁극의 골잡이'
데니스 로

"선수 시절, 나의 영웅이자 우상은 데니스 로였다. 그를 처음 만났을 때 나는 너무 흥분해서 '내가 데니스 로와 차를 마시고 있다니!'라고 생각했을 지경이었다. 나에게 있어 그는 스코틀랜드인의 본보기였다. 용감하고 대담했으며 그만의 스타일을 갖고 있었다. 그는 진정으로 위대한 선수였다."

알렉스 퍼거슨 전 맨유 감독

보비 찰튼에 이어 맨유 역대 최다 득점자 랭킹 2위에 올라 있는 데니스 로는 맨유에 입단하기 전에 맨시티에서 뛰었던 바가 있으며 맨시티에서의 활약으로 이탈리아 리그에 진출해 토리노에서 1시즌을 보냈다. 그가 맨유에 입단하게 된 가장 큰 계기가 됐던 것은 다름 아닌 버즈비 감독으로, 버즈비는 1958년 로를 스코틀랜드 대표팀에 데뷔시켰던 주인공이었다. 당시 맨유와 스코틀랜드 국가대표팀 감독직을 겸임하고 있었던 그가 로의 능력을 높이 평가했던 것이다.

스코틀랜드 대표팀에서 로의 플레이를 유심히 지켜본 버즈비 감독은, 그야말로 뮌헨 참사로 부진의 늪에 빠져 있는 맨유에 전환점을 마련해줄 수 있는 선수라는 판단을 했고, 그 판단은 정확히 적중했다. 로는 자신의 데뷔전에서 7분 만에 골을 넣은 뒤 그 시즌 맨유의 최다 득점자가 됐고 FA컵 결승전에서 맨유에 선제골을 안기며 우승의 발판을 마련했다. 다시 말해, 맨유가 불가피하게 겪었던 뮌헨 참사 후의 부진은 로의 입단과 함께 끝난 것이나 다름없었다.

그 후로도 맨유에서 매 시즌 골을 퍼부은 그는 1963/1964시즌 여전히 맨유 역사상 한 시즌 최다 골 기록으로 남아 있는 46골을 기록했고 결국 1964년에는 맨유 역사상 최초의 발롱도르 수상자가 됐다. 맨유가 리그 우승을 차지한 1965, 1967년 역시 팀 내 최다 득점자는 그였다. 그는 맨유에서 뛰는 기간 중 404경기에 나서 237골을 기록했다.

그런 로를 맨유는 공식 홈페이지에서 '궁극의 골잡이'라는 말로 소개하고 있다. 그와 같은 스코틀랜드인이고, 그와 같은 공격수 출신인 알렉스 퍼거슨 전 감독이 '데니스 로는 나의 영웅이었다'라고 말한 것도 결코 우연이 아닐 것이다.

맨유에서 뛰는 내내, 그에게는 트레이드마크와도 같은 세리머니가 있었다. 소매의 끝자락을 손으로 잡고서 한 손가락을 하늘을 향해 가리키는 세리머니로 당시 그의 세리머니는 잉글랜드의 소년들이 골을 넣으면 하나같이 따라하는 유행이었다. 그를 우상으로 여긴 선수나 소년은 결코 알렉스 퍼거슨 감독 하나만이 아니었다.

맨유의 별명 '붉은 악마'의 기원

맨유가 FA컵 우승을 차지하며 마침내 뮌헨 참사의 충격에서 서서히 벗어나고 있을 무렵, 버즈비 감독은 그 전까지 팬들이 널리 사용하던 '버즈비의 아이들'이라는 애칭이 더 이상 맨유에 적합하지 않다는 판단을 내렸다. 확실히 1962/1963시즌 FA컵 우승을 차지한 맨유는 뮌헨 참사 이전의 버즈비의 아이들과는 여러 면에서 다른 팀이었다.

그런 버즈비 감독의 마음에 들어왔던 새로운 별명은 1930년대 잉글랜드의 럭비팀 샐퍼드(Salford)가 붉은색 유니폼을 입고 프랑스 투어를 했을 무렵 얻었던 별명이었던 '붉은 악마'였다. 버즈비 감독은 '아이들'이라는 표현보다 '악마'라는 이름이 상대방에게 더 위협적일 것이라고 생각을 하고 새로운 맨유가 '붉은 악마'라는 별칭으로 불리길 바란다는 의사를 밝혔다.

그 후로 맨유의 매치데이 프로그램과 판매용 스카프 등에 악마의 이미지가 들어가기 시작했으며 1970년대에 들어서는 클럽의 문장도 악마가 들어 있는 모습으로 다시 디자인했다. 그 붉은 악마라는 별칭과 문장은 약간의 변형만 거친 채 현재까지 이어지고 있다.

42) 1963~1965년
조지 베스트의 데뷔와 되찾은 리그 우승 트로피

데니스 로의 합류와 함께 맨유가 FA컵 우승을 차지하면서 뮌헨 참사 후 첫 우승 트로피를 들어 올렸던 바로 그다음 시즌, 버즈비 감독의 맨유 재건에 정점을 찍을 마지막 한 명의 스타가 맨유 데뷔전을 가졌다. 영국 언론으로부터 널리 잉글랜드 최초의 슈퍼스타이자 최고의 재능으로 평가받는 조지 베스트였다. 1963년 9월 데뷔할 당시 그의 나이는 17세였다.

데니스 로가 한 시즌 동안 모든 대회를 통틀어 46골을 기록했고 보비 찰튼이 팀을 이끌고 조지 베스트가 합류했던 1963/1964시즌, 맨유는 더 이상 지난 시즌 리그를 19위로 마친 그 맨유가 아니었다. 시즌이 종료됐을 때 맨유는 우승팀 리버풀보다 승점 4점이 적은 2위로 리그를 마무리했다.

그리고 그렇게 맞이한 바로 다음 시즌인 1964/1965시즌, 맨유는 찰튼, 로, 베스트의 맹활약으로 9월부터 12월까지 15경기 중 13승을 거두며 시즌 종료시점까지 우승 경쟁을 이어갔다. 시즌 최종전이었던 1965년 4월 28일 아스톤 빌라전에서 1-2 패배를 당한 맨유는 결국 승점 61점으로 시즌을 마무리했다. 그리고 그 시즌에는 맨유와 같은 승점 61점으로 시즌을 마친 팀이 하나 더 있었다. 구단 역사상 가장 위대한 감독으로 평가받는 돈 레비 감독이 이끈 리즈 유나이티드였다. 두 팀은 승점이 같았지만 우승 트로피는 골평균에서 앞선 맨유에게 돌아갔다. '골평균'은 득점수를 실점수로 나눈 것으로 현재 축구계에서는 사용하지 않는 개념이다. 맨유와 리즈의 경우를 예로 들어 설명하면, 맨유의 골평균은 89(득점)/39(실점), 즉 2.282였으며 리즈의 경우는 83/52, 즉 1.596이었다.

1964/1965시즌 맨유와 리그 2, 3위의 승점과 골평균 차이

순위	팀명	경기	승	무	패	득점	실점	승점	골평균
1	맨유	42	26	9	7	89	39	61	2.282
2	리즈	42	26	9	7	83	52	61	1.596
3	첼시	42	24	8	10	89	54	56	1.648

43) 1965/1966시즌
유러피언컵 재도전과 조지 베스트의 비상

전 시즌 리그 우승을 차지한 맨유는 1965/1966시즌 다시 한 번 유럽 정복을 위한 도전에 나섰다. 맨유가 리그를 다소 실망스러운 4위로 마무리한 이 시즌 맨유의 최다 득점자는 데니스 로도, 조지 베스트도, 보비 찰튼도 아닌 데이비드 허드였다. 1960년대 맨유에서 묵묵하고 꾸준한 경기력을 보여줬던 그는 리그에서 24골을 기록하며 팀 내 최다 득점자가 됐다.

FA컵에서도 준결승에서 탈락한 맨유에게 이 시즌의 하이라이트가 된 것은 단연 유러피언컵 8강전에서 나온 조지 베스트의 맹활약이었다. 당대 최고의 공격수인 에우제비오가 버티고 있었던 벤피카는 맨유와 만나기 전 5년 중 4년을 유러피언컵 결승전에 진출하며 유럽 무대의 최강자로 호령하고 있었다.

모두가 양 팀의 폭발적인 공격수 에우제비오와 데니스 로에게 주목하고 있었던 두 팀의 맞대결에서 맨유가 벤피카 원정에서 거둔 5-1 승리는 당시 유럽 축구언론을 충격에 빠지게 하기에 충분했다. 그리고 그 중심에는 조지 베스트가 있었다. 전반 6분 만에 왼쪽 측면에서 올라온 프리킥을 헤딩골로 성공시킨 그는 벤피카가 제대로 반격을 하기도 전에 또 한 번 홀로 벤피카 중원을 번개같이 파고 들어가며 날린 오른발 슈팅으로 상대팀의 골망을 갈랐다.

19세의 소년 조지 베스트가 당대 유럽 최강의 팀을 상대로 그들의 홈구장에서 경기가 시작되자마자 승부를 결정지은 것이다. 양 팀의 대결이 종료 됐을 때 유럽의 축구언론은 모두 에우제비오가 아닌 조지 베스트의 뒤를 쫓고 있었다.

그러나 벤피카를 꺾고 4강에 진출했던 맨유는 세르비아 명문 파르티잔 원정에서 당한 0-2 패배를 극복하지 못하고 이번에도 또다시 4강에서 고배를 마셔야 했다. 버즈비 감독은 패배 후 은퇴를 고민할 정도로 큰 실망감에 빠졌다. 그러나 그는 결국 그 실망감을 떨쳐내고 다시 한 번 맨유를 유럽 최정상에 올려놓기 위한 도전에 나서기로 결심한다.

44 그라운드의 '비틀즈'
조지 베스트

"어린 시절의 내게 영감을 준 선수였다. 화려하고 현란한 플레이로 팀 동료들에게 영감을 주는 존재였다. 나는 그와 내가 비슷한 유형의 선수였다고 생각한다. 드리블을 통해 마법 같은 순간을 만들어내는 그런 선수말이다."
마라도나

"조지 베스트는 세계 최고의 선수였다."
펠레

1960년대 잉글랜드 축구 최고의 스타였고 영국 언론으로부터 '잉글랜드 축구계 최초의 슈퍼스타'로 널리 인정받는 조지 베스트가 데뷔했던 1963년, 영국 문화계에도 역사적인 순간이 탄생했다. 20세기 세계 최고의 뮤지션으로 불리고 현재도 여전히 전 세계적으로 사랑받는 비틀즈가 1집 앨범을 발매하고 정식 데뷔한 것이 바로 그해였던 것이다.

조지 베스트를 그라운드의 비틀즈에 비유하는 것은 단순히 그 둘의 데뷔가 같은 해였기 때문이 아니다. 1965/1966시즌 벤피카와의 유러피언컵 8강 2차전에서 경기 시작 직후에 그가 두 골을 터뜨리며 벤피카를 무너뜨리자 포르투갈의 신문사 「아볼라」는 그를 비틀즈에 비유한 '엘 비틀(El Beatle)'이라는 제목과 함께 소개했다. 그가 잉글랜드에 돌아온 뒤에는 그를 두고 '다섯 번째 비틀즈 멤버'라고 표현하는 기사도 쏟아져 나왔다. 그가 리스본 원정에서 돌아와 잉글랜드에 도착했던 그 순간부터, 그의 인기는 그 전까지 축구 스타가 누렸던 한계를 뛰어넘은 것이었다.

그는 현대의 축구선수들이 스타가 되기 위해 필요한 모든 조건을 갖추고 있었다. 잘생긴 외모, 뛰어난 개인기, 골결정력, 스피드, 완벽한 밸런스에 때로는 자신의 기술을 뽐내는 듯한 대담한 플레이까지. BBC는 그의 사후에 제작한 다큐멘터리에서 그에 대해 "조지 베스트는 최초로 팝스타의 이미지를 가진 축구선수였다"라고 평가했다.

북아일랜드의 벨파스트에서 태어난 베스트가 15세가 되던 해, 그의 재능을 알아본 맨유의 스카우트 밥 비숍은 그 즉시 버즈비 감독에게 다음과 같이 보고했다. "감독님, 제가 천재를 발견한 것 같습니다."

15세의 나이에 맨유 유소년팀 입단했던 베스트는 입단 초기에 심한 향수병을 앓으며 잠시 고향으로 돌아가기도 했지만 버즈비 감독과 맨유 구단 측의 배려로 결국 맨체스터에서 정착하게 된 뒤 17세에 1군 무대에 데뷔하고 빠른 속도로 성장해나간다.

그가 1군 무대에 데뷔했을 무렵 맨유의 공격진에는 데니스 로라는 세계 최고의 공격수가 이미 뛰고 있었고 1950년대에 최전방 공격수로 주로 활약했던 보비 찰튼은 측면 공격수나 미드필더로 보직을 변경해서 활동하며 맨유의 공격을 후방에서 진두지휘하고 있었다. 그 둘에 베스트가 더해진 맨유

조지 베스트 벽화

의 공격진은 후대에 '맨유 삼위일체'라는 별명과 함께 전설로 남았다.

맨유가 리그 우승을 차지했던 1965년, 버즈비 감독과 맨유는 다시 한 번 유러피언컵 도전에 나섰다. 벤피카와의 맞대결을 가졌을 때 베스트의 나이는 19세에 불과했다. 그러나 에우제비오와 데니스 로, 보비 찰튼이 맞서고 있었던 이 경기는 조지 베스트 개인의 능력으로 경기 시작 13분 만에 결판이 나고 말았다. 그는 이 경기에서 단지 두 골을 기록한 것이 아니라 경기 내내 벤피카의 수비수들을 무너뜨리며 맨유를 승리로 이끌었다.

뛰어난 기술만큼이나 잘생긴 외모로 주목을 받았던 베스트는 이미 유소년 시절부터 여성팬들의 관심대상이었지만 벤피카를 무너뜨리고 돌아온 뒤에 그가 받은 관심은 현대의 최고 스타들에게서도 보기 힘든 수준의 것이었다. 올드 트래포드에 소녀팬들이 급증하기 시작했고 그들은 특히 베스트가 코너킥을 차는 모습을 가까이서 보기 위해서 코너 플래그 근처 자리에 모여 앉곤 했다. 1만 명에 육박하는 그 소녀팬들은 베스트가 볼을 잡을 때마다 소리를 질러댔다. BBC가 그의 사후 제작한 다큐멘터리 영상 속에는 그를 응

현지의 축구팬들이 베스트에 대해 즐겨 쓰는 표현인 '마라도나 굿, 펠레 베터, 조지 베스트'

원하다가 탈진해서 눈물을 흘리며 올드 트래포드의 선수입장 터널로 실려 나가는 소녀의 모습도 담겨 있다. 흡사 1960년대 비틀즈에 열광했던 소녀팬들의 모습이 올드 트래포드에서도 그대로 재현됐던 것이다.

그의 기량이 절정에 달했던 순간에는 그가 상대 수비수에게 덤벼보라는 듯이 손짓을 하는 영상도 남아 있다. 경기 중에 상대 수비수에게 그런 제스처를 취하는 것은 그 자체가 유사한 사례를 찾아보기 힘든 일일 뿐만 아니라, 자기의 기량에 대한 100퍼센트의 자신감이 없으면 결코 나올 수 없는 장면이었다. 그 자신감을 경기장 위에서 확실한 결과물로 보여준 그는 1968년에 맨유의 유러피언컵 결승전에서 결승골을 터뜨리고 그해 자신 역시 발롱도르를 수상하며 유럽 최고의 선수로 인정받았다.

그와 동시대에 뛰었던 펠레와 그 뒤에 축구의 신으로 불린 마라도나로부터 모두 최고의 선수로 인정받았던 베스트에게 가장 큰 불운은 그가 태어나고 자란 북아일랜드가 끝내 그의 선수 시절에 월드컵 본선에 진출하지 못했다는 사실이었다. 탁월한 재능에도 불구하고 월드컵 무대를 밟지 못한 그에 대해 또 다른 축구 영웅인 베켄바우어는 다음과 같이 말했다. "조지 베스트는 축구 역사상 가장 천부적인 선수 중 하나였다. 아마도 월드컵 본선에 출전하지 못한 선수 중 최고의 선수였을 것이다."

45 1966~1968년
또 한 번의 리그 우승과 유러피언컵 재도전

전 시즌 리그 4위에 머물며 그전 시즌에 거둔 우승을 이어가지 못한 맨유는 1966/1967시즌 12월 27일 셰필드 유나이티드전부터 리그 최종전까지 무패를 달성하며 버즈비 감독 부임 이래 다섯 번째 리그 우승을 차지했다. 기량이 만개한 베스트와 1966년 발롱도르를 수상한 찰튼, 여전한 골결정력을 뽐내고 있던 로의 삼각편대는 절정의 호흡을 과시했고 맨유의 최다 출전 기록을 보유하고 있는 수비수 빌 폴크스와 1960년대 명풀백이었던 토니 던이 이끈 수비진 역시 견고한 수비력을 뽐냈다.

리그 우승을 되찾아온 다음 시즌인 1967/1968시즌, 다시 한 번 유러피언컵 대회 우승에 도전한 맨유는 4강전에서 그들이 처음 유러피언컵에 참가했던 1956/1957시즌에 같은 4강전에서 만났던 레알 마드리드를 다시 만났다. 올드 트래포드에서 열린 홈경기에서 베스트의 골에 힘입어 1-0 승리를 거둔 맨유는 원정경기에서 전반전을 1-3으로 뒤진 채 마쳤다. 그대로 경기가 끝난다면 합계 스코어 2-3으로 또다시 유러피언컵 4강전에서 탈락하게 되는 상황이었다. 버즈비 감독은 하프타임에 긴장한 기색이 역력한 선수들을 불러놓고 말했다. "너희들은 위대한 선수들이다. 그러나 오늘은 너희다운 플레이를 하지 못하고 있다. 나가서 너희의 경기를 해라. 그러면 이길 것이다."

그렇게 돌입한 후반전 맨유는 2골을 터뜨리며 3-3 동점을 이뤄 결국 합계 스코어에서 4-3으로 앞서 드디어 대망의 유러피언컵 결승전에 진출하게 된다. 그 2골 중 가장 결정적이었던 골을 기록한 선수는 뮌헨 참사의 생존자이자 당시 사망한 로저 번을 대신해서 주장을 역임했던 맨유 역사상 최다 출전 수비수 빌 폴크스였다.

46 1968년 5월 29일
맨유의 첫 유러피언컵 우승

뮌헨 참사로부터 정확히 10년째가 되던 1968년 팀 역사상 처음으로 유러피언컵 결승전에 진출한 맨유의 상대팀은 조지 베스트의 맹활약에 2년 전에 가진 8강전에서 맨유에 대패를 당했던 벤피카였다. 여전히 에우제비오가 버티고 있던 벤피카는 결승전 무대에서 맨유에 설욕을 다짐하며 만반의 준비를 하고 경기장에 들어섰다. 두 팀의 역사적인 맞대결이 벌어진 경기장은 대회 개최 전에 미리 예정되어 있던 대로 잉글랜드 축구의 성지인 웸블리 스타디움이었다.

양 팀의 치열한 공방이 오가는 가운데 벤피카는 특히 베스트에게 연이어 거친 태클을 하며 그를 봉쇄하고 나섰다. 베스트에게 당했던 과거의 누를 반복하지 않겠다는 것이었다. 그런 팽팽한 흐름 속에 두 팀은 전반전을 무득점으로 마친 채 후반전에 돌입했다. 그리고 후반 8분 만에 침묵을 깬 주인공은 보비 찰튼이었다. 찰튼은 경기장 좌측에서 자신에게 날아온 크로스를 정확한 헤딩슈팅으로 연결하며 벤피카의 골문을 갈랐다. 10년 전 뮌헨 참사의 생존자이자, 1966년 월드컵 우승팀 멤버인 찰튼이 잉글랜드 축구의 성지 웸블리 스타디움에서 열린 유러피언컵 결승전에서 선제골을 넣는 장면이었다.

그러나 벤피카의 반격은 매서웠다. 후반 34분 그라차가 만회골을 터뜨리며 추격해왔고 기세가 오른 벤피카는 후반 종료 직전 맨유를 거세게 몰아붙였다. 벤피카와 포르투갈 축구의 영웅 에우제비오가 맨유의 두 수비수 사

'맷 버즈비 감독을 총리로'라는 배너를 들고 그에게 성원을 보내고 있는 팬들

이를 뚫고 들어가 날린 슈팅이 골키퍼 스테프니의 손에 잡히면서 두 팀은 그대로 잠시 휴식시간을 가진 뒤 연장전에 돌입했다.

선제골의 주인공이 찰튼이었다면, 결승골의 주인공은 베스트였다. 경기 초반 벤피카 수비수들의 집중견제에 고전하던 그는 골킥에서 시작돼 자신 앞으로 연결된 찬스에서 상대 골키퍼와 일대일 찬스를 맞은 뒤 골키퍼를 완전히 제치고 벤피카 골문에 정확하게 볼을 차 넣으며 맨유에 승기를 안겼다.

그의 득점으로 인해 기세가 꺾인 벤피카는 그대로 무너졌다. 부상으로 출전하지 못한 데니스 로 대신 나선 신예 브라이언 키드는 2분 만에 추가골을 터뜨렸고 그로부터 5분 후에 찰튼은 또 한 골을 성공시키며 스코어를 4-1로 벌렸다. 그렇게 경기는 종료됐다. 맷 버즈비 감독과 맨체스터 유나이티드가 주전 선수 8명이 사망하는 최악의 비극을 겪은 지 꼭 10년 만에 명실공히 유럽 챔피언에 등극하는 순간이었다.

그날 경기에 출전했던 맨유의 명골키퍼 알렉스 스테프니는 경기 종료 휘슬이 울려퍼졌던 그 순간에 대해 다음과 같이 말했다.

보통의 경우라면, 컵 대회 결승전에서 우승을 차지하고 난 뒤에 선수들은 자기와 가장 가까이에 있는 선수들을 끌어안고 기쁨을 나누는 법이다. 그러나 이상하게도 그날의 우리들은 그렇게 하지 않았다. 우리는 하나같이 버즈비 감독에게 달려가 그에게 축하의 말을 건네고 그와 함께 기뻐했다. 거의 무의식적인 행동이었다. 우리는 그렇게 하는 것이 맞는 행동이라고 생각했던 것이다.

맨유의 유러피언컵 출전을 반대하는 풋볼리그에 맞서 싸우고, 버즈비의 아이들 8명이 사망한 참사에서 본인 역시 생사의 기로에 선 이후 돌아와 맨유를 결국 유럽 챔피언으로 이끈 버즈비 감독은 훗날 그 순간을 회상하며 다음과 같이 말했다. "찰튼이 유러피언컵 우승 트로피를 들어 올리는 순간, 그 모습이 내 영혼을 정화시켜줬다. 그 모습이 내가 맨유를 이끌고 유럽 대회에 진출해 그로 인해 목숨을 잃은 선수들에 대한 죄책감을 마침내 떨쳐내게 해준 것이다."

47 맨유 최고의 레전드
보비 찰튼

"맨유 역사에 가장 위대한 선수가 누구인지를 논하는 것은 거의 불가능한 일일 것이다. 어떻게 다른 시대에 다른 포지션에서 뛴 선수들을 비교해서 하나의 정답을 낼 수가 있겠는가. 그러나 누가 가장 맨유의 역사에 큰 영향을 끼친 선수인지를 생각해보면 그 대답은 한 명일 수밖에 없다. 그 답은 분명히 보비 찰튼일 것이다."

『더 오피셜 일러스트레이티드 히스토리 오브 맨체스터 유나이티드
(The official illustrated history of Manchester United)』 중

1968년 유러피언컵 결승전 맨유 선발명단

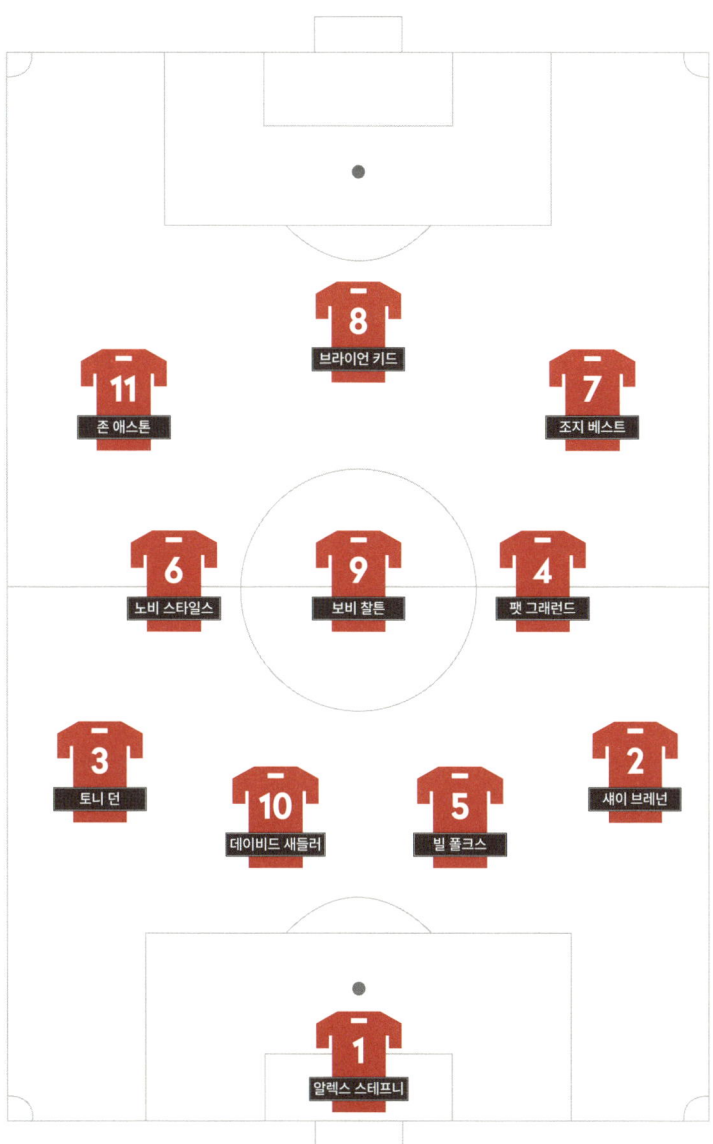

맷 버즈비 감독이 감독으로서 맨유의 정체성을 형성하는 데 가장 큰 역할을 한 인물이었다면, 경기장에서 뛰는 선수로서 그것을 가장 잘 대변하고 또 현대까지 계승한 인물은 보비 찰튼이었다. 뮌헨 참사에서 동료들이 사망했던 그 비행기에 같이 타고 있었고 맨유의 유로피언컵 우승에 가장 큰 공을 세운 그는 의심의 여지가 없는 맨유 역사 최고의 레전드다. 그 사실을 상징하기라도 하듯이

잉글랜드 대표팀 100번째 출전 경기에서의 보비 찰튼

그는 벤피카와의 결승전에서 선제골을 포함해 두 골을 터뜨렸고 경기 후 유러피언컵 트로피를 들어 올린 주인공이었다.

맨유 유소년팀 출신으로 버즈비의 아이들의 일원이었던 찰튼은 유명한 축구선수의 집안에서 태어나고 자랐다. 그의 삼촌이었던 재키 밀번은 1940년대와 1950년대에 뉴캐슬에서 뛰는 동안 200골의 기록을 남긴 현재까지도 뉴캐슬의 가장 위대한 선수 중 한 명으로 손꼽히는 공격수였다. 밀번의 다른 3형제 역시 모두 프로축구 선수였다. 오빠들이 모두 프로축구 선수로 뛰는 모습을 지켜본 찰튼의 어머니 시시 찰튼은 당시의 어떤 여성보다도 축구를 잘 이해하는 여성이었으며 아들과 함께 축구를 하기도 하는 등 어린 보비 찰튼이 훗날 축구선수가 되는 데 가장 큰 도움을 준 사람이었다.

1953년 맨유 유소년팀에 입단했던 찰튼은 1956년 10월 6일 그의 이름과 같은 이름을 사용하는 팀 찰튼 애슬레틱을 상대로 1군 무대에 데뷔했다. 데뷔전에서부터 2골을 기록한 그는 자신의 첫 시즌에 10골을 기록했고 그해 버즈비의 아이들은 리그 우승을 차지했다.

뮌헨 참사가 발생하기 직전에 맨유가 가진 레드스타 벨그라데와의 경기에서 두 골을 터뜨렸던 찰튼은 다음날 발생한 비행기 사고에서 머리에 찰과상을 입은 채 병원에 후송돼 치료를 받았다. 그를 괴롭게 했던 것은 육체적인 부상이 아니라 심리적인 충격이었다. 그가 그때의 심정을 2007년에 출간한 자신의 자서전에서 털어놓기까지는 49년이라는 시간이 필요했다. 그 책의 프롤로그에서 그는 다음과 같이 말하고 있다.

왜 나는 살아남은 것일까. 뮌헨에서 발생한 참사 이후로 나는 거의 모든 트로피를 들어 올렸지만 그 뒤에는 늘 '왜 나는 살아남은 것일까'라는 생각이 따라왔다. 내가 그토록 사랑했던 던컨 에드워즈와 다른 동료들이 목숨을 잃었는데 왜 나는 살아남은 것일까. 그들 중 내가 살아남았다는 것에 대한 죄책감은 그 후로 낮이고 밤이고 불쑥 나를 찾아오곤 했다. 그러나 내가 그 경험을 통해 배웠던 것은 어떤 일이 발생했을 때 우리에겐 늘 두 가지 선택이 있다는 것이었다. 그 재앙 앞에 굴복해버리거나, 안간힘을 다해 계속해서 살아가거나.

뮌헨 참사 이후로부터 찰튼은 맨유의 핵심선수가 됐고 끝없이 진화했다. 토미 테일러가 사망한 자리를 그대로 매꾼 찰튼은 1958/1959시즌에 리그에서만 29골을 터뜨리는 등 중앙 공격수로 활약했다가 1960년대에 들어서는 측면 공격수를 거쳐서 미드필더로도 나서는 등 포지션을 가리지 않고 활약하기 시작했다. 데니스 로가 최전방에서 거의 매 경기 골을 터뜨릴 때 그의 뒤에는 경기장 가운데서 맨유를 지휘하는 보비 찰튼이 있었고 그 둘에 베스트가 더해지자 맨유의 공격은 막을 자가 없었다.

곧이어 그는 맨유뿐 아니라 잉글랜드 대표팀에서도 가장 핵심적인 선수가 됐고 1966년 잉글랜드 월드컵에서 맹활약하며 팀을 결승전까지 이끌었다. 영국 여왕이 웸블리 구장에 직접 방문해서 지켜보는 가운데 펼쳐진 결승전에서 그들의 상대는 서독이었고 찰튼의 맞상대는 서독의 핵심이었던 베켄바우어였다. 경기가 시작되기 전, 각자의 감독에게 서로를 막으라는 지침을 받은 찰튼과 베켄바우어는 경기 내내 서로와 맞대결을 벌였고 그날의 승자는 찰튼의 잉글랜드였다. 베켄바우어는 그날의 일에 대해 다음과 같이 말했다.

나는 그날 감독으로부터 찰튼을 막으라는 지시를 받고 경기에 나섰다. 그가 잉글랜드의 핵심 선수였기 때문이다. 몇 년이 지난 뒤에야 안 사실이지만, 찰튼 역시 나를 막으라는 임무를 받고 그 경기에 임했다. 그 1966년 월드컵에서, 나는 찰튼이 세계 최고의 선수였다고 생각한다.

1966년 찰튼이 최고의 선수였다는 것은 베켄바우어 혼자만의 의견이 아니었다. 찰튼은 그해 맨유와 잉글랜드 대표팀에서의 활약을 인정받아 발롱도르를 수상했고 그로부터 2년 후에 버즈비 감독과 함께 마침내 유러피언컵 우승까지 차지했다. 그는 그 경기에서 첫 골과 마지막 골을 기록했으며 팀의 우승 트로피를 들어 올렸다. 그 트로피는 반드시, 그가 들어 올렸어야만 하는 트로피였다.

2년 사이에 잉글랜드의 월드컵 우승 트로피와 맨유의 유러피언컵 우승 트로피를 들어 올렸던 찰튼은 현재까지 맨유 최다 득점자 기록과 잉글랜드 최다 득점자 기록을 동시에 보유하고 있다. 그가 선수 시절 쌓아 올린 업적과 그가 겪은 비극과 영광을 생각해보면 그는 분명히 맨유를 넘어서 잉글랜드 축구 역사에 가장 중요한 인물이었다.

은퇴 후에 1984년에 맨유 이사진에 합류해서 현재까지 맨유와의 인연을 이어가고 있는 찰튼에 대해 맨유는 구단 공식 홈페이지를 통해서 다음과 같이 소개하고 있다.

> 보비 찰튼보다 맨유의 가치를 잘 구현하는 인물은 없다. 그는 맨유의 과거와 현재 그리고 미래를 이어주는 존재다.

48 데니스 로, 보비 찰튼, 조지 베스트
'맨유 삼위일체'

1964년 데니스 로, 1966년 보비 찰튼, 1968년 조지 베스트.

세 명의 선수가 뛰어난 호흡을 보이며 팀을 이끌 때 축구계에서는 그 세 명을 '트리오'라고 부른다. 과거에도 현재도 수많은 트리오들이 축구 역사를 화려하게 수놓았지만, 적어도 공식적으로 인정받은 수상 경력을 놓고 볼 때 1960년대 맨유에서 함께 뛰었던 데니스 로, 보비 찰튼, 조지 베스트 세 명을 능가할 트리오는 그 전에도 그 후로도 찾아보기 힘들 것이다. 그들은 1964년, 1966년, 1968년까지 2년 간격으로 유럽 최고의 선수에게 주어지는 발롱도르를 수상했고 그 시기에 내내 함께 경기장을 누볐다.

한 팀에서 동시에 뛰는 11명의 선수 중 발롱도르 수상자가 세 명이라는 사실이 가능했던 이유이자 동시에 그들이 더욱 강력했던 이유는 그 세 명의 선수가 저마다 다른 스타일을 가졌고 각자의 스타일에서 유럽 최고의 선수들이었다는 것이다. 순수하게 골을 넣는 능력에서 당대 최고였던 데니스 로는 항상 최전방에서 자신에게 이어지는 볼을 골로 연결시켜주는 선수였다. 어떤 형태로도 어떤 각도에서도 골을 넣던 그의 존재는 그가 경기장에 있다는 사실만으로도 상대 수비수들에게 공포감을 주기에 충분했다.

공격수 출신이지만 미드필더로 나선 경기에서도 탁월한 골결정력을 선보인 보비 찰튼은 특히 놀라운 힘으로 상대방 골망을 가르는 중거리 슈팅

능력으로 유명했다. 그가 시도한 날카로운 중거리 슈팅을 골키퍼가 가까스로 막아내면, 그 볼 앞에는 어느새 데니스 로가 침투해 있었고 수비수들이 로를 막기도 전에 볼은 이미 골라인을 넘어서기 일쑤였다.

그 두 선수에 이어 등장하며 '맨유 삼위일체'를 완성시킨 조지 베스트는 최고의 드리블 실력과 개인기를 바탕으로 한 천재성을 뽐내던 선수였다. 그는 어떤 수비수도 개인 능력으로 제쳐낼 수 있는 선수였으며 동시에 슈팅과 패스 모두에 능했다. 그리고 누구도 비교할 수 없을 만큼 완벽한 신체 밸런스를 바탕으로 수비수들이 태클을 시도해도 좀처럼 넘어지지 않고 그들을 제쳐내고 나가는 것으로 유명했다. 1960년대 잉글랜드에서 터프한 수비능력으로 '절단기'라는 별명을 얻었던 첼시 역대 최다 출전 기록 보유자 론 해리스는 베스트에 대해 다음과 같이 말했다. "작심을 하고 태클을 해도 넘어지지 않는 선수였다. 내가 선수 시절 상대해본 선수 중에 단연 가장 뛰어난 선수 중 하나였다."

맨유의 역대 득점자 랭킹에서 1, 2위에 올라 있는 찰튼과 로에 이어 이제 막 재능이 만개했을 무렵의 베스트가 더해졌을 당시의 일을 맨유의 코치였고 버즈비 감독의 후임자였던 맥기네스는 다음과 같이 회상한다.

조지 베스트가 두 명, 세 명의 수비수를 제치고 골문에 접근할 때면 데니스 로와 보비 찰튼이 소리를 지르면서 '조지 패스 해, 패스'라고 외쳐댔다. 그러나 베스트는 좀처럼 패스를 하지 않고 혼자서 마지막 수비수까지 제치곤 했다. 로와 찰튼이 '야 이 이기적인 놈아'라는 말을 끝내기도 전에 베스트는 골을 넣었고 그러면 나머지 둘은 어느새 '오, 정말 멋진 골이다. 조지'라고 말하곤 했다.

세 명의 저마다 다른 최고의 선수가 각자의 스타일을 뽐내며 잉글랜드

맨유의 1960년대를 빛낸 세 명의 발롱도르 수상자,
조지 베스트, 데니스 로, 보비 찰튼

와 유럽을 정복했던 그 시절의 맨유에는 단순히 트로피뿐만이 아니라 그들이 잉글랜드와 유럽의 챔피언이라는 자신감과 그 모든 것이 뮌헨 참사라는 비극을 딛고 일어선 것이라는 자긍심이 있었다. 그런 그들의 자존심은 올드 트래포드 앞에 있는 그 세 사람의 동상에 고스란히 재현되어 있다.

(49) 맨유 역사 최고의 조연
지미 머피 코치

눈부신 주연 뒤에는 언제나 그를 빛나게 해주는 조연이 있다. 그리고 축구에서 그 조연의 역할에 가장 가까운 존재는 아마도 코치일 것이다. 언론과 팬들의 관심이 감독의 지도력과 선수들의 플레이에 집중되는 사이 그들 사이에서 묵묵히 팀을 움직이는 코치들의 공헌은 큰 주목을 받지 못하는 것이 대부분의 경우다.

맨유의 역사에도 수많은 코치들이 있었다. 그중에는 훗날 다른 팀의 감독이 되어 자기만의 역사를 써내려간 코치도 있었고, 맨유의 지휘봉을 잡았다가 실패를 맛본 코치도 있었다. 그러나 맨유의 역사를 살펴보면서 반드시 언급해야 할 코치를 한 명 꼽자면 그는 틀림없이 버즈비 감독을 충실히 보좌했던 지미 머피 코치일 것이다.

버즈비 감독이 맨유에 부임한 후 제일 처음 데려온 주인공이었던 그는 수석코치의 역할과 유소년팀 감독의 역할을 동시에 수행했다. 보비 찰튼과 던컨 에드워즈, 그리고 그들과 비슷한 시기에 맨유 유소년팀에 입단했던 버즈비의 아이들의 대부분이 맷 버즈비 감독과 동시에 머피 코치로부터 축구를 배웠다고 해도 무리가 없을 것이다.

그는 맨유에서 보낸 기간 동안 팀에 수많은 기여를 했지만 특히 그의 활약이 눈부셨던 것은 단연 뮌헨 참사 직후의 일이었다. 버즈비 감독이 뮌헨의 병원에서 생사의 기로에 서 있고 당시 주전 선수 8명이 사망한 사이 올드

지미 머피 코치의 흉상

트래포드에 남아 있던 머피 코치는 절망에 빠져 있는 맨유를 추스러서 맨유가 계속 나아갈 수 있도록 해준 사람이었다. 그의 지도를 받고 1960년대 맨유에서 활약했던 노비 스타일스는 머피 코치에 대해 다음과 같이 말했다.

뮌헨 참사 이후에 맨유는 폐허와도 같았다. 나는 지미 머피가 없었다면, 맨유는 그대로 무너지고 말았을 거라고 생각한다.

맨유에서는 버즈비 감독의 수석코치로서 오른팔 역할을 한 그였지만, 그는 감독으로서도 뛰어난 역량을 발휘했고 유럽 축구계에도 결코 가볍지 않은 성과를 남겼다. 1956년부터 1964년까지 웨일스 국가대표팀 감독을 겸임했던 그는 대표팀을 이끌고 1958년 스웨덴 월드컵 본선에 진출해 8강까지 오르는 쾌거를 달성했다. 8강에서 머피 감독의 웨일스에 패배를 안긴 팀은 그 월드컵에서 우승을 차지한 브라질이었고, 그 경기 유일한 골의 주인공은 17세의 신예 펠레였다. 1958년 웨일스의 월드컵 본선 진출은 현재까지도 웨일스 국가대표팀 역사에 유일한 기록으로 남아 있다.

유럽 축구계에서 상대적인 약체인 웨일스를 월드컵 8강까지 올려놓은 감독이 클럽 팀의 감독이 아닌 코치를 맡고 있으니, 다른 팀에서 그를 가만히 내버려둘 리 만무했다. 아스널, 유벤투스, 브라질 국가대표팀 등에서 그에게 감독직을 제안했지만 그는 '내 충성심에는 가격을 매길 수 없다'는 말을 남긴 채 그들의 제안을 모두 뿌리치고 맨유의 코치로 남았다.

버즈비 감독이 감독직에서 물러나면서 그와 같이 코치직을 내려놓은 머피 코치는 그 후로도 맨유와의 인연을 계속 이어가면서 맨유에 뛰어난 재능을 가진 선수들을 추천하는 역할을 했다. 그의 추천을 받고 맨유에 입단했던 선수 중에는 1970년대 맨유의 스타였던 스티브 코펠, 고든 힐 등이 있었고, 비록 맨유에 입단하지는 않았으나 훗날 월드컵 득점왕이 되는 게리 리네커를 추천하기도 했다.

그가 1989년에 사망한 후, 맨유는 그의 공을 기려 매년 유소년팀에서 가장 뛰어난 활약을 한 선수에게 '지미 머피 영플레이어상'을 수여하기 시작했다. 라이언 긱스, 폴 스콜스, 필 네빌, 웨스 브라운, 대니 웰백 등 현대 축구 팬들에게 익숙한 맨유 유소년팀 출신 선수들이 모두 그 상을 수상했던 선수들이다.

맨유는 구단 공식 홈페이지에서 머피 코치에 대해 '스타를 만들어내는 코치였다'고 소개하고 있다. 코치 시절, 그가 선수들에게 했던 대화는 늘 같은 말로 끝났다.

잊지 마라. 넌 지금 맨유의 붉은 유니폼을 입고 있다.

(50) 1969년
이사진에 합류한 버즈비와 버즈비 시대의 폐막

1967/1968시즌 마침내 염원이었던 유러피언컵 우승을 차지한 버즈비 감독은 더 이상 감독으로서 이룰 것이 없었고 정상에서 내려오기로 결심했다. 1968/1969시즌 중 1월에 이미 은퇴를 예고했던 그가 시즌 종료와 함께

맨유 감독직을 내려놨을 때 그의 나이는 꼭 60세였다.

뮌헨 참사로부터 10년 만에 유럽 정상에 오른 직후에 맨유 선수단은 마치 정상을 이미 정복하고 난 뒤에 더 이상의 목적을 잃어버린 선수들처럼 시즌을 보냈다. 1968/1969시즌 그들의 리그 순위는 11위였다. 유러피언컵에서는 AC 밀란과의 준결승전에서 패하며 탈락했다.

맨유 이사진은 이미 팀의 상징이 된 버즈비 감독의 은퇴 의사를 존중했지만, 그를 완전히 팀에서 떠나보내는 것에 대한 우려가 너무 컸다. 누가 과연 그를 대체할 수 있을 것인가에 대한 해답도 내놓기가 어려웠다. 결국 이사진에서는 버즈비 감독을 팀의 이사진에 합류시키면서 새로운 감독이 팀을 이끄는 것을 도와줄 수 있도록 했다.

그렇게 맨유를 잉글랜드와 유럽 정상으로 이끈 버즈비 감독의 시대가 끝이 났다. 1970년대의 시작과 함께 맨유는 그의 후계자를 찾는 긴 여정을 시작하게 된다.

Chapter 5.
버즈비의 후계자를 찾아서

1969~1986

51 1969~1970년
맥기네스 감독의 조기 경질과 버즈비 감독의 짧은 컴백

한 사람의 명장이 긴 전성기를 구가하다가 팀을 떠난 후에 그 팀이 과도기를 겪는 것은 비단 잉글랜드만이 아닌 전 유럽의 축구 역사에서 찾아볼 수 있는 대목이다. 현 시대의 축구팬들이 2013년 알렉스 퍼거슨 감독이 떠난 이후에 목격했던 맨유의 과도기는 맷 버즈비 감독이 퇴임했던 1970년대에도 거의 유사하게 쓰였다. 그 기간에도 물론 맨유는 트로피를 들어 올렸지만, 그것은 이미 맷 버즈비 감독 시대에 유럽의 정상에 올랐던 맨유의 기준에는 한참 미치지 못하는 것이었다.

1968/1969시즌을 끝으로 맷 버즈비 감독이 맨유의 이사진에 합류하며 감독직에서 사임한 직후, 맨유의 새 감독직은 1954년에서 1959년 동안 맨유 선수로 활약했던 윌프 맥기네스에게 돌아갔다. 맨유 유소년팀 출신으로 '버즈비의 아이들'의 일원이었고 맨유 리저브팀을 맡기도 했던 맥기네스는 맨유의 선수단, 이사진, 팬들 모두에게 익숙한 인물이었지만, 버즈비 감독의 맨유에서의 존재감은 그가 이어받기에는 너무나도 무거운 것이었다.

맥기네스 감독의 맨유는 그의 재임 첫 시즌 리그를 8위로 마치고 리그컵과 FA컵에서 모두 준결승전까지 진출했으나 각각 맨시티와 리즈에 패해 결승 진출에 실패했다. 그 기간 중 FA컵 5라운드 노스햄튼 타운전에서는 조지 베스트가 맨유 역사에 공식경기 최다 득점으로 남아 있는 6골을 터뜨린 가운데 8-2 대승을 거뒀다. 그러나 결국 자신의 맨유 부임 첫 시즌을 무관으로 끝낸 맥기네스 감독은 그다음 시즌을 리그 하위권에서 머물다가 리그컵에서 당시 3부 리그 소속이었던 아스톤 빌라에 패해 탈락한 후 1년 만에 맨유 지휘봉을 내려놓게 된다.

맥기네스 감독에게 악재로 작용했던 것은 단순히 그의 전임자가 너무 위대한 감독이었다는 심리적인 측면만은 아니었다. 1950년대 '버즈비의 아이들'로 대변되는 어린 유망주들을 중심으로 맨유 제국을 건설했던 버즈비 감독의 맨유는 1970년대에는 어느덧 노화된 팀으로 변해 있었다.

맨유에 강등이라는 현실적인 위기가 닥쳤을 때 해결사로 나선 이는 다름 아닌 맥기네스 감독의 전임자 버즈비 감독이었다. 그는 맥기네스 감독 재임기간 리그 최하위권을 맴돌던 팀을 맡아서 전 시즌과 같은 리그 8위로 팀을 이끌었다.

그러나 이미 한 번 맨유 감독직을 내려놨던 버즈비 감독은 다시 맨유를 오래 이끌 의향이 없었다. 바로 그때부터, 맨유는 버즈비 감독의 진정한 후계자를 찾기 위한 긴 여정에 나서게 된다. 결론부터 말하자면, 그 목표가 마침내 이뤄진 것은 알렉스 퍼거슨이라는 이름의 남자가 맨유 감독에 부임했던 1986년이었다. 그 사이에는 무려 17년이라는 시간이 있었다.

52 맨유 VS 리즈의 1970년 FA컵 준결승전과
양 팀의 라이벌 관계

1970년 3월, FA컵 준결승전에서 만난 맨유와 리즈는 두 차례의 재경기를 포함해 총 세 번의 경기를 치른 후에야 승자를 가릴 수 있었다. 세 번째 대결에서 웃은 팀은 빌리 브램너의 골로 1-0 승리를 거둔 리즈 유나이티드였다.

맨유와 리즈의 라이벌 관계에는 물론 랭커스터 가문과 요크 가문 사이에 벌어졌던 '장미전쟁'이라는 역사적인 배경이 존재한다. 과거 랭커셔 지역의 대표 도시 맨체스터와 요크셔 지역의 대표 도시 리즈 사이의 경쟁심이 축구장까지 이어졌다는 해석이다. 그러나 축구팀으로서의 두 팀이 본격적으로 라이벌 구도를 형성하게 됐던 것은 리즈 역사상 최고의 명장으로 불리는 돈 레비 감독이 1961년에 선수 겸 감독에 부임한 후 서서히 리즈가 리그의 강자로 떠오르면서부터였다. 뮌헨 참사 후 다시 부활하고 있던 버즈비 감독의 맨유와 레비 감독의 리즈가 리그는 물론 각종 컵 대회에서 중요한 길목마다 마주치게 된 것이다.

그중 가장 대표적이었던 것이 1965년의 일이었다. 두 팀은 리그에서 같은 승점을 기록한 끝에 골평균 차이로 우승팀과 준우승팀을 가렸을 뿐 아니라 FA컵 준결승전에서도 맞대결을 벌였다. 그 준결승전에서 맨유의 '킹' 데니스 로와 리즈의 원클럽맨 수비수이자 보비 찰튼의 친형인 잭 찰튼은 경기 도중 주먹다짐까지 벌였다. 두 팀은 결국 첫 맞대결에서 승부를 가리지 못한 채 재대결을 벌여야 했고 재대결 끝에 승리를 차지한 팀은 1970년과 마찬가지로 팀의 최고 레전드 중 한 명인 브렘너가 결승골을 기록한 리즈였다.

그 후로도 양 팀 선수들은 매번 만날 때마다 격렬한 몸싸움을 벌이면서 신경전을 펼쳤고 1970년 FA컵에서는 세 차례 맞대결을 펼친 끝에야 리즈가 승리를 챙길 수 있었다. 버즈비 감독이 물러난 후로, 레비 감독이 물러나기 전인 1974년까지 양 팀의 맞대결에서 우세했던 것은 리즈였으며 두 팀은 그 후로도 계속 치열한 경쟁관계를 이어가다가 리즈가 재정난으로 몰락하면서 더 이상 같은 리그에서 마주치지 않게 되며 전에 비해 잠정적인 소강상태에 접어들게 됐다.

53) 1971/1972시즌
버즈비의 후계자 찾기와 오파렐 감독의 실패

맨유에서 버즈비 감독이 뮌헨 참사를 극복하고 팀의 역사를 써내려 갔던 1960년대, 잉글랜드 축구계에서 새로운 강팀으로 떠오른 팀 중 하나는 바로 첼시였다. 1955년 첫 리그 우승을 차지한 첼시는 1960년대와 1970년대 초에 첫 리그컵 우승(1965년), 첫 FA컵 우승(1970년), 그리고 첫 컵 위너스컵 우승(1971년)을 차지하며 1950년대까지와는 분명히 달라진 위상을 뽐내고 있었다.

맨유가 버즈비 감독의 후계자를 임명하기 위해 제일 먼저 접근했던 감독 중 한 명이 바로 그 첼시의 부흥을 이끌었던 데이브 섹스턴 감독이었다. 창단 65년간 유럽 대회 우승과 FA컵 우승 트로피를 들어 올린 적이 없었던 첼시에게 2년 사이에 그 둘을 모두 안겨준 그라면 버즈비 감독의 뒤를 이을 수 있을 것이라는 판단이었다. 그러나 그는 맨유의 최초 제안을 거절하고 첼시에 남았다가 훗날에 맨유 감독에 부임하게 된다.

버즈비의 후계자를 찾기 위한 프로젝트에서 여러 명의 후보자를 검증하던 끝에 결국 맨유가 내린 선택은 레스터 시티를 이끌고 FA컵 결승전까지 진출했던 바 있고, 1971년에 레스터에 2부 리그 우승과 1부 리그 승격을 선물했던 프랑크 오파렐 감독이었다.

오파렐 감독 부임 직후에 맨유는 두 차례의 홈경기를 리버풀 홈구장 안필드와 스토크 시티의 당시 홈구장 빅토리아 그라운드에서 치르는 특이한 경험을 하며 시즌을 시작했다. 전 시즌의 마지막 홈경기에서 일부 훌리건 팬들이 난동을 부린 결과 다음 시즌의 첫 두 경기를 중립경기장에서 펼쳐야 하는 징계를 받았기 때문이었다. 두 경기 중, 안필드에서 펼쳐졌던 경기의 상대팀은 전 시즌에 FA컵 결승전에서 리버풀을 꺾고 구단 역사상 최초의 더블을 기록했던 아스널이었다. 그렇게 리버풀의 홈구장 안필드에서 펼쳐진 '홈팀' 맨유 대 '원정팀' 아스널의 경기는 맨유의 3-1 승리로 끝났다.

그 후 맨유는 1월 초까지 2위 팀에 승점 5점을 앞선 리그 선두를 지키면서 지난 두 시즌을 8위로 마무리했던 부진을 털어내는 듯했지만 그 직후부터 7연패를 당하는 등 극심한 부진을 겪으며 결국 또다시 8위로 리그를 마무리했다. 1972/1973시즌 개막과 동시에 9경기에서 승리를 거두지 못했던 오파렐 감독은 결국 12월에 크리스탈 팰리스에게 0-5 완패를 당하면서 맨유를 떠나게 된다.

짧은 재임기간에 오파렐 감독이 남긴 가장 큰 유산은, 1970년대와 1980년대 초 맨유의 핵심 수비수로 활약한 마틴 부칸의 영입이었다. 뛰어난 수비수였던 부칸은 맨유가 2군으로 강등당했던 1974/1975시즌과 FA컵 우승을 차지했던 1976/1977시즌 모두 주장으로서 팀을 이끌었고 1983년에 팀을 떠날 때까지 11년 동안 456경기에 출전하며 팀의 수비를 이끌었다.

⑤④ 1972년
토미 도허티 감독의 부임과 세대교체의 시작

맥기네스 감독에 이어 오파렐 감독을 떠나보낸 맨유의 다음 선장은 1960년대 첼시에서 첼시 유소년팀 출신으로 후대에 모두 첼시와 잉글랜드 축구계의 레전드가 되는 론 해리스, 피터 보네티, 바비 탬블링, 테리 베너블스 등으로 구성된 '도허티의 다이아몬드'를 탄생시켰던 토미 도허티 감독이었다. 당시 노쇠화가 역력했던 맨유가, 첼시에서 유소년팀 출신인 선수들을 이끌고 그들의 잠재력을 끌어내 첫 리그컵 우승을 달성했던 도허티 감독으로 하여금 팀의 리빌딩을 이뤄주길 기대한 것이다.

첼시 감독 시절부터 이미 스타 선수들과의 충돌도 불사하며 강단 있는 모습을 보여줬던 그는 자신의 두 전임자였던 맥기네스, 오파렐 감독이 맨유에서 실패한 이유를 정확히 알고 있었다. 감독직에서 물러났지만 여전히 맨유의 이사진에 머물고 있었던 버즈비 감독의 영향력이었다. 당시 상황에 대해 도허티 감독은 다음과 같이 말했다.

> 당시 맨유가 가진 문제의 대부분은 버즈비 감독이 아직도 맨유에 머물고 있다는 것에서 비롯된 것이었다. 나에게 불만이 있는 선수들은 버즈비 전 감독에게 찾아가서 비밀을 털어놓곤 했다. 그런 식의 체계는 팀의 규율이나 안정적인 운영에 전혀 도움이 되지 않는다. 팀

에 감독은 한 명뿐이어야 하는 것이다.

    도허티 감독은 맨유에 부임한 직후부터 그 점을 강조하면서 자신의 영향력을 키워나가는 한편 버즈비 감독의 유산이었고 이제는 모두 30대를 넘긴 보비 찰튼, 데니스 로 등을 팀에서 내보내며 새로운 맨유를 만들어가기 시작한다. 여전히 뛰어난 기량을 보유하고 있었으나 팀 일정에 불참하고 돌연 은퇴를 선언했다가 복귀하는 등 사생활적인 문제로 점점 맨유의 골칫거리가 되고 있었던 조지 베스트 역시 그의 재임기간 중에 맨유를 떠났다.

    그렇게 절도 있게 시작된 그의 맨유에서의 감독 재임기간은, 첼시에서 리그컵 우승 트로피를 들어 올린 후에 선수들과의 심각한 충돌로 얼룩졌던 시기만큼이나 파란만장하게 종결됐다.

55) 1974년 4월
'맨시티 선수' 데니스 로의 골과 맨유의 강등

    12월에 부임해서 맞이했던 1972/1973시즌 강등을 면한 도허티 감독은 1960년대의 스타 선수들을 떠나보내는 한편 1970년대 맨유의 스타였던 루 마카리에 이어 아스널에서 좋은 활약을 보이던 공격수 조지 그레엄 등을 영입하며 리빌딩에 나섰다. 그러나 이미 전성기가 지났다고 판단하고 팀에서 자유계약으로 내보냈던 데니스 로의 이적은 맨유가 다음 시즌 맞이한 비극을 더 뼈아프게 했다.

    1973/1974시즌, 시즌 내내 강등권을 헤맸던 맨유는 리그에서 마지막 두 경기를 남겨놓고 있던 시점에서 남은 두 경기에서 모두 이기고 강등 경쟁자였던 버밍엄 시티가 모두 패해야만 잔류할 수 있는 상황에 놓여 있었다. 운명의 두 경기 중 첫 경기의 상대팀은 맨유가 가장 증오하는 지역 경쟁팀인 맨시티였다. 그리고 두 팀의 맞대결이 올드 트래포드에서 시작됐을 때, 맨시

티 선수단에는 맨유팬들에게 '킹'으로 불렸던 데니스 로가 있었다.

맨유가 140년 역사에서 내준 가장 충격적인 골로 기억되는 실점 장면은 후반전 36분에 나왔다. 맨유 골문 앞에 침투해 있던 맨시티 공격수 데니스 로는 자신에게 연결된 볼을 아주 본능적이고 영리한 백힐 슈팅으로 연결해 그대로 맨유의 골망을 갈랐다. 관중석에 모여 있던 맨유 홈팬들은 반드시 이겨야 강등을 면할 수 있는 경기에서 자신들의 '왕'이 맨유의 골문에 실점을 안기는 모습을 지켜봤다. 로에게 달려와 기뻐하는 맨시티 선수들의 얼굴과는 달리, 로의 얼굴에는 웃음기 하나 없는 충격이 쓰여져 있었다.

그날의 경기는 그 순간에서 끝났는데, 이는 비유적인 표현이 아닌 사실 그대로의 표현이다. 로의 골이 들어간 후 흥분한 맨유의 팬들 수백 명이 경기장 안으로 난입하기 시작했고 더 이상 경기를 진행할 방법이 없던 주심은 그대로 그날의 경기를 종료시켰다.

'맨유의 왕 데니스 로가 맨유를 강등시켰다'는 충격적인 사실이 팬들의 머릿속을 맴도는 가운데, 다른 구장에서 들려온 소식은 맨유팬들에게 그나마 작은 위안을 선사했다. 다른 구장에서 펼쳐진 경기에서 버밍엄 시티가 승리하면서 로의 골이나 맨시티전의 경기 결과와 관계없이 맨유는 강등되는 상황이었던 것이다.

버즈비 감독 퇴임 이후 맨유의 다섯 시즌 성적표

시즌	리그	경기	승	무	패	승점	순위
1969/1970	1부 리그	42	14	17	11	45	8위
1970/1971	1부 리그	42	16	11	15	43	8위
1971/1972	1부 리그	42	19	10	13	48	8위
1972/1973	1부 리그	42	12	13	17	37	18위
1973/1974	1부 리그	42	10	12	20	32	21위

56 1974~1977년
맨유의 FA컵 우승과 리버풀의 트레블 무산

2부 리그로 강등당했던 1974/1975시즌 맨유는 바로 2부 리그 우승을 차지하며 한 시즌 만에 1부 리그에 복귀했다. 데니스 로마저 내보내는 등 강경한 세대교체를 감행했던 도허티 감독의 계획은 2부 리그 우승으로 점점 더 탄력을 받게 됐고, 맨유는 1975/1976, 1976/1977시즌 리그에서 인상적인 활약을 펼친 끝에 각각 3위, 6위를 차지한 데 이어 두 시즌 모두 FA컵 결승전에 진출했다.

1976년 FA컵 결승전에서 당시 2부 리그 소속이었던 사우스햄튼에 0-1로 패했을 때 도허티 감독은 경기 후 인터뷰를 통해 "다음 시즌에 다시 웸블리에 와서 우승을 차지하겠다"는 공언을 했다. 그리고 그의 약속대로 맨유가 1년 만에 다시 FA컵 결승전에 올랐을 때 그들의 다음 FA컵 결승전 상대팀은, 명장 밥 페이슬리 감독의 지휘로 그 시즌 이미 리그에서 우승을 차지하고 유러피언컵 결승전을 앞두고 있었던 1970년대와 1980년대에 잉글랜드 최고의 팀으로 군림했던 리버풀이었다.

맨유의 FA컵 우승이냐, 리버풀의 트레블이냐가 걸려 있던 경기에서 도허티 감독의 맨유는 스튜어트 피어슨과 지미 그린호프의 골에 힘입어 리버풀을 2-1로 꺾었다. 맨유가 버즈비 감독 사임 이후에 처음으로 메이저 대회 우승을 차지하는 순간이자 리버풀로서는 잉글랜드 클럽 최초의 트레블을 달성할 수 있는 기회를 놓치는 순간이었다. 리버풀은 그로부터 4일 후에 열린 유러피언컵 결승전에서 보루시아 묀헨글라드바흐를 3-1로 꺾고 우승컵을 들어 올렸다.

이 결승전에서 부상으로 출전하지 못한 수비수 스튜어트 휴스턴 대신 출전했던 아더 알비스톤은 그 전까지 1군 경기에 제대로 나서지 못하는 선수였으나 결승전에서 뛰어난 활약을 보인 후에 맨유에서 중용되기 시작해 그 후로 1988년에 팀을 떠날 때까지 두 번의 FA컵 결승전에 더 출전해 모두 팀의 우승을 이끄는 등 맹활약을 펼쳤다. 맨유에서 총 485경기에 나선 그는 맨유가 부진을 겪었던 1970, 1980년대에 가장 뛰어난 측면 수비수로 사랑을 받았다.

도허티 감독이 이끌어낸 FA컵 우승은 맨유팬들뿐 아니라 영국 언론에도 비상한 관심을 불러모으기에 충분했다. 2년 사이에 두 번의 FA컵 결승전에 진출했고, 두 번째 시도에서는 당시 잉글랜드 최고의 팀이었던 리버풀을 꺾고 우승을 차지한 도허티 감독에 대해 영국 언론 및 팬들은 마침내 그가 맨유의 1960년대의 영광을 이어갈 것으로 기대했다.

그러나 도허티 감독은 그로부터 불과 44일 후에 불명예스럽게 맨유 감독직을 내려놓게 된다.

57) 1977년
도허티 감독의 경질과 섹스턴 감독의 부임

맨유에 버즈비 감독이 떠난 후 첫 메이저 대회 우승컵을 안겨줬던 도허티 감독은 다음 시즌이 시작되기도 전에 감독직을 내려놓게 됐다. 그가 구단 물리치료사의 아내와 불륜관계를 맺고 있었다는 것이 밝혀졌기 때문이었다.

도허티 감독이 팀 스태프의 아내와 불륜관계를 맺었다는 사실이 더 모순적이었던 것은, 그 본인이 첼시 감독 시절부터 팀의 규율을 철저히 지킬 것을 강하게 요구하는 감독이었다는 점이다. 그는 첼시 감독 시절 블랙풀과의 리그 경기를 앞두고 통금시간을 지키지 않은 선수들을 모두 귀가조치하며 그들이 결장했던 경기에서 대패를 당해 리그 우승을 놓치는 빌미를 제공하면서 큰 논란을 낳기도 했다. 당시 주장이었던 테리 베너블스를 포함한 선수들은 후에 도허티 감독의 규율이 지나치게 엄격하다며 공동성명을 발표하기까지 했다.

도허티 감독의 후계자로 맨유 지휘봉을 잡은 인물은 앞서 첼시에서도 도허티 감독의 후임으로 감독에 임명됐던 바 있으며 맨유가 버즈비 감독의 후임자로 여기고 이미 영입을 제안했던 데이브 섹스턴 감독이었다. 그는 맨유의 처음 감독직 제안을 거절한 이후, 첼시를 떠나 QPR을 이끌면서 1975/1976시즌에는 팀을 구단의 역대 최고 성적인 리그 2위로 이끌며 잉글랜드의 정상급 지도자로 인정받고 있었다.

(58) 1977~1981년
무관으로 막을 내린 섹스턴 감독의 4년

도허티 감독이 불같은 카리스마를 갖춘 감독이었다면, 섹스턴 감독은 차분한 학자 스타일의 감독이었다. 두 사람은 나란히 첼시에서 감독직을 보낸 후 맨유에서도 차례대로 감독직에 올랐다. 두 감독을 팬들이 비교하기 시작한 것은 당연한 일이었다.

첫 시즌 리그 10위, 다음 시즌 리그 9위를 기록하며 불안한 출발을 한 섹스턴 감독은 리그 9위를 차지했던 두 번째 시즌에 팀을 FA컵 결승전으로 이끌었다. 첼시를 이끌고 FA컵 우승을 차지한 지 정확히 9시즌째 되는 해였고 그들의 상대팀은 아스널이었다.

맨유 대 아스널의 1978/1979시즌 FA컵 결승전은 경기 종료 5분 전에 터진 양 팀의 3골로 승부가 갈려 현지 언론으로부터 '5분 결승전'이라는 별칭으로 불리는 유명한 경기였다. 아스널이 2-0으로 앞서 나가면서 그대로 경기가 종료되는 것 같던 후반 41분 맨유의 맥퀸이 추격골을 기록했고 그로부터 2분 후에 맥클로이가 동점골을 성공시켰다.

0-2로 뒤지던 팀이 2분 사이에 2-2로 따라붙으면서 기세는 완전히 맨유로 넘어갔다. 그러나 동점골이 터진 바로 1분 후에 아스널의 선더랜드가 결

승골을 터뜨리며 아스널에 3-2 승리와 우승 트로피를 선사했다. 훗날에 '무관'으로 맨유를 떠나야 했던 섹스턴 감독에게 가장 뼈아픈 순간이었다.

그다음 시즌인 1979/1980시즌, 섹스턴 감독은 첼시에서 17세에 데뷔하며 잉글랜드 최고의 재능으로 평가받던 레이 윌킨스를 영입했다. 전력을 한층 강화한 맨유는 그 시즌 최종전까지 리그 우승 경쟁을 펼치지만 결국 리버풀에 승점 2점 차로 우승을 내주며 2위로 시즌을 마무리하게 된다. 그 사이 리버풀은 1975/1976시즌부터 1979/1980시즌까지 5시즌 동안 4차례 리그 우승을 차지하는 위업을 달성했다.

섹스턴 감독의 맨유에서의 마지막 시즌이었던 1980/1981시즌, 맨유는 리그 8위로 시즌을 마무리한다. 경질 통보를 받기 전 섹스턴 감독은 리그 7연승을 달리며 시즌을 마무리했지만 4시즌 무관에 이은 리그 8위라는 성적표는 버즈비 감독 이후의 맨유에겐 결코 만족할 수 있는 성적표가 아니었다. 결국 그렇게, 버즈비 감독 사임 이후 맨유가 가장 먼저 데려오고자 했던 섹스턴 감독과 맨유의 만남은 4년의 무관을 끝으로 마무리됐다.

(59) 1981~1983년
론 애킨슨 감독의 부임과 리버풀의 벽

버즈비 감독이 맨유 감독에 잠시 복귀했다가 떠난 지 꼭 10년이 되던 해, 1970년대를 FA컵 1회 우승이라는 실망스러운 기록으로 마무리한 맨유는 1960년대의 영광을 재현해줄 새 주인공을 찾고 있었다.

그 후보자로 영국 언론에서 주목했던 감독 중에는 2부 리그에 있던 노팅엄 포레스트를 승격시킨 후 1978/1979, 1979/1980시즌 두 차례 연속 유러피언컵 우승이라는 잉글랜드 축구 역사상 가장 위대한 업적 중 하나로 평가받는 위업을 달성했던 브라이언 클러프 감독과 입스위치 타운을 이끌고 UEFA컵 우승을 차지한 보비 롭슨 감독 등이 있었다. 그러나 맨유의 최종선택은 론 애킨슨 감독이었다.

　선수생활 대부분을 옥스포드 유나이티드에서 보냈고, 그 팀의 최다 출전 선수 기록을 보유하고 있으며 감독생활 초기에는 캠브리지 유나이티드를 지휘했던 특이한 경력을 가진 론 애킨슨 감독은 맨유 감독 부임 전에 웨스트 브롬에서 감독직을 수행하고 있었다. 그리고 그는 맨유 감독 부임과 동시에 1980년대 맨유에서 가장 중요한 선수였던 맨유 역사상 최장기간 주장 브라이언 롭슨을 자신이 이끌었던 웨스트 브롬에서 영입했다. 맨유가 그의 영입에 지불했던 이적료인 150만 파운드는 당시 최고 이적료로 그 기록은 이후 6년 동안 깨지지 않았다.

　1970년대 후반 잉글랜드의 절대강자였던 리버풀은 애킨슨 감독이 부임한 1980년대에도 그 위세가 꺾일 줄을 몰랐다. 자신의 맨유 부임 첫 시즌이었던 1981/1982시즌 그는 한때 팀을 리그 1위에 올려놓는 등 좋은 출발을 보였지만, 결국 밥 페이슬리 감독이 이끈 리버풀에 우승을 내주며 3위로 리그를 마무리했다. 1982/1983시즌 역시 비슷한 양상을 보였다. 시즌 전반에 맨유는 전 시즌보다 더 오래 리그 선두를 차지했지만, 결국 리그 우승을 차지한 것은 리버풀이었다.

60) 1983~1985년
두 차례의 FA컵 우승과 브라이언 롭슨의 맹활약

　1982년부터 1984년까지 리버풀이 리그 3연패를 하는 동안 애킨슨 감독이 이끄는 맨유는 꾸준히 리그를 3위와 4위로 마치며 나쁘지 않은 성적을 냈다. 그러나 애킨슨 감독이 좀 더 두각을 드러냈던 것은 FA컵에서였다.

　1982/1983시즌 FA컵과 리그컵에서 모두 결승전에 진출한 맨유는 1983년 3월 26일에 열린 리버풀과의 리그컵 결승전에서 1-2 패배를 당하며 또 한 번 라이벌에게 우승 트로피를 내줬으나 5월 26일에 열린 브라이튼 호버

알비온과의 FA컵 결승전 재경기에서는 4-0 승리를 거두며 FA컵 우승 트로피를 들어 올렸다. 주장 브라이언 롭슨은 결승전에서만 두 골을 터뜨리며 팀의 우승을 견인했다.

신예 공격수 마크 휴즈가 팀 내 최다 득점자가 되며 차세대 맨유의 주포로 떠올랐던 1984/1985시즌, 맨유는 2시즌 만에 다시 FA컵 결승전에 올라 에버튼과 맞대결을 벌였다. 10만 명의 관중이 지켜보는 가운데 1985년 5월 18일에 펼쳐진 그 결승전에서 맨유는 후반 33분 수비수 케빈 모런이 퇴장당하며 불리하게 경기를 이어갔지만 연장전에서 터진 노먼 화이트사이드의 유일한 골로 다시 한 번 FA컵 우승 트로피를 들어 올렸다.

61. 최장기간 주장 롭슨과 '천재' 화이트사이드

맨유의 1983년과 1985년 FA컵 우승 당시 골을 터뜨린 두 주인공 롭슨과 화이트사이드는 서로 다른 이유로 맨유의 1980년대를 빛냈던 선수였다. 롭슨은 맨유 역사상 최장기간 주장직을 수행하며 가장 꾸준하게 팀의 중심에서 활약한 선수였고, 화이트사이드는 각종 최연소 기록을 경신하며 어린 나이부터 주목을 받은 천재였다.

애킨슨 감독이 웨스트 브롬에서 맨유로 건너오며 브라이언 롭슨을 영입해오기 이전에, 이미 롭슨을 영입하고자 시도했던 맨유 감독이 있었다. 애킨슨 감독의 전임이었던 섹스턴 감독이었다. 그러나 애킨슨 감독은 맨유의 제안을 단번에 거절하며 다음과 같이 말했다. "내가 롭슨을 팔 일은 결코 없을 것이다. 그가 맨유에서 뛰게 될 가능성은 단 한 가지, 내가 맨유 감독에 부임하는 것뿐이다."

결국 그의 말대로 그가 맨유 감독이 된 후 롭슨을 데려왔을 때 애킨슨 감독은 "던컨 에드워즈 이후 최고의 미드필더를 보게 될 것이다"라는 자신감을 보이기도 했다. 그리고 그의 말은 결코 허풍이 아니었다.

그렇게 1981년 맨유에 입단한 후 1982년부터 주장에 임명된 롭슨은 지칠 줄 모르는 체력을 바탕으로 미드필드 한가운데서 경기장 전체를 누비는 동시에 뛰어난 패스 능력과 슈팅력, 태클 실력과 수비력까지 미드필더에게 필요한 모든 능력을 갖춘 선수였다. 그가 최장수 주장이 될 수 있었던 것도 바로 그런 이유 때문이었다. 팬들은 그를 '캡틴 마블'이라는 애칭으로 불렀다.

애킨슨 감독이 영입해서, 퍼거슨 감독의 성공시대가 이제 막 본격적으로 시작될 무렵 팀을 떠난 그는 맨유의 어려운 시대를 이끌었던 만큼 맨유 팬들의 절대적인 사랑을 받는 존재이기도 하다. 그는 맨유가 19번째 리그 우승을 차지하며 리버풀의 18회 우승을 제치고 잉글랜드 최다 우승팀이 된 것을 기념해 발간한 책 『19』에서 팬들이 선정한 맨유의 가장 위대한 선수 투표에서 당당히 1위를 차지했다. 1960년대 맨유에 유러피언컵 트로피를 안겨줬던 조지 베스트와 보비 찰튼이 그에 이어 2, 3위를 차지한 것만 봐도 그가 얼마나 맨유팬들의 사랑을 받는 선수였는지 가늠할 수 있다.

1983년 FA컵 결승, 같은 해의 리그컵 결승, 그리고 1985년 FA컵 결승전에서 모두 골을 터뜨린 화이트사이드는 맨유 유소년팀 출신으로 선수 시절 내내 조지 베스트와 비교됐다. 두 사람은 같은 벨파스트 출신이며, 같은 스카우트에 의해 발굴되어, 같은 맨유에 입단했다는 공통점이 있었다. 거기에 더해 또 하나의 공통점이 있었다면, 그 둘이 모두 그라운드 위에서 천재성을 뽐내는 유형의 선수들이었다는 점이다.

17세가 되기 2주 전에 맨유 1군 무대에 데뷔한 그는, '버즈비의 아이들' 중 가장 큰 기대를 받았던 던컨 에드워즈 이후로 가장 어린 나이에 데뷔한 맨유 선수였으며, 17세가 된 지 8일 만에 스토크 시티전에서 골을 넣으면서 클럽의 최연소 득점자 기록을 경신했다.

1983년 리그컵 결승전에서 터뜨린 그의 골은 리그컵 결승전 역사상 최연소 기록이었으며, 1985년 FA컵 결승전에서 터뜨린 그의 골 역시 FA컵 결승전 최연소 득점 기록이었다. 그의 경이로운 최연소 기록 경신행진은 리그 내에서만이 아니라 월드컵 무대에서도 마찬가지였다. 그는 1982년 스페인 월드컵에서 17세 41일의 나이로 북아일랜드 대표팀으로 데뷔하면서 종전에 펠레가 보유하고 있던 월드컵 최연소 출전 기록도 갈아치웠다.

중요한 경기마다 자신의 천재성을 경기장 위에서 증명했던 그는 맨유에서 274경기에 나서 67골을 기록한 뒤 에버튼으로 이적해 활약하던 1991년 심각한 무릎부상을 입고는 너무 어린 26세의 나이에 그라운드를 떠났다.

62) 1986년
애킨슨 감독의 경질과 새 시대의 서막

애킨슨 감독은 분명 1970년대에 유일한 FA컵 우승을 차지했던 도허티 감독 이상의 리더십을 보여준 감독이었으며 일부 영국 언론에서는 그를 두고 버즈비 감독 이후 맨유의 두 번째로 성공적이었던 감독으로 평가하기도 한다. 확실히 그는 단순히 FA컵 우승만이 아니라 그가 맨유를 이끈 5년 내내 팀을 4위 이상의 성적으로 이끌었다. 다른 측면에서 생각하면 그가 리그 우승 트로피를 들어 올리지 못한 것은 어쩌면 그의 탓이 아니라 그 시기의 리버풀이 너무 강했기 때문일 수도 있었다.

맨유 구단 역시 애킨슨 감독에 대해 결코 인색하지 않은 평가를 내리고 있다. 맨유는 2013년에 공식 홈페이지를 통해 애킨슨 감독에 대해 소개한 글에서 다음과 같이 적었다.

비록 퍼거슨 감독의 영광과 비교될 수는 없겠지만, 그가 맨유에 남긴 기록은 결코 나쁘지 않았다. 맨유에서 정확히 50퍼센트의 승률을 기록했던 그는 맨유의 모든 감독 중 퍼거슨 감독(59퍼센트), 어니스트 망날 감독(54.16퍼센트), 맷 버즈비 감독(50.48퍼센트)에 이어 네 번째로 높은 승률을 남기고 맨유를 떠났다(2013년 기준 기록).

그러나 맨유는 맨시티와 함께 가장 큰 라이벌인 리버풀에게 매년 리그 우승 트로피를 내줄 수는 없었다. 그들에겐 리버풀의 아성을 무너뜨리고 다시 한 번 그들을 잉글랜드와 유럽의 정상으로 이끌어줄 수 있는 새로운 비전을 가진 새로운 감독이 필요했다. 1986/1987시즌을 불안하게 출발한 맨유는 마침내 맨유에 버즈비 감독이 남긴 유산 그 이상의 새로운 영광을 안겨줄 남자와 만나게 된다.

Chapter 6.
퍼거슨 시대의 개막과 맨유의 트레블 달성
1986~1999

63 1986년 11월 6일
알렉스 퍼거슨 감독의 맨유 입성

　1986년 11월 5일, 맨체스터에서 스코틀랜드 애버딘으로 향하는 자동차 안에 맨유의 당시 회장이었던 마틴 에드워즈와 그 일행이 타고 있었다. 그들은 론 애킨슨 감독의 경질을 발표하기 전에, 이사진에서 만장일치로 합의한 새 감독 후보를 만나러 가는 길이었다. 1979년부터 스코틀랜드 클럽팀 애버딘을 이끌면서 3회의 리그 우승, 4회의 FA컵 우승, 1회의 리그컵 우승과 컵 위너스 컵 그리고 UEFA 슈퍼컵 우승을 차지했던 그 남자의 이름은 알렉스 퍼거슨이었다.

　새 감독을 임명하기 전에 론 애킨슨 감독의 경질 소식이 알려지길 원하지 않았던 에드워즈 회장은 퍼거슨 감독과의 만남이 애버딘 구단 측에 알려지지 않도록 비밀리에 그에게 접근할 수 있는 방법이 필요했다. 그래서 그는 측근을 시켜서 과거 퍼거슨 감독의 지도 아래 애버딘에서 활약했다가 1984년에 맨유에 입단한 고든 스트라찬의 에이전트인 것처럼 꾸며 스코틀랜드 액센트를 사용해서 퍼거슨 감독에게 전화를 걸도록 했다.

　그렇게 퍼거슨 감독과 에드워즈 회장은 비밀리에 통화를 나누고 맨유 감독직에 대해 직접 만나 이야기를 나눠보기로 결정했다. 당시 상황에 대해 에드워즈 회장은 BBC와의 인터뷰에서 다음과 같이 회상했다. "우리가 가장 원하지 않았던 상황은 애킨슨 전임 감독을 경질한 후에 감독직이 공석이 되는 상황이었다. 맨유의 이사진은 그를 만나기 전에 만장일치로 그가 적임자라는 데 동의한 상황이었고 나는 퍼거슨이 맨유 감독에 부임할 준비가 됐는지 직접 만나봐야 했다."

　1986년 11월 6일, 맨유는 론 애킨슨 전임 감독의 경질과 동시에 알렉스 퍼거슨 신임 감독 임명을 발표했다. 에드워즈 회장이 비밀리에 퍼거슨 감독을 찾아가 만남을 가진 바로 다음날의 일이었다.

결국 그렇게 알렉스 퍼거슨 감독이 맨유에 부임하면서 현재의 축구팬들이 직접 목격한 영광을 써내려가기 시작한다. 그러나 퍼거슨 감독의 맨유 재임기간은 결코 처음부터 순탄했던 것이 아니었다.

64 맨유 감독 부임 이전의
알렉스 퍼거슨 감독

선수 시절의 퍼거슨 감독은 세간에 알려진 것 이상으로 뛰어난 공격수였다. 16세의 나이에 당시 스코틀랜드 2부 리그에 있던 퀸즈파크에서 첫 경기를 가진 퍼거슨 감독은 던퍼믈린에서 뛴 1965/1966시즌에는 리그에서 31골을 기록하며 공동 득점왕을 차지했다. 그 시즌의 활약으로 그는 결국 스코틀랜드 리그의 양대 명문 중 한 팀이자 자신이 소년 시절부터 사랑했던 팀인 레인저스에 입단해서 선수생활을 보내기도 했다. 선수 시절 그의 골 기록은 매체마다 다소간 차이는 있으나 그의 자서전에서는 415경기 218득점으로 기록되어 있으며, 「가디언」의 자료에는 344경기 출전 186골로 보도된 바 있다. 2경기당 1골 이상은 기록하는 공격수였다는 뜻이다.

1970년대 들어 선수생활을 은퇴하고 감독의 길에 접어든 그가 자신의 능력을 발휘하기 시작한 팀은 세인트미렌이었다. 1974년 부임 당시 2부 리그 중하위권에 머물고 있던 팀을 1976/1977시즌에 1부 리그 우승으로 이끈 것이다. 그 능력을 인정받고 후에 부임했던 애버딘에서 그는 리그 우승 3회, FA컵 우승 4회, 리그컵 우승 1회를 거두며 스코틀랜드에서 차지할 수 있는 모든 트로피를 들어 올리면서 본격적으로 지도자로서의 그의 명성을 세상에 알리기 시작한다.

1982/1983시즌에 UEFA 컵 위너스 컵 대회 우승을 차지한 것은 그의 능력이 더 이상 스코틀랜드 안에서만이 아니라 유럽에서 통할 수 있다는 것을 스스로 입증한 결정적인 계기가 됐다. 퍼거슨 감독이 처음 유럽 대회에서

우승을 차지했던 그 결승전의 상대팀은 레알 마드리드였으며, 당시 레알 마드리드의 감독은 팀 최고의 레전드 공격수였고 선수 시절 버즈비 감독의 맨유와도 맞선 바 있었던 알프레도 디 스테파노였다.

그 시점에서 이미 애버딘은 그의 그릇에 부족한 클럽이었다. 1985년, 퍼거슨 감독은 당시 스코틀랜드를 이끌고 있던 명장 조크 스테인 감독의 수석코치에 임명되며 스코틀랜드의 1986년 월드컵 진출 준비를 도왔다. 그러던 1985년 9월, 스테인 감독이 갑작스러운 심장마비로 사망하자 그는 임시 감독 자격으로 스코틀랜드를 이끌고 1986년 월드컵에 진출했다. 서독, 덴마크, 우루과이와 한 조에 속한 스코틀랜드는 1무 2패의 성적으로 조별예선에서 탈락했고 그게 퍼거슨 감독이 처음이자 마지막으로 국가대표팀을 이끈 경력이 됐다.

맨유에서 그를 영입하기 위해 접근했던 것은 월드컵이 종료된 지 5개월이 지난 후였다. 맨유의 제안이 들어왔을 때 그는 그의 스코틀랜드 대표팀 전임자이자 자신의 멘토였던 조크 스테인 감독의 일을 떠올렸다. 퍼거슨 감독은 당시의 상황에 대해 다음과 같이 말했다.

언젠가 조크 스테인 감독이 내게 맨유 감독직 제안을 거절한 것을 평생 후회했다고 말한 적이 있었다. 맨유가 내게 제안을 했을 때 나는 그 기회를 놓치지 않기로 했다.

65 1986/1987시즌
퍼거슨 감독의 첫 경기와 첫 리버풀전

퍼거슨 감독이 맨유를 이끌고 가진 첫 경기는 1986년 11월 8일 옥스포드 유나이티드와의 리그 경기였다. 옥스포드의 작은 홈구장에 1만 3,500여 명의 관중들이 찾아와 퍼거슨 감독의 첫 경기를 지켜보는 가운데 맨유는 무력한 경기 끝에 0-2 패배를 당했다. 애킨슨 감독이 물러날 시기에 이미 리그 19위에 놓여 있었던 그들은 경기가 끝난 후 최하위 팀보다 승점 3점이 많은 20위로 처졌다.

퍼거슨 감독의 첫 승리는 그의 세 번째 리그 경기였던 QPR과의 홈경기에서 나왔다. 그 후로 퍼거슨 감독은 점점 더 자신의 스타일대로 팀을 이끌기 시작했고 1월 1일부터 3월 7일까지 무패를 달리며 팀을 강등권의 수렁에서 구해냈다. 결국 11위로 시즌을 마친 그의 첫 시즌에 가장 큰 의미가 있었던 경기는 퍼거슨 감독 부임 이후 맨유와 리버풀의 첫 대결이었던 안필드 원정경기였다.

리버풀은 앞서 살펴본 바와 같이 맨유에게 구단 역사상 첫 강등의 치욕을 안겨준 팀이자, 올드 트래포드에서 열린 첫 경기에서 맨유에 패배를 안겨줬던 주인공이었다. 맨유 역시 1977년 리버풀과의 FA컵 결승전에서 그들을 꺾고 우승하며 리버풀의 트레블을 저지한 바 있었으나, 퍼거슨 감독이 부임했던 1986년의 리버풀은 여전히 리그 최정상의 팀이었다.

그러나 퍼거슨 감독은 부임 이후 처음 가진 리버풀과의 더비 경기에서 화이트사이드의 골로 1-0 승리를 거두며 그 시즌 맨유의 유일한 원정승을 기록했다. 두 팀은 4월에 올드 트래포드에서 다시 맞대결을 벌였지만 이번에도 승자는 맨유였다. 부임 첫해부터 그는 전임자인 섹스턴 감독과 애킨슨 감독이 결국 넘어서지 못했던 리버풀에 '더블'을 달성했던 것이다.

퍼거슨의 맨유 감독 부임과 그가 첫 시즌 리버풀에 거둔 더블은, 리그 최고 명문을 상징하는 리그 최다 우승팀이라는 타이틀이 리버풀에서 맨유로 넘어가는 긴 여정의 시작에 불과했다. 퍼거슨 감독이 부임했던 1986년까지, 양 팀의 리그 우승횟수는 리버풀이 16회, 맨유는 7회였다. 퍼거슨 감독이 처음 리그 우승을 달성했던 1992/1993시즌을 기점으로 리버풀은 그가 은퇴할 때까지 단 한 차례도 리그 우승을 차지하지 못했으며, 그가 은퇴를 발표했을 때 두 팀의 우승횟수는 18회 대 20회로 바뀌어 있었다.

66) 1987~1990년
퍼거슨 감독의 부진과 경질 위기

맷 버즈비 감독이 했던 것과 마찬가지로, 퍼거슨 감독은 부임 직후부터 유소년팀 강화에 힘을 쓰는 한편, 1987/1988시즌부터 즉시 팀 성적을 향상시켜줄 수 있는 즉시전력감 선수도 물색하고 나섰다. 그가 맨유 재임 초기에 영입한 가장 중요한 선수는 수비수 스티브 브루스였다. 노리치 시티에서의 뛰어난 활약으로 첼시와 토트넘의 관심을 받던 브루스는 맨유에서 영입 제안이 들어왔다는 말을 듣고는 곧바로 맨유를 선택했다.

그 후로 브루스는 뛰어난 수비력에 더해 결정적인 순간마다 골을 터뜨리는 믿음직한 수비수로서 맨유의 수비를 이끌었다. 공격 강화를 위해 데려온 브라이언 맥클레어는 자신의 맨유 입단 첫 시즌 만에 리그에서만 24골을 터뜨리며 맨유의 공격을 책임졌다. 두 선수를 포함한 기존 선수들의 활약 속에 맨유는 퍼거슨 감독이 처음으로 시즌 시작부터 지휘한 1987/1988시즌 리버풀에 이어 리그 2위를 기록하며 퍼거슨 감독을 믿은 이사진의 기대에 보답하는 듯했다.

리그를 2위로 마무리한 뒤 퍼거슨 감독은 맨유 유소년팀 출신으로 애킨슨 감독 시절 바르셀로나로 이적했던 마크 휴즈를 재영입했다. 그는 휴즈의 능력에 강한 믿음이 있었고, 휴즈는 맨유에 복귀하자마자 그 시즌 팀 내 최다 득점자가 되며 퍼거슨 감독의 맨유 재임 초기에 가장 중요한 공격수로서 활약했다.

브루스와 맥클레어, 휴즈에 더해서 퍼거슨 감독의 재임기간 초기에 맨유에 합류한 주요 선수들로는 이후 맨유에서 8년 동안 활약한 뛰어난 윙어 리 샤프, 중원에서 최고의 활약을 펼쳤고 훗날 잉글랜드 대표팀 최초의 흑인 주장이 되는 미드필더 폴 인스, 스티브 브루스와 함께 든든한 수비진을 구축했던 게리 팔리스터 등이 있었다.

그러나 3년여 동안 여러 선수들을 영입하며 자신의 구상대로 팀을 구성했음에도 불구하고 퍼거슨 감독은 리그에서 2위를 기록했던 바로 다음 시즌 다시 11위로 내려앉는 등 첫 3시즌 동안 무관에 그치며 영국 언론 및 팬들의 거센 비판에 직면해야 했다. 퍼거슨 감독의 전임자였던 섹스턴 감독과 애킨슨 감독에게 들이닥쳤던 경질 위기는 어김없이 퍼거슨 감독에게도 찾아왔다.

퍼거슨 감독 부임 초기의 맨유 성적표

시즌	리그	경기	승	무	패	승점	순위
1986/1987	1부 리그	42	14	14	14	56	11위
1987/1988	1부 리그	40	23	12	5	81	2위
1988/1989	1부 리그	38	13	12	13	51	11위
1989/1990	1부 리그	38	13	9	16	48	13위

67 1990년
퍼거슨의 첫 우승과 그를 구한 두 영웅

퍼거슨 감독이 맨유에서 맞은 4번째 시즌이었던 1989/1990시즌, 맨유는 강등권의 팀들보다 승점 5점을 더 얻으며 13위로 리그를 마무리했다. 이는 2부 리그에서 1부 리그로 승격했던 도허티 감독 시절의 1975/1976시즌 이후 맨유 최악의 순위이자, 퍼거슨 감독의 바로 전임자였던 애킨슨 감독 시절보다도 오히려 나쁜 결과였다. 애킨슨 감독이 이끈 5시즌 동안 맨유는 한 번도 4위권 밖에서 시즌을 마무리한 적이 없었다.

퍼거슨 감독의 부임 이후 나아진 것이 없는 맨유의 모습이었고, 그런 그의 경질이 임박했다는 보도가 나온 것도 당연한 결과였다. 그런 분위기 속에서, 퍼거슨 감독과 맨유의 미래를 구한 것은 두 명의 잊혀진 영웅들의 활약과 그로 인한 FA컵 우승이었다.

　1989/1990시즌 FA컵에서 맨유가 처음 상대했던 팀은 잉글랜드 축구 역사상 최고의 감독 중 한 명으로 평가 받는 브라이언 클러프 감독이 이끄는 노팅엄 포레스트였다. 클러프 감독 부임 당시 2부 리그에 속해 있던 노팅엄 포레스트는 1978/1979, 1979/1980 두 시즌 연속으로 유러피언컵 우승을 차지하는 기적을 낳았고 맨유와 FA컵에서 만나기 직전에도 1988/1989, 1989/1990 두 시즌 연속 리그컵 우승을 차지하며 특히 토너먼트 대회에서 맹위를 떨치고 있었다.

　경질 압박을 받고 있던 퍼거슨 감독과 당시 잉글랜드 최고의 감독으로 평가받던 클러프 감독의 맞대결에서 그 경기의 유일한 골을 터뜨리며 퍼거슨 감독을 구한 선수는 맨유 유소년팀 출신의 공격수 마크 로빈스였다. 맨유 1군에서 4년간 뛰는 동안 그가 기록한 모든 골 중 가장 중요했던 그 골은 영국 언론으로부터 '퍼거슨을 구한 골'로 널리 평가받고 있다.

　그러나 상대가 아무리 클러프 감독의 노팅엄 포레스트라고 해도 FA컵 3라운드를 통과했다는 사실만으로 경질설을 떨쳐낼 수는 없었다. 노팅엄 포레스트를 꺾은 후 결국 그 시즌 FA컵 결승전에 오른 맨유는 준결승전에서 앨런 파듀의 골로 리버풀을 꺾고 결승전에 올라온 크리스탈 팰리스와 양 팀 모두에게 아주 중요한 의미를 갖는 대결을 펼쳤다.

　맨유에게 패배는 곧 퍼거슨 감독의 경질이 확정되는 것과 다를 바 없었으며, 크리스탈 팰리스에게는 구단 역사상 최초의 메이저 대회 우승 트로피를 들어 올릴 수 있는 순간이었던 것이다. 그 중요한 순간에 크리스탈 팰리스를 이끌고 있던 감독은 맨유의 1970년대 레전드였던 스티브 코펠 감독이었다.

　1990년 5월 12일 맞대결을 펼친 두 팀은 결국 3-3으로 승부를 가리지 못했다. 먼저 실점을 내준 맨유는 롭슨과 휴즈의 골로 2-1로 앞서갔지만 코펠 감독은 크리스탈 팰리스에서 뛰고 있던 걸출한 신예 공격수를 투입하면서 승부수를 띄웠다. 훗날 크리스탈 팰리스와 아스널 양 팀에서 레전드로 대우받게 되는 이안 라이트였다. 그는 후반전에 교체 투입된 지 3분 만에 골을 기록하며 승부를 연장전으로 끌고 갔고 연장전에서도 먼저 골을 기록하며 맨유를 침몰 직전까지 몰아넣었다. 그러나 마크 휴즈의 동점골이 터지면서 양 팀은 승부를 가리지 못한 채 재대결을 펼치게 됐다.

두 팀의 재경기는 5일 후에 펼쳐졌고 그날의 유일한 골은 후반 14분, 크리스탈 팰리스의 왼쪽 측면을 뚫고 들어와 슈팅을 날린 맨유 유소년팀 출신 수비수 리 마틴의 발끝에서 나왔다. 그날의 골은 마틴이 맨유에서 1군 선수로 보낸 6년 동안 그가 터뜨린 단 두 골 중의 하나였고 그날 경기 이후 오늘날까지 영국 언론에서는 그 골을 또 하나의 '퍼거슨을 살린 골'이라고 부른다.

68 1991년
바르셀로나를 꺾고 컵 위너스 컵 우승을 차지한 맨유

퍼거슨 감독 부임 이후 첫 우승 트로피를 들어 올린 맨유는 그 결과 1990/1991시즌 UEFA 컵 위너스 컵 진출권을 확보했다. 그리고 이미 애버딘 감독 시절에 같은 대회 결승전에서 디 스테파노가 이끄는 레알 마드리드를 꺾고 우승을 차지했던 바 있는 퍼거슨 감독이 이번에 결승전에서 만난 상대는 요한 크루이프가 이끄는 바르셀로나였다.

전 시즌 FA컵에서 맞대결을 펼쳤던 올드햄 애슬레틱으로부터 출중한 풀백 데니스 어윈을 영입한 맨유는 리그를 6위로 마무리하고 리그컵 결승전에 올랐지만 퍼거슨 감독의 전임자였던 론 애킨슨 감독이 이끄는 셰필드 웬즈데이에 0-1 패배를 당하며 전 시즌에 이어 2년 연속 컵 대회 우승에 실패하는 듯했다. 그러나 맨유는 더 큰 규모의 대회인 컵 위너스 컵에서 파죽

지세로 결승전까지 진출해 1991년 5월 15일 바르셀로나와 맞대결을 벌이게 된다. 그리고 그 경기 결승전 맨유의 선발 라인업에는 맨유와 바르셀로나에서 모두 뛴 적이 있는 마크 휴즈가 포함되어 있었다.

네덜란드의 축구 영웅 요한 크루이프 감독이 이끄는 바르셀로나를 상대로 네덜란드의 로테르담에서 펼쳐진 결승전에서 양 팀의 승부는 후반에 터진 세 골에 의해 갈렸다. 휴즈는 자신을 영입한 지 한 시즌 만에 임대 보냈던 바르셀로나를 상대로 두 골을 터뜨리며 자신의 진가를 뽐내는 동시에 팀에 승기를 안겼다. 바르셀로나는 로날드 쿠만이 장거리에서 터뜨린 프리킥골을 시작으로 추격해왔지만 경기는 그대로 끝났다. 맨유가 버즈비 감독의 유러피언컵 우승 이후 23년 만에 유럽 대회에서 우승을 차지하는 순간이었다.

69 맨유 레전드 수비수
스티브 브루스

1990/1991시즌 맨유의 컵 위너스 컵 우승에 마침표를 찍은 선수가 공격수인 마크 휴즈였다면, 그 과정에서 가장 큰 공을 세운 수비수가 바로 스티브 브루스였다. 그는 이 시즌 맨유가 컵 위너스 컵 결승에 오를 때까지 중요한 시점에서 총 4골을 터뜨리며 팀을 결승에 올려놓았다. 결승전에서 나온 휴즈의 두 골 중 첫 골 역시 그가 헤딩으로 골키퍼를 넘긴 볼을 휴즈가 밀어넣은 골이었다. 같은 시즌, 그는 리그에서 13골을 터뜨렸다.

그의 그런 놀라운 골 기록은 결코 이 시즌만의 경우가 아니었다. 선수생활 내내 주로 중앙 수비수로 활약했던 그는 질링엄, 노리치 시티 시절에도 이미 뛰어난 골결정력으로 유명했다. 선수생활 중 그가 기록한 골 수는 리그 기준으로 81골, 모든 대회를 통틀어 113골이다.

그의 그런 능력이 가장 빛을 발했던 경기는, 퍼거슨 감독이 처음으로 리그 우승을 차지했던 시즌이자 PL 출범 첫해였던 1992/1993시즌 4월에 있

현역 시절의 스티브 브루스(왼쪽)와 마크 휴즈

었던 셰필드 유나이티드와의 경기에서였다. 당시 맨유는 아스톤 빌라와 치열한 우승 경쟁을 펼치고 있었고 단 한 경기에서의 패배도 리그 우승에 치명타가 될 수 있는 상황이었다.

그 중요한 경기에서, 후반 막판까지 0-1로 뒤지고 있던 맨유는 경기 종료 직전에 터진 두 골로 2-1 역전승을 거뒀는데 그 두 골을 넣은 선수는 에릭 칸토나도, 마크 휴즈도 아닌 스티브 브루스였다. 「가디언」은 그 경기에 대해 다음과 같이 보도했다.

> 1992/1993시즌 맨유 우승의 촉매제가 됐던 것은 에릭 칸토나였지만, 셰필드 유나이티드전에서 나온 브루스의 두 골은 맨유에게 우승을 차지할 수 있다는 믿음을 심어줬다. 결국 맨유는 남은 일정에서 패하지 않으면서 PL 첫 시즌의 우승을 차지했다.

브루스는 단순히 골만 잘 넣는 수비수가 아니라 리더십도 뛰어난 선수였다. 그는 1980년대와 1990년대 초반에 맨유의 주장이었던 브라이언 롭슨이 장기 부상으로 팀에서 이탈해 있던 1992/1993시즌의 대부분을 주장완장을 차고 경기장에 나서 팀을 이끌었다.

70 1991/1992시즌
슈마이켈의 입단과 리즈와의 리그 우승 경쟁

경질 위기에 몰렸던 퍼거슨 감독이 FA컵 우승에 이어 컵 위너스 컵 대회에서 우승을 차지했던 그다음 시즌부터 맨유는 드디어 본격적으로 리그 우승에 도전하기 시작했다. 그리고 1991/1992시즌이 시작되기 전 퍼거슨 감독은 덴마크 클럽 브뢴비로부터 맨유 역사상 최고의 골키퍼로 널리 인정받는 피터 슈마이켈을 영입한다.

골키퍼에 슈마이켈, 수비에 브루스, 미드필더에 롭슨, 공격에 휴즈가 팀을 이끌고 신예 라이언 긱스가 본격적으로 1군 경기에 출전하기 시작했던 이 시즌의 맨유는 리그 개막 후 12경기 무패를 달리며 시즌 초반부터 리그 1위로 치고 나갔다. 그 후로도 그들은 4월 18일 루튼 타운과 무승부를 기록할 때까지 리그 1위를 수성했으나 그 뒤로 3연패를 당하며 리즈 유나이티드에 우승 트로피를 내줬다.

이 시즌 막판에 맨유의 추락과 리즈의 역전 우승에는 한 선수의 존재가 큰 영향을 미쳤다. 맨유는 결정적인 상황에서 골을 터뜨리지 못하며 결국 마지막에 무너진 반면에, 리즈는 시즌 막판에도 막강한 화력을 과시하며 연승행진 속에 시즌을 마무리했다. 그 중심에 있었던 선수의 이름은 에릭 칸토나였다. 그는 이 시즌 15경기에 나서 3골을 득점했는데, 본인이 득점한 골 자체는 많지 않았지만 동료 선수들에게 계속해서 어시스트를 뿌려주며 팀의 연승 행진에 도움을 줬다.

그 시즌은 1970년대 돈 레비 감독의 지휘 아래 전성기를 구가했던 리즈가 마지막으로 리그 우승한 시즌인 동시에 에릭 칸토나가 리즈에서 뛴 마지막 시즌이었다.

아쉽게 리그 우승을 내준 맨유였으나 이 시즌 맨유는 로이 킨이 뛰고 있던 브라이언 클러프 감독의 노팅엄 포레스트를 꺾고 구단 역사상 처음으로 리그컵에서 우승을 차지했으며, 컵 위너스 컵 대회 우승팀 자격으로 참가한 UEFA 슈퍼컵 대회에서 승리를 거두며 또 하나의 트로피를 들어 올렸다. 해당 경기의 상대팀은 '버즈비의 아이들'이 뮌헨 참사 직전에 상대했던 팀인 레드스타 벨그라데였다. 두 경기 모두 스코어는 1-0, 결승골의 주인공은 맥클레어였다.

71 1992년
유소년 FA컵 대회 우승과 '클래스 오브 92'

FA컵 우승에 이은 컵 위너스 컵 우승, 그리고 슈마이켈의 입단 이후 리즈와 벌인 시즌 막판까지의 우승 경쟁 등으로 맨유가 본격적인 상승궤도에 올라섰던 1992년 5월, 언론의 주목을 받지 못하는 유소년 FA컵 대회 결승전에서 맨유는 크리스탈 팰리스를 상대로 3-2 승리를 거두며 우승 트로피를 들어 올렸다. 훗날 영화로도 제작된 '클래스 오브 92'의 어원이 됐던 대회로 그 대회의 결승전 출전팀에는 이후 맨유의 미래를 책임지게 되는 선수들, 특히 라이언 긱스, 데이비드 베컴, 게리 네빌 등이 포함되어 있었다.

1950년대의 버즈비의 아이들 이후로도 맨유 유소년팀은 지속적으로 뛰어난 선수들을 배출해냈다. 대표적으로 조지 베스트, 브라이언 키드, 노먼 화이트사이드, 마크 휴즈 등처럼 뛰어난 실력을 보여준 선수들이 있었지만 유소년팀에서 배출된 선수들이 1군의 중심에서 활약하는 정도와 빈도는 분명히 시간이 갈수록 적어지고 있었던 것이 사실이었다.

그러나 1986년 퍼거슨 감독이 부임하면서 상황은 달라지기 시작했다. 맨체스터 지역의 뛰어난 유소년 선수들이 맨유가 아닌 맨시티로 향하는 것을 알게 된 퍼거슨 감독은 애킨슨 감독 시절에 이미 유소년팀 코치를 맡고 있던 에릭 해리슨 코치에게 유소년팀을 더 강화할 것을 지시하는 한편, 스스로도 유능한 선수들을 데려오기 위해 직접 나서기 시작한다. 가장 대표적인 것이 1987년에 14번째 생일을 맞은 긱스의 집을 방문해 그를 맨유 유소년팀으로 데려왔던 일이었다.

그리고 그것이 결과물로 드러났던 것이 맨유의 1992년 유소년 FA컵 대회 우승이었다. 크리스탈 팰리스와의 결승전에 출전했던 긱스, 베컴, 게리 네빌, 버트 외에도 비슷한 시기에 맨유 유소년팀에서 성장한 폴 스콜스, 필 네빌 등은 그 후로 10년 이상 맨유를 지탱하는 척추와 같은 역할을 하게 된다.

이들 중 현재의 축구팬들에게도 익숙한 맨유의 레전드 선수들 이외에 한 명의 주목할 만한 선수는 니키 버트다. 그는 1992/1993시즌 1군 무대에 데뷔한 후 2003/2004시즌까지 맨유에서 387경기에서 뛰면서 화려하지 않지만 팀의 중원에 힘을 불어넣어 주는 엔진 같은 역할을 했던 선수다. 그는 분명 다른 동기생들처럼 화려한 명성을 얻은 선수는 아니었지만, 현재까지도 BBC를 비롯한 현지 매체들로부터 늘 묵묵히 제 역할을 한 '이름없는 영웅'의 전형과도 같은 선수로 널리 평가받고 있다.

72) 1992/1993시즌
'킹' 에릭 칸토나의 맨유 입단과 퍼거슨의 첫 리그 우승

PL이 출범하기 직전 시즌이었던 1991/1992시즌까지, 퍼거슨 감독의 맨유는 FA컵, 리그컵, 컵 위너스 컵, 그리고 UEFA 슈퍼컵에서 우승을 차지했지만 가장 중요한 리그 우승을 아직 차지하지 못하고 있었다. 그리고 그들이 리그 우승을 차지하기 위해 가장 부족했던 것은 골이었다. 마크 휴즈라는 걸출한 공격수와 중요한 순간마다 알토란 같은 활약을 보여주던 공격수 브라이언 맥클레어가 있었지만, 그 둘로는 토너먼트 대회가 아닌 리그에서 우승을 차지하기에 역부족이라는 것이 드러난 맨유였다. 맨유에는 리버풀의 이안 러시가 그랬듯 폭발적인 카리스마로 공격을 이끌고 골을 터뜨려줄 공격수가 필요했다.

그 공격수의 후보자로 퍼거슨 감독이 처음 주목했던 공격수는 훗날 PL 역대 최다 득점자가 되는 앨런 시어러였다. 퍼거슨 감독은 실제로 사우스햄튼에서 뛰던 유망주 시절의 그에게 영입을 제안했지만 시어러는 맨유 대신 리버풀의 레전드 달글리시 감독이 이끌던 블랙번을 선택했다. 시어러를 놓친 퍼거슨 감독은 캠브리지 유나이티드로부터 공격수 디온 더블린을 영입했고 그는 맨유에서 좋은 출발을 보였지만 곧 다리가 부러지는 부상을 입으며 장기간 팀을 비우게 된다.

공격수 추가자원으로 영입했던 더블린이 부상으로 이탈했고, 맥클레어가 극심한 부진에 빠져 있던 11월, 맨유는 리그에서 가장 적은 득점을 기록하며 10위에 처져 있었다. 새 공격수의 영입이 어느 때보다도 절실했던 시점의 맨유였고, 골키퍼 슈마이켈은 공식적으로 '새 공격수를 영입하지 않으면 우승을 차지하기 힘들다'는 의견을 밝히기도 했다. 그리고 바로 그 시점에 퍼거슨 감독은 전 시즌 리즈의 리그 우승에 결정적인 역할을 했던 칸토나를 올드 트래포드로 데려온다.

칸토나는 맨유에 입단하자마자 직접 골을 기록하고 동료들에게 결정적인 어시스트를 이어주며 맨유를 완전히 바꿔놓았다. 그가 가세하면서 공격이 활기를 띠자, 부진을 겪고 있던 맥클레어와 휴즈의 골도 연달아 터지기 시작했다. 중원에서는 폴 인스가 리그 40경기에 출전하며 팀의 중심을 확실히 잡아줬고 리그 전 경기에 출전한 슈마이켈과 그 앞의 두 중앙 수비수 브루스와 팰리스터 역시 후방에서 팀의 리그 우승을 이끌었다.

결국 칸토나가 맨유에 입단했던 바로 그 시즌에, 퍼거슨 감독은 자신의 맨유 부임 후 첫 리그 우승을 달성한다. 맷 버즈비 감독 시절의 리그 우승 후

26년 만의 리그 우승이었다.

칸토나 이외에 이 시즌 맨유에서 가장 눈부신 활약을 했던 선수는 19세의 신예 긱스였다. 전 시즌부터 1군 무대에 투입되기 시작했던 라이언 긱스는 날이 갈수록 눈부신 활약을 펼치며 어린 나이에도 불구하고 이 시즌 42경기 중 1경기를 제외한 41경기에 출전해 9골을 기록하며 확고한 주전으로 자리 잡았다.

영국 언론과 팬들은 그를 조지 베스트와 비교하기 시작했고 조지 베스트 본인 역시 맨유 구단과의 인터뷰에서 긱스를 극찬하며 그가 위대한 선수가 될 것이라는 전망을 내놓았다. 시즌 종료 후에 긱스는 선수들이 선정한 '올해의 영플레이어상'을 수상했다.

73 1993/1994시즌
중원의 사령관 로이 킨의 입단과 맨유의 첫 더블

칸토나의 합류로 맨유 감독 부임 후 첫 리그 우승을 차지하며 자신이 구상했던 완벽한 공격진을 완성해낸 퍼거슨 감독은 이미 36세로 전성기를 지난 브라이언 롭슨을 대체할 수 있는 선수이자 팀의 중원에서 중심을 잡아줄 수 있는 강력한 미드필더를 구하고 나섰다. 그리고 그런 퍼거슨 감독이 선택한 선수가 노팅엄 포레스트로부터 당시 잉글랜드 최고 이적료였던 375만 파운드에 영입해온 로이 킨이었다. 그는 첫 시즌부터 34경기에 출전하며 곧바로 맨유의 중심선수로 자리 잡았다.

'킹' 에릭 칸토나에 이어 중원의 사령관 로이 킨까지 가세한 맨유는 1993/1994시즌 리그 4라운드였던 아스톤 빌라전을 기점으로 리그 1위에 올라선 후 리그 최종전까지 단 한 번도 1위 자리를 놓치지 않으며 2위 팀 블랙번보다 승점 8점이 많은 압도적인 성적으로 리그 2연패를 달성했다. 그리고 리그 2연패의 기세를 그대로 몰아 5월 14일에 열렸던 첼시와의 FA컵 결승전에서 칸토나, 휴즈, 맥클레어의 골에 힘입어 첼시를 4-0으로 격파하며 FA컵 우승을 차지했다. 맨유 역사상 첫 리그와 FA컵 '더블'의 달성이었다.

앞선 시즌 중반에 입단한 뒤, 맨유에서 처음 전 시즌을 보낸 칸토나는 기존의 맨유 공격을 책임지던 마크 휴즈, 그리고 빠르게 성장하며 맨유 공격에 활기를 불어넣었던 라이언 긱스와 함께 삼각편대를 형성했다. 세 선수는 모두 리그에서 두 자리 숫자의 득점을 기록하며 완벽한 호흡을 선보였고 그중에서도 특히 모든 대회를 통틀어 25골을 기록한 칸토나는 기자들이 뽑은 올해의 PL 선수에 선정됐다.

완전히 퍼거슨 감독을 중심으로 한 전성기를 향해가는 신호가 분명했던 1993/1994시즌 맨유는 클럽 역사에 큰 자취를 남긴 두 명의 인물과 작별을 하기도 했다. 우선 시즌 종료와 함께 팀이 과도기에 있던 1980년대 팀의 주장으로서 맨유의 명맥을 유지했던 브라이언 롭슨이 미들스브로의 선수 겸 감독직을 수락하며 팀을 떠났다. 그가 오래 사용했던 상징적인 등번호 7번은 에릭 칸토나가 이어받았다.

그리고 맨유에 명문이라는 타이틀을 안겨준 명장 맷 버즈비 감독이 세상을 떠났다. 그는 생전에 다음과 같은 말을 남겼다. "저는 아주 운이 좋은 사람이었습니다. 제가 사랑하는 축구를 하며 살았고 선수로서는 그 시대의 가장 뛰어난 팀에서 뛰는 특권을 누렸습니다. 그리고 감독으로서는 제 마음 속에 세계에서 가장 위대한 팀을 이끄는 영광을 누렸습니다."

버즈비 감독과 나란히 맨유 최고의 명장으로 불리는 퍼거슨 감독은 버즈비 감독에 대해 다음과 같이 말했다.

맷 버즈비는 맨유의 모든 기반을 만든 감독이었다. 그는 맨유에 미래를 제시했고, 맨유가 어떤 팀이어야만 하는지를 보여줬다.

74 1994/1995시즌
칸토나의 '쿵푸킥'과 5년 만의 무관

"축구 중계를 하면서 저런 장면은 본 적이 없습니다."
당시 현지 중계자 코멘트

"나는 그날 경기장에서 내가 방금 본 것을 도저히 믿을 수가 없어서 그냥 멍하니 서 있었다."
당시 맨유 수비수 게리 팰리스터

1995년 1월 25일 맨유 대 크리스탈 팰리스전에서 잉글랜드 축구계는 물론 유럽 축구계에 전례를 찾아보기 힘든 장면이 나왔다. 선수가 관중석에서 자신에게 욕설을 퍼붓던 관중에게 다가가 날아차기를 안긴 것이다. 그리고 그 선수는 절대로 평범한 한 명의 선수가 아니라 당시 잉글랜드 축구계 최고의 스타로 언론과 팬의 주목을 한눈에 받던 에릭 칸토나였다. 그 유명한 칸토나의 '쿵푸킥' 사건이다. 그는 그 사건으로 인해 8개월 동안 경기에 나설 수 없는 징계, 2주간의 징역과 2만 파운드의 벌금, 그리고 120시간의 사회봉사를 선고받았다.

맨유가 블랙번과 치열한 우승 경쟁을 벌이던 중에 벌어진 칸토나의 '쿵푸킥'에 이은 8개월 출장정지는 결국 맨유로 하여금 그들이 지난 시즌 우승컵을 들어 올렸던 두 대회에서 모두 아쉬운 고배를 마시게끔 했다. 리그에서는 퍼거슨 감독이 영입을 시도했던 앨런 시어러가 폭발적인 득점을 기록했던 블랙번에게 승점 1점 차로 우승을 내줬으며, 또다시 진출했던 FA컵 결승전에서는 에버튼에 1골 차로 승리를 내준 것이다. 그 둘 모두의 경우에 칸토나의 골이 절실히 그리웠던 맨유였다.

칸토나가 시즌 중반에 장기징계를 받고, 마크 휴즈마저 33경기 8골로 부진했던 이 시즌 맨유의 공격을 이끈 선수는 휴즈의 장기적인 대체자로 뉴캐슬에서 영입했던 앤디 콜과 러시아 국가대표 윙어였던 안드레이 칸첼스키스였다. 1월 입단 후 곧바로 두각을 드러냈던 콜은 입스위치 타운과의 홈경기에서 다섯 골을 터뜨리며 팀의 9-0 승리를 이끌었다. 칸첼스키스는 리그 14골로 팀 내 최다 득점자가 되며 기대 이상의 활약을 선보였지만, 그 둘이 칸토나의 존재를 완전히 대체하기엔 역부족이었다.

그러나 팀의 중심이었던 칸토나가 자리를 비운 바로 그 사이에 맨유에는 앞으로 10년 이상을 책임질 선수들이 속속들이 등장하게 된다. 퍼거슨 감독이 맨유 감독 부임 직후부터 공을 들였던 유소년 선수들, '퍼거슨의 아이들'이 1군 무대에 본격적으로 등장하기 시작한 것이다. 특히, 이 시즌에 1군 경기에 데뷔한 폴 스콜스는 17경기에 출전해 5골을 터뜨리며 첫 시즌부터 자신의 높은 잠재력을 PL팬들에게 확실히 각인시켰다.

그 시즌 폴 스콜스와 필립 네빌이 1군 무대에 데뷔했으며, 그 이전에 이미 데뷔를 했던 긱스, 베컴, 게리 네빌, 니키 버트 등도 이 시즌 들어 더 많은 출전기회를 부여받게 된다. 그리고 그들은 무관으로 막을 내렸던 1994/1995시즌의 다음 시즌부터 본격적으로 맨유의 중심선수들로 자리를 잡았다.

75) 1995/1996시즌
'퍼거슨의 아이들'과 퍼거슨 감독의 두 번째 더블

1995/1996시즌 개막 직후였던 1995년 8월 19일, 맨유가 아스톤 빌라에 1-3 패배를 당하자 영국의 간판 축구 프로그램 '매치오브더데이'에 출연한 리버풀 레전드 앨런 한슨은 "어린이들로는 어떤 것도 이룰 수 없다"는 유명한 말을 남겼다. 그 말은 그 후로 현재까지도 널리 이어져 오는 말이지만, 적

어도 그 시즌의 경우에 그의 말은 철저한 오답으로 판명이 났다.

1995/1996시즌 개막에 앞서 맨유는 팀에서 오래 활동했던 마크 휴즈, 폴 인스 등을 내보냈음에도 불구하고 특별한 대체자원을 영입하지 않은 채 시즌을 시작했다. 퍼거슨 감독에겐, 자신이 유소년팀에서 육성했던 '퍼거슨의 아이들'로 충분히 새 시즌 우승을 차지할 수 있다는 자신이 있었던 것이다.

장기징계에서 복귀한 칸토나는 특히 1996년 3월부터 4월 초까지 5경기 연속골을 기록하며 자신이 변함없는 맨유의 '킹'이라는 것을 입증했다. 그 5경기 중 3경기에서는 칸토나의 골이 그대로 결승골이 됐고 3월 20일 아스널전에서 칸토나의 골로 승리를 거두면서 맨유는 마침내 리그 1위 자리를 탈환한 채 그대로 리그 우승을 차지했다.

칸토나와 '퍼거슨의 아이들'이 보여준 신구의 조화 속에 리그 우승을 차지한 맨유는 그들의 팀을 무시하는 발언을 했던 한슨의 전 소속팀인 리버풀과 FA컵 결승전을 치르고 1-0 승리를 거두며 잉글랜드 축구 역사상 처음으로 더블을 두 차례 차지한 팀이 됐다. 그 경기에서의 유일한 골이자 결승골 역시 칸토나의 발끝에서 나왔으며 경기장을 찾은 팬들이 들고 있던 배너에는 "어린이들로는 아무것도 이뤄낼 수 없다던 한슨 씨, 확실한가요?"라는 문구가 적혀 있었다.

76 1995/1996시즌
앨런 시어러 영입 재시도와 솔샤르의 눈부신 첫 시즌

1996/1997시즌을 앞둔 여름, 퍼거슨 감독은 1992년 블랙번과의 영입전에서 놓쳤던 앨런 시어러의 영입을 다시 한 번 시도했다. 이미 칸토나와 앤디 콜이 있던 맨유 공격진에 앨런 시어러가 가세한다면, 맨유의 공격진은 가히 최강이 될 수 있다는 판단이었다. 그러나 이번에도 맨유와 시어러의

인연은 닿지 않았다. 앞서 맨유가 아닌 블랙번을 선택했던 시어러가 이번에는 맨유가 아니라 뉴캐슬에 입단하게 된 것이다.

1992년에 앨런 시어러 영입 무산 후 디온 더블린을 거쳐 에릭 칸토나를 데려왔던 퍼거슨 감독은 이번에는 잉글랜드에서 거의 무명에 가까웠던 노르웨이 출신 올레 군나르 솔샤르를 영입했다. 영국 언론 및 팬들은 그가 칸토나와 콜의 백업 공격수 역할 정도에 그칠 것이라고 예상했으나 그는 자신의 맨유 입단 첫 시즌부터 그 둘을 제치고 팀 내 최다 득점자가 되어 시어러 영입 불발의 아쉬움을 단번에 잊게 해줬다.

이 시즌 맨유에 입단한 또 다른 주목할 만한 선수는 축구계 최고의 레전드로 손꼽히는 요한 크루이프의 아들인 조르디 크루이프였다. 크루이프는 맨유 입단 초기 8월에 2경기 연속골을 기록하며 아버지의 명성을 익히 아는 잉글랜드 팬들의 큰 기대를 모았으나 그 후로 큰 활약을 하지 못한 채 점점 1군 기회를 잃다가 1999년 셀타로 임대를 떠난 후 2000년에 맨유를 떠났다.

시어러가 가세했고 리버풀 레전드인 케빈 키건이 감독으로서 팀을 이끌었던 뉴캐슬은, 10월 20일에 열린 맨유와의 맞대결에서 맨유를 5-0으로 대파하는 등 리그 선두로 치고 나가며 시어러가 우승을 이끌었던 블랙번처럼 맨유의 우승을 가로막는 듯 보였다. 그러나 리그 중반에 시어러가 탈장으로 인해 수술을 받고 장기 결장하면서 그들의 기세는 꺾이고 말았다.

시즌 중 윔블던과의 경기에서 자기 진영에서 시도한 슈팅을 골로 연결하며 주목을 받았던 베컴은 이 시즌 올해의 영플레이어상을 수상했다. 시즌 막판에 여유롭게 리그 우승을 확정 지은 맨유는 유러피언컵에서 준결승까지 진출했지만, 도르트문트에 홈과 원정경기 모두 0-1로 패하며 결승 진출에 실패했다.

한편, 맨유에서 보낸 다섯 시즌 동안 팬들의 절대적인 사랑을 받았던 칸토나는 1996/1997시즌 종료와 함께 31세의 나이에 돌연 은퇴를 선언해 팬들에게 충격을 안겨줬다.

77 맨유의 '킹'
에릭 칸토나

칸토나가 맨유에서 어떤 존재였는지를 알기 위해서는 하나의 지표를 살펴보는 것만으로 충분하다. 그가 맨유 공격의 핵심적인 역할을 수행하며 보낸 다섯 시즌 동안, 맨유는 '쿵푸킥 사건'으로 그가 장기간 그라운드에 나서지 못했던 한 시즌을 제외한 나머지 네 시즌에서 모두 우승을 차지했다. 그 1994/1995시즌에 맨유가 승점 1점 차이로 리그 우승을 놓쳤다는 사실을 생각해보면, 칸토나가 징계를 당하지 않았다면 맨유가 리그 5연패를 달성할 수 있었을 것이라고 추측하는 것도 큰 무리가 아닐 것이다.

맨유에 입단하기 직전에 리즈에서 뛰었던 칸토나는 리즈에서도 비슷한 업적을 달성했다. 1992년에 리즈에 입단해서 불과 15경기에 뛴 그는 시즌 후반에 맨유와 리그 우승 경쟁을 벌였던 팀 공격진에 활기를 불어넣으면서 결국 리즈에 리그 우승 트로피를 안겨줬다. 1974년 이후 18년 만에 리즈가 차지한 리그 우승이었다. 그다음 시즌 그가 입단한 지 반년 만에 맨유는 26년 만의 리그 우승을 차지했다.

맨유와 칸토나의 인연은 우연히, 아주 신기한 전화 한 통에서 시작됐다. 그 '전설적인' 전화통화의 구체적인 상황에 대해서는 전하는 매체마다 약간의 차이가 존재하나 영국에서 가장 신뢰받는 언론 중 하나인 「가디언」에서 보도한 바는 다음과 같다.

> 1992년 11월 25일, 퍼거슨 감독은 마틴 에드워즈 회장과 만난 자리에서 새 공격수 영입에 대해 논의하고 있었다. 시즌 개막 전에 영입

했던 디온 더블린은 다리가 부러지는 부상을 당해 팀에서 이탈했고 휴즈와 맥클레어는 전에 없는 부진을 겪고 있었다. 퍼거슨 감독이 '왜 리즈보다 먼저 칸토나를 영입하지 않았을까'라며 한탄을 하고 있던 바로 그 순간, 에드워즈 회장의 전화기가 울리기 시작했다. 리즈 회장 빌 포더비로부터였다.

포더비 회장이 맨유 측에 접근했던 이유는 리그 정상의 풀백이었던 데니스 어윈의 영입에 대해 문의하기 위해서였다. 에드워즈 회장은 단칼에 어윈을 파는 일은 없을 거라고 대답했다. 그리고 마침 퍼거슨 감독과 공격수 영입에 대해 논의하고 있던 에드워즈 회장은 거꾸로 포더비 회장에게 당시 리즈의 공격수 리 채프만을 팔 생각은 없느냐고 물어봤다. 그의 말을 들은 퍼거슨 감독은 흥분한 얼굴로 손을 흔들어대며 종이에 다른 이름을 적어서 에드워즈 회장에게 보여줬다. 에릭 칸토나라는 이름이 적힌 종이였다.

채프만의 판매의사가 없다는 포더비 회장에게 에드워즈 회장이 다시 한 번 그 종이에 적힌 이름의 선수에 대해 묻자 포더비 회장은 칸토나라면 한 번 내부적으로 상의해보고 24시간 내에 연락을 주겠다고 대답했다. 그리고 1시간 만에 협상이 가능하다는 전화를 걸어왔다. 에드워즈 회장은 160만 파운드의 이적료를 요구했고 에드워즈 회장은 120만 파운드를 주겠다고 말했다. 그렇게 칸토나는 맨유에 입단했다.

그의 영입은 결과적으로 맨유와 PL 전체의 운명을 바꾼 신의 한 수로 역사에 남았지만 한편으로 분명한 도박이었다. 그는 리즈에 입단하기 전 프랑스에서 선수생활을 했을 당시부터 이미 수차례 팀 동료들과 싸움을 벌이거나 심지어 주심에게 볼을 던지는 등의 행동으로 장기 징계를 받은 적이 있었다. 징계를 수차례 받기를 거듭하던 끝에 1991년에는 일찌감치 축구계에서 은퇴하겠다는 뜻을 밝히기도 했던 칸토나였다.

은퇴를 결심했던 그의 마음을 돌려놓은 이는 그의 재능을 아깝게 생각한 프랑스의 전설이자 당시 국가대표팀 감독이었던 미셸 플라티니였다. 칸토나에게 프랑스가 아닌 잉글랜드에서 뛰어볼 것을 제안한 이 역시 플라티니였다. 그는 실제로 잉글랜드의 1부 리그 팀을 이끌고 있던 한 감독에게 원한다면 칸토나를 영입할 수 있다고 먼저 제안을 하기도 했으나 그 팀의 감독은 칸토나가 팀의 분위기를 해칠 수 있다고 판단하고 그 제안을 거절했다. 리버풀 선수 출신으로 당시 리버풀을 이끌고 있던 그레엄 수니스였다.

1989/1990시즌을 끝으로 2015년까지 리그 우승을 차지하지 못한 리버풀에게 리즈와 맨유에 입단했던 바로 그 시즌 두 팀에 리그 우승 트로피를 안겨준 칸토나를 눈앞에서 놓친 것은 분명히 현재까지도 씁쓸하게 회자되는 결정이었지만, 당시 수네스 감독의 결정은 지극히 이성적이고 합리적인 결정이었다. 칸토나는 분명 뛰어난 재능을 갖고 있었지만, 그가 프랑스에서 했던 기행들은 그의 재능을 뛰어넘는 것이었다. 리즈가 칸토나를 맨유에 헐값에 판 것도 같은 이유였다. 칸토나는 리즈에 입단한 지 반년 만에 팀 우승에 크게 기여했으나 이미 팀 내에서 다른 선수 및 감독과 불화의 씨앗이 싹트고 있었던 것이다.

맨유 입단 전에 있었던 그런 칸토나의 면면을 살펴보면 '쿵푸킥 사건' 역시 결코 어느 순간에 갑자기 찾아온 것이 아니라는 점을 알 수 있다. 그는 한마디로 결코 길들여질 수 없는 사자와 같은 선수였다.

불같은 성미라면 누구에게도 지지 않는 퍼거슨 감독 역시 이 사실을 잘 알고 있었다. 그래서 퍼거슨 감독은 그를 길들이는 대신 자신이 그에게 맞춰주기로 했다. 자신의 권위에 도전한 베컴, 팀 동료들에게 심한 비판을 하며 분쟁을 낳았던 로이 킨 등 팀 분위기에 해가 된다고 판단한 선수를 단칼에 내쳤던 퍼거슨 감독이 맨유에서 보낸 26년 반 동안 모든 것을 용서하고 선수에게 맞춰줬던 단 한 명의 선수가 바로 에릭 칸토나였다.

그 사실은 칸토나가 맨유에서 보낸, 아니 기행으로 가득 찬 그의 커리어 전체를 놓고도 가장 충격적이었던 쿵푸킥 사건에서도 여실히 드러난다. 그 경기에서 자신의 맨유 첫 골을 기록했던 수비수 데이비드 메이는 경기 직후에 드레싱룸의 상황을 다음과 같이 묘사했다.

"퍼거슨 감독은 슈마이켈, 팰리스터, 나, 샤프, 인스를 비롯해서 모든 선수들의 영혼을 쏙 빼놓기 시작했다. 그러다가 그는 내 앞에서 크리스탈 팰리스의 동점골 상황에 대해 묻기 시작했다. '도대체 누가 사우스게이트를 맡기로 되어 있었나?' '칸토나요.' 내가 대답했다. 퍼거슨 감독은 칸토나를 바라보며 말했다. '칸토나, 너에게 실망했다. 경기장에서 그런 행동을 해서는 안 돼.' 그의 말을 듣고 나는 속으로 생각했다. '그게 다야? 정말 그게 다야? 다른 선수였다면 헤어드라이어를 정통으로 맞고도 남았을 텐데.'"

그 사건 이후 잉글랜드 축구계와 팬들로부터 극심한 비판을 받던 칸토나는 결국 자신을 존중해주고, 끝까지 옹호해준 퍼거슨 감독 덕분에 다시 그라운드로 돌아왔다. 칸토나에게 퍼거슨 감독은 스스로를 제어하지 못하는 그로 하여금 자신이 가진 최고의 재능을 경기장에서 펼칠 수 있도록 만들어준 감독이었다. 거꾸로 퍼거슨 감독에게 칸토나는 그가 이전까지 6년간 쌓아올렸던 맨유라는 작품에 마지막 마침표를 찍어준 존재였다.

쿵푸킥 사건으로 받은 8개월 징계를 마친 칸토나의 복귀전 상대는 그를 영입할 기회를 거절했던 리버풀이었다. 그는 그 경기에서 니키 버트의 골을 돕고 스스로도 골을 터뜨렸으며, 그 후로 보낸 자신의 마지막 두 시즌에서 모두 맨유에 우승을 안긴 채 그라운드를 떠났다. 축구 역사에 길이남을 스승과 제자의 모습을 축구팬들이 지켜보는 동안 퍼거슨 감독의 맨유는 이미 범접할 수 없는 PL의 최강자가 되어 있었다.

78) 1997/1998시즌
셰링엄의 입단과 '맞수' 아르센 벵거의 등장

퍼거슨 감독은 칸토나의 대체자로 토트넘에서 활약했던 잉글랜드 국가 대표 공격수 테디 셰링엄을 영입했다. 당시 이미 31세의 나이였던 셰링엄을 영입하는 데 대해 반신반의하는 반응들이 많았으나 그의 영입은 곧 이어질 맨유의 역사적인 장면에 아주 중요한 기여를 하게 된다.

1997/1998시즌은 퍼거슨 감독의 지휘와 칸토나의 맹활약 속에 맨유가 리그의 절대강자로 군림했던 시기가 끝나고 PL이 2강 체제로 돌입하는 전환기였다. 그리고 그것은 비단 맨유의 전력이 전보다 야해졌기 때문만은 아니었다. 퍼거슨 감독이 맨유 감독 부임 직후에 처음으로 맞이한 '맞수' 아르센 벵거 감독의 아스널이 벵거 감독 부임 후 두 번째 시즌 만에 맨유의 전력을 앞서며 리그와 FA컵 우승의 '더블'을 기록한 것이다.

1996년 9월 30일에 아스널 감독에 부임한 벵거 감독에게는 1997/1998시즌이 자신이 처음으로 개막부터 맞이하는 시즌이었다. 그러나 그들이 우승후보로 떠오른 것은 시즌 후반이 되고 난 뒤였다. 맨유는 압도적인 전력을 자랑하며 3월까지 2위 팀 아스널에 승점 12점을 앞서 있었다.

1998년 3월 14일 맨유 홈구장 올드 트래포드에서 열린 두 팀의 맞대결은 이 시즌 우승 트로피의 향방을 가르는 결정적인 역할을 했고, 그 경기에서 맨유는 벵거 감독이 영입한 오베르마스에게 결승골을 내주며 0-1 패배를 당하고 말았다. 아스널은 맨유전을 전후로 10연승을 구가하며 12점 차이의 승점 차를 극복하고 결국 리그 우승을 달성했다.

그러나 벵거 감독의 등장과 함께 무관으로 그 시즌을 끝낸 것은 누구보다도 승부욕이 강한 퍼거슨 감독에게 오히려 더 큰 도약의 발판을 마련해줬다. 그다음 시즌, 맨유는 잉글랜드 축구에 전례가 없던 위업을 달성하게 된다.

79 1998/1999시즌
스탐과 요크의 영입과 긱스의 '세기의 골'

1998/1999시즌을 앞두고 퍼거슨 감독은 PSV 아인트호벤과 네덜란드 국가대표팀에서 이미 정상급 수비수로 인정받았던 수비수 야프 스탐을 영입했다. 스탐을 영입하기 위해 맨유가 지불한 1,060만 파운드의 이적료는 당시 네덜란드 선수의 역대 최고 이적료인 동시에 수비수 이적료로도 가장 비싼 금액이었다.

휴즈, 칸토나, 솔샤르 등의 영입에서 이미 뛰어난 공격수 영입에 일가견이 있다는 것을 증명한 퍼거슨 감독은 또 한 명의 뛰어난 공격수 영입에 성공했다. 아스톤 빌라에서 뛰었던 드와이트 요크로 그는 입단하자마자 총 29골을 기록하며 팀 내 최다 득점자가 됐음은 물론, 이미 맨유에서 뛰고 있던 앤디 콜과 환상적인 호흡을 보이며 이후 맨유 공격의 중심 역할을 하게 된다. 이 시즌, 두 선수가 동시에 출전했던 36경기에서 맨유는 단 1패만을 기록했고 둘은 53골을 합작하며 맨유의 트레블 달성에 원동력이 됐다.

공격과 수비에 새로운 힘을 보탠 맨유는 지난 시즌 리그와 FA컵에서 '더블'을 기록한 아스널과 바로 그 두 개 대회에서 시즌 종반까지 치열한 대결을 벌였다. 그중 가장 치열했던 경기는 단연 1999년 4월에 펼쳐졌던 두 팀의 FA컵 맞대결이었다. 4월 11일 펼쳐진 준결승전에서 0-0으로 승부를 가리지 못한 두 팀은 3일 후에 펼쳐진 재대결에서도 정규시간에 승부를 가리지 못한 채 연장전에 돌입했다.

양 팀을 대표하는 스타인 베컴과 베르캄프가 한 골씩을 주고 받은 채 연장전에 돌입한 이 경기의 승기는 아스널에 있었다. 주장 로이 킨이 경고누적으로 퇴장을 당한 맨유는 10명이 뛰고 있었으며 아스널은 필 네빌의 반칙으로 페널티킥까지 부여받기도 했다. 그러나 아스널에서 가장 믿을 만한 선수였던 베르캄프의 페널티킥은 맨유의 수문장 슈마이켈의 완벽한 방어에

1998/1999시즌 리그 우승을 차지한 후 세리머니를 펼치는 맨유 선수단

막히고 말았다.

연장전 후반 4분, 비에이라의 패스를 가로챈 긱스는 그대로 자기 진영에서부터 치고 들어가 자신에게 따라붙은 비에이라와 아스널의 레전드 수비수들인 리 딕슨, 마틴 키언을 모두 제치고 마지막으로 자신에게 태클을 시도한 아스널의 주장 토니 아담스보다 빠르게 강한 슈팅을 날렸다. 그 슈팅은 데이비드 시먼 골키퍼가 지키고 있던 아스널 골문의 탑코너를 찌르며 그대로 결승골이 됐다. BBC는 경기 직후 '긱스의 마법이 아스널을 무너뜨렸다'는 제목으로 그 골 장면에 대해 보도했다.

긱스의 골로 FA컵 결승전에 진출한 맨유는 셰링엄과 스콜스의 골에 힘입어 뉴캐슬을 꺾고 FA컵 우승을 차지했으며, 리그에서는 전 시즌 승점 1점 차이로 우승을 내줬던 아스널보다 승점 1점을 더 많이 획득하며 우승을 찾아왔다. 벵거 감독에게 '더블'을 내준 지 한 시즌 만에 바로 그 아스널과의 경쟁에서 '더블'을 되찾아온 셈이었다.

80 1999년 5월 26일
잉글랜드 클럽 최초로 트레블을 달성한 맨유

1999년 5월 26일, 맨유는 퍼거슨 감독 부임 이후 처음이자, 버즈비 감독이 맨유를 챔피언스리그의 전신인 유러피언컵 정상에 올려놓은 지 31년 만에 챔피언스리그 결승전에 올랐다. 관중 9만 명이 모인 가운데 바르셀로나의 홈구장 누 캄프에서 펼쳐진 경기, 맨유의 상대는 독일의 축구영웅 로타르 마테우스와 최고의 수문장 올리버 칸이 버티고 있는 바이에른 뮌헨이었고 주심은 당대 최고의 심판으로 이름을 날린 피에르루이기 콜리나였다.

팀의 주축 미드필더인 스콜스와 로이 킨이 모두 경고누적으로 출전할 수 없었던 이날의 경기에서 맨유는 전반 6분 만에 뮌헨의 마리오 바슬러에게 골을 내주며 0-1로 끌려가기 시작했다. 그의 프리킥이 맨유 수비벽을 맞고 들어가며 슈마이켈 골키퍼로서도 손을 쓸 수 없는 상황이었다. 스콜스와 킨의 공백은 생각 이상으로 컸다. 그 둘 없이 형성된 맨유의 미드필드진은 뮌헨에 전반전 내내 밀렸고 맨유는 계속 끌려가는 경기를 펼쳤다. 전반전이 종료됐을 때 퍼거슨 감독은 드레싱룸에서 선수들에게 말했다.

우승컵이 바로 앞에 있다. 그러나 오늘 경기에서 지면 너희는 그걸 만져볼 수도 없을 것이다.

그러나 후반전 들어서도 경기를 주도한 것은 뮌헨이었다. 후반전에 교체 투입된 뮌헨의 천재 미드필더 메멧 숄은 페널티박스 바깥에서 영리한 칩샷을 시도했고 그의 발을 떠난 볼은 맨유 골문에 맞고 튕겨져 나왔다. 그 후 장신 스트라이커 얀커가 시도한 오버헤드킥 역시 골대에 맞았다. 뮌헨이 두 차례 맨유 골대를 맞추는 사이 이렇다 할 공격을 시도하지 못하던 맨유의 퍼거슨 감독은 정확히 두 장의 교체 카드를 사용했고 그 두 선수는 결국 후반전 추가시간에 기적을 만들어냈다. 퍼거슨 감독이 직접 선택해서 맨유로 데려왔던 솔샤르와 셰링엄이었다.

후반 추가시간 1분, 베컴이 시도한 코너킥 상황에서 자기 앞으로 볼이 흘러들어오자 셰링엄은 본능적으로 터닝 슈팅을 시도해 뮌헨의 골문을 갈랐다. 그로부터 2분 후에 이번에는 베컴의 코너킥을 셰링엄이 정확한 헤딩으로 방향만 바꿔놨고 뮌헨 골문을 향하던 그 볼에 솔샤르가 다리를 갖다 대면서 그대로 뮌헨 골문을 갈랐다. 불과 2분 사이에 챔피언스리그 우승팀의 주인공이 바뀌는 극적인 순간이었다.

주장 로이 킨이 결장한 가운데 그날 주장 완장을 차고 경기에 출진했던 슈마이켈과 퍼거슨 감독이 나란히 서서 빅이어를 들어 올렸다. 그 경기는, 그 시즌을 끝으로 맨유를 떠날 것임을 발표했던 슈마이켈의 마지막 경기였다. '최고의 자리에서 떠난다'는 말이 그의 경우처럼 어울릴 수는 없었을 것이다.

그날의 경기를 극적이었다고 기억하는 사람은 비단 맨유 팬이나 선수들뿐이 아니었다. 이날의 경기를 관장한 콜리나 주심은 심판직에서 은퇴한 후에 가진 인터뷰에서 챔피언스리그와 월드컵을 통틀어서 자신이 맡았던 수많은 축구 경기 중 최고의 경기가 바로 이날의 맨유 대 바이에른 뮌헨의 챔피언스리그 결승전이었다고 말했다. 당시 인터뷰에서 그의 말은 다음과 같다.

"2002년 월드컵 결승전을 진행한 것도 잊을 수 없지만 나는 특히 맨유 대 바이에른 뮌헨의 결승전을 잘 기억하고 있다. 무엇보다도, 맨유가 두 번째 골을 넣었을 때 맨유 팬들로부터 들려왔던 함성은 믿을 수가 없는 것이었다. 마치 사자가 포효하는 것 같았다. 그리고 환호하는 맨유 선수들과 극명하게 대비되는 바이에른 뮌헨 선수들의 실망스러운 얼굴도 기억에 뚜렷하다. 특히 로타르 마테우스가 우승 트로피를 바라보던 슬픈 눈이 그랬다."

1998/1999시즌 챔피언스리그 결승전 맨유-뮌헨 선발명단

버즈비 감독이 조지 베스트, 데니스 로, 보비 찰튼을 이끌고 유러피언컵 우승을 차지한 지 꼭 32년 만에 맨유가 다시 한 번 유럽의 챔피언이 된 그날은, 묘하게도 버즈비 감독이 탄생한 지 꼭 90년이 되는 날이었다.

81 맨유 역사 최고의 골키퍼
피터 슈마이켈

맨유 역사상 최고의 공격수가 누구냐는 질문에 답을 내놓기는 쉽지 않다. 맨유를 넘어 잉글랜드를, 때로는 유럽 전체를 대표했던 너무 많은 후보자들이 있었기 때문이다. 물론 맨유를 거쳐간 골키퍼 중에도 각국을 대표하는 스타 골키퍼들이 있었지만, 맨유 최고의 골키퍼가 누구냐는 질문에는 너무나도 명백한 한 사람의 이름이 따라온다. 퍼거슨 감독의 첫 리그 우승부터 트레블 달성까지를 모두 경기장 최후방에서 지켜낸 골키퍼, 피터 슈마이켈이다.

1991년 브뢴비에서 뛰고 있던 슈마이켈을 영입하는 데 맨유가 지불한 이적료는 55만 파운드에 불과했다. 그 후로 10년간 유럽 최고의 골키퍼로 활약한 그의 클래스에 비하면 그 이적료는 맨유가 구단 공식 홈페이지를 통해서 '강도짓이나 다름없었다'고 표현하고 있는 수준이었다. 그런 이유로 슈마이켈은 자주 칸토나, 데니스 어윈 등과 함께 퍼거슨 감독 최고의 영입으로 손꼽히곤 한다. 그는 맨유에서 맞이한 두 번째 시즌이었던 1992/1993 시즌 22경기에서 클린시트를 기록했고 그 시즌에 퍼거슨 감독은 맨유 부임 후 처음으로 리그 우승을 차지했다.

그는 골키퍼에게 필요한 모든 능력을 갖추고 있는 골키퍼였다. 그중에서도 특히 뛰어났던 것은 결정적인 상황에서 상대 공격수와 일대일로 맞선 상황에서의 방어능력이었다. 거인 같은 몸집에 믿을 수 없는 민첩성까지 갖췄던 그가 각도를 좁히기 위해 뛰어나오는 모습에서부터 상대 공격수들은 평정심을 잃곤 했다.

그가 맨유의 영광에 가장 공헌했던 한 장면은 분명히 맨유가 트레블을 차지하던 1998/1999시즌 아스널과의 준결승전에서 베르캄프의 페널티킥을 선방해낸 장면이었다. 순수하게 골키퍼 개인의 능력에 의해 팀의 운명이 갈리는 페널티킥 장면에서 그는 아스널은 물론 유럽에서 가장 침착하고 냉정하기로 이름을 날렸던 베르캄프의 페널티킥을 정확하게 막아내면서 팀이 트레블을 향해가는 기반을 마련해줬다. 베르캄프는 그 페널티킥을 실축한 뒤로 다시는 페널티킥을 차지 않았다.

그가 또 하나 가진 특출난 능력은 손으로 재빠르게 적재적소에 볼을 던져줘서 맨유의 역습을 이끄는 능력이었다. 그를 맨유로 데려왔던 골키퍼 코치 알란 호킨슨은 그런 그에 대해 "유일무이한 플레이메이킹 골키퍼다"라는 극찬을 남기기도 했다.

슈마이켈은 맨유에서뿐만 아니라 덴마크 국가대표팀에서도 걸출한 활약을 펼치며 현재까지 덴마크 국가대표팀 최다 출전자에 이름을 올리고 있다(129경기). 1992년 덴마크가 유로 대회 우승을 차지했을 때도 골문을 지킨 선수는 다름 아닌 슈마이켈이었다.

82 셰링엄과 솔샤르 그리고
맨유 트레블의 숨은 주역들

20세기의 마지막 해였던 1999년에 나온 맨유의 기념비적인 트레블에서 누구도 부정할 수 없는 일등공신은 테디 셰링엄이었다. 다른 것을 모두 제쳐두고, 자신의 정면으로 날아오는 볼을 감각적인 터닝 슈팅으로 골로 연결한 그의 동점골이 아니었다면 경기는 그대로 끝났을 것이다. 그의 골이 터진 2분 후에 이어진 솔샤르의 골 역시 그의 절묘한 헤딩이 아니었다면 나올 수 없는 장면이었다. 트레블의 영웅이었던 셰링엄은 맨유 입단 당시 이미 31

세였음에도 불구하고 그 후로도 성실한 태도로 경기에 임하며 꾸준한 활약을 펼치다가 계약기간 4년을 채운 후 팀을 떠났다. 바로 그런 성실함과 헌신적인 태도로 인해 그는 여전히 많은 맨유팬들에게 사랑받는 존재다.

셰링엄보다 더 스포트라이트를 받은 주인공은 역전골이자 결승골의 주인공이었던 솔샤르였다. 맨유 데뷔 첫 시즌에 팀 내 최다 득점자가 된 이후 그는 특히 교체선수로 투입되어 중요한 골들을 기록하는 '슈퍼서브'의 교과서로 불리는 선수였다. 그런 솔샤르의 킬러본능에 대해 퍼거슨 감독은 "솔샤르는 벤치에 앉아 있을 때도 항상 선수들의 움직임에서 눈을 떼지 않고 경기를 연구한다"고 말한 바 있다. 솔샤르 본인 스스로도 그런 그의 골들이 가능했던 이유에 대해 다음과 같이 말했다.

"나는 벤치에 앉아 있을 때 늘 어떻게 하면 내가 경기에 투입되어 상대방에게 치명타를 안길 수 있을지를 생각했다. 더 구체적으로 말하자면, 나는 상대팀의 공격수들에 대해서는 별로 신경을 쓴 적이 없다. 오직 나는 상대팀 수비수들의 움직임을 자세히 들여다보면서 그들이 그 경기에서 무엇을 잘못하고 있는지를 미리 파악하곤 했다."

두 선수가 모두 맨유의 교체선수였다는 점을 고려할 때, 그리고 그날의 한 경기를 떠나서 맨유를 잉글랜드 축구 역사상 전례가 없는 트레블로 이끌었다는 점을 고려할 때 그것은 더 큰 관점에서는 퍼거슨 감독의 공이었다. 실제로 그는 트레블을 달성한 직후 영국 여왕으로부터 기사 작위를 받았으며 그 후로 유럽의 축구언론 및 팬들로부터 누구도 대체할 수 없는 존재로 인정받았다.

맨유의 트레블은 물론 맨유 구성원 모두의 노력으로 이뤄진 성과였지만, 위에 언급한 두 선수와 퍼거슨 감독 이외에 반드시 언급해야만 하는 선수들이 있다면 그건 결승전에 출전하지 못한 맨유의 주장 로이 킨과 당대 최고의 세트피스 스페셜리스트였던 데이비드 베컴이었다.

로이 킨의 진가는 유벤투스와의 준결승전에서 나왔다. 올드 트래포드에서 열린 1차전에서 라이언 긱스와 당시 유벤투스의 주장이었던 안토니오 콘테의 골로 1-1 무승부를 기록한 두 팀은 유벤투스 홈구장에서 2차전을 맞이했다. 맨유로서는 원정다득점 원칙 때문에 반드시 득점을 올려야만 하는 경기였다.

그러나 맨유는 경기 시작 11분 만에 필리포 인자기에게 두 골을 내주며 합계 스코어 1-3이라는 크게 불리한 상황에 놓이게 됐다. 원정경기에서 골을 기록했고 홈경기에서 11분 만에 두 골을 넣은 유벤투스는 기세가 등등했고 경기는 그대로 쉽게 유벤투스의 승리로 끝날 것처럼 보였다.

그러나 맨유의 대역전극은 로이 킨의 헤딩골로부터 시작됐다. 킨은 전반 24분에 코너킥 상황에서 골을 기록한 데 그치지 않고 당시 유벤투스 공격의 핵심이었던 지네딘 지단을 거칠게 봉쇄하면서 전세를 맨유 쪽으로 바꾸어놨다. 이미 이 경기에서 옐로우카드를 받으면 결승전에 나설 수 없다는 것을 아는 킨이었지만, 그는 온몸을 던지며 지단을 마크하기 시작했고 그 후로 경기에 지배적인 역할을 하며 팀이 3-2 역전승을 거두고 결승전에 진출하게 하는 데 일등공신이 됐다.

퍼거슨 감독은 트레블 달성 후에 발간된 자신의 책 『매니징 마이 라이프(Managing My Life)』를 통해 유벤투스전에서의 킨의 활약에 대해 다음과 같이 말했다.

그날 그의 경기력은 내가 지금까지 본, 한 선수로부터 나온 가장 강인하고 인상적인 플레이였다. 그는 마치 '경기에서 지느니 탈진해서 죽어버리겠다'는 생각을 한 선수처럼 경기장의 모든 잔디를 밝고 다녔고, 바로 그의 그런 모습이 우리 선수들의 사기를 끌어올려 줬다. 그런 선수를 지도할 수 있다는 것이 영광스럽다고 느꼈을 정도다.

Chapter 7.
맨유의 끝없는 진화와 20번째 리그 우승

1999~2013

83) 1999/2000시즌
퍼거슨 감독의 맨유 재정비와 리그 2연패

맨유에 최초의 유러피언컵 우승 트로피를 안겨줬던 버즈비 감독과 챔피언스리그 트로피를 포함한 트레블을 안겨준 퍼거슨 감독은 서로 다른 의미로 맨유 역사를 수놓은 최고의 명장이었다. 그러나 퍼거슨 감독이 버즈비 감독보다 분명히 더 잘한 것이 한 가지 있다면, 유러피언컵 우승을 기점으로 팀의 기강이 해이해지며 그 바로 다음 시즌을 리그 11위로 마쳤던 버즈비 감독의 맨유와는 달리, 퍼거슨 감독은 팀이 최정상의 자리에 올랐던 직후에도 팀을 더 단단하게 재정비하여 우승행진을 이어갔다는 점이다.

1999/2000시즌, 맨유에게 닥친 두 가지 중요한 과제는 팀의 주장이자 확고한 리더였던 로이 킨과의 재계약 문제와 트레블을 끝으로 맨유를 떠난 골키퍼 슈마이켈의 대체자를 구하는 것이었다. 특히, 킨의 경우에는 그가 최초의 재계약 제안을 거절한 사이 당시 유럽 최고의 무대였던 세리에A의 많은 클럽이 그의 영입을 노린다는 보도가 이어지고 있던 상황이었다.

그러나 퍼거슨 감독은 장장 5개월간 결실을 맺지 못했던 킨과의 재계약을 결국 이뤄내며 새로운 팀의 행보에 중심을 확실히 잡는 데 성공했다. 킨은 재계약을 체결한 직후 열렸던 챔피언스리그 발렌시아전에서 전반 38분 만에 골로 자축포를 터뜨렸고, 그 시즌 내내 리그 최고의 중앙 미드필더로 활약하며 시즌이 종료된 후에 선수들이 뽑은 올해의 선수상과 기자들이 뽑은 올해의 선수상을 모두 차지했다.

그러나 유럽 최고의 골키퍼였던 슈마이켈의 대체자를 찾는 것은 그렇게 빨리 해결될 수 있는 문제가 아니었다. 퍼거슨 감독이 슈마이켈의 대체자로 점찍었던 이는 당시 아약스에서 활약하며 유럽 정상급 골키퍼로 인정받고 있었고 훗날 맨유의 챔피언스리그 우승의 주역이 되는 반 데 사르였다. 그러나 퍼거슨 감독이 반 데 사르 영입을 구단에 요청했을 때 마틴 에드워즈 회장은 이미 과거에 맨유에서 후보 골키퍼로 활약했던 마크 보스니치 영입에 합의한 상태였다. 그 사이 반 데 사르 역시 세리에A의 명문 유벤투스 입단에 합의했다.

보스니치는 8년 동안 슈마이켈의 선방 쇼를 지켜봤던 맨유 팬들의 기준에는 미치지 못하는 선수였다. 9월 들어 맨유는 이탈리아의 골키퍼 마시모 타이비를 영입하며 두 선수 간에 경쟁을 유발하려 했으나, 타이비는 사우스햄튼전에서 매튜 르 티시에가 시도한 평범한 땅볼 슈팅을 처리하지 못한 채 실점을 내주며 곧 역부족을 드러냈다. 맨유의 골키퍼 문제는 시즌 내내 이어졌고 그 시즌 종료 직전에 프랑스 국가대표 파비안 바르테즈 골키퍼가 입단하고 난 뒤에야 일시적으로 해결이 됐다.

골키퍼 문제가 본격적으로 불거지며 한때 리그 3위까지 처졌던 맨유는 리그 초중반까지 리즈 유나이티드, 아스널과 1위 경쟁을 벌였지만 콜, 요크, 셰링엄, 솔샤르 4명의 공격수가 모두 두 자리 골을 기록하는 맹활약으로 1월 미들스브로전에서 1위를 되찾았다. 1위를 탈환한 뒤에는 여유 있게 1위를 고수하며 다시 한 번 리그 우승을 차지했다. 이 시즌 맨유는 97골과 승점 91점을 기록했다. 2위 아스널과의 승점 차는 18점이었다.

압도적인 전력으로 리그 우승을 차지한 맨유에게 이 시즌 아쉬움으로 남았던 것은 챔피언스리그 8강전에서 레알 마드리드에 패하며 탈락했던 것과 FA컵 출전을 포기하고 참가했던 클럽월드컵에서의 부진이었다. 전 시즌 트레블을 차지하며 클럽 역사상 최고의 성과를 낸 맨유는 그다음 시즌 중이었던 2000년에 처음 개최된 클럽월드컵에 참가할 자격을 얻었다. 클럽월드컵의 일정은 FA컵 3라운드 일정과 정확히 겹쳤고 이에 맨유 이사진과 퍼거슨 감독은 클럽월드컵 참가를 위해 FA컵에 참가하지 않겠다는 파격적인 결정을 내렸다.

자국 팬들의 원성에도 불구하고 FA컵 대신 클럽월드컵 참가를 감행했던 맨유는 B그룹에서 가진 3경기에서 1승 1무 1패를 기록해 3전 전승을 기록한 브라질 리그 우승팀 바스코 다 가마에 우승을 내줬다.

84) 2000/2001시즌
잉글랜드 축구 최초의 한 감독 3시즌 연속 리그 우승

전 시즌 종료 직전에 월드컵과 유로 대회에서 우승을 차지한 경력을 가진 골키퍼 바르테즈를 영입한 퍼거슨 감독은 2000/2001시즌을 앞두고 PSV의 스트라이커 루드 반 니스텔루이 영입에 나섰다. 시즌을 앞두고 양 팀은 약 1,850만 파운드의 이적료에 합의를 본 상태였으나 2000년 여름 예정되어 있던 반 니스텔루이의 이적은 결국 무산되고 말았다. 그의 피트니스 상태에 대한 의문 때문이었다. PSV 측은 반 니스텔루이에 대한 추가적인 메디컬 테스트를 거부했고, 반 니스텔루이는 맨유 이적이 무산된 지 일주일도 되지 않아서 입은 부상으로 1년 동안 경기에 나서지 못하게 된다.

유일한 영입 타깃이었던 반 니스텔루이를 영입하지 않은 채 전 시즌 멤버 그대로 시즌을 보낸 맨유에서 최고의 활약을 보여줬던 선수는 맨유에서 마지막 시즌을 보낸 공격수 테디 셰링엄이었다. 그는 리그에서 15골, 모든 대회 21골의 기록으로 노익장을 과시하며 선수단과 기자가 선정한 올해의 선수상을 석권했다.

전 시즌과 마찬가지로, 일찌감치 리그 1위로 치고 나선 맨유는 10월 1일 열렸던 아스널 원정경기에서 0-1로 패하며 잠시 1위 자리를 내줬으나 그다음 경기였던 레스터 시티전에서 3-0 승리를 거두며 곧바로 1위 자리를 되찾은 뒤 10월 4일부터 리그 종료시점까지 한 차례도 1위를 내주지 않은 채 리그 우승을 확정 지었다. 이 시즌의 리그 우승으로 퍼거슨 감독은 잉글랜드 리그 역사상 최초로 한 감독이 한 팀에서 3시즌 연속 리그 우승을 차지한 감독이 됐다.

리그 우승을 다소 싱겁게 차지했던 맨유는 FA컵과 리그컵에서는 모두 두 번째 경기에서 패하며 탈락한 데 이어 챔피언스리그에서도 지난 시즌과 마찬가지로 8강전에서 탈락하며 아쉬움을 남겼다. 지난 시즌 레알 마드리드에 이어 이 시즌에 그들을 꺾은 주인공은 맨유의 트레블 달성 당시 상대였던 바이에른 뮌헨이었으며, 그들은 레알 마드리드, 발렌시아를 차례로 꺾고 챔피언스리그 우승을 차지했다.

85) 2001/2002시즌
반 니스텔루이의 비상과 베론의 추락

2001/2002시즌이 개막되기 전, 트레블에 이어 리그 3연패를 달성했던 퍼거슨 감독은 해당 시즌을 끝으로 은퇴할 계획을 발표하며 세간을 떠들썩하게 했다. 그리고 마치 자신의 은퇴 후를 준비하기라도 하듯, 그 전의 몇 시즌간 특별한 대형영입을 하지 않았던 그는 많은 스타 선수들을 영입하고 나선다.

맨유는 지난 시즌 시도했던 반 니스텔루이 영입에 대한 의사를 포기하지 않았고 결국 그는 2001년 7월에 당시 맨유 구단 내 최고 이적료인 1,900만 파운드의 이적료에 맨유 유니폼을 입게 됐다. 반 니스텔루이를 영입한 지 10여 일 만에 퍼거슨 감독은 또 한 번 최고 이적료를 경신하며 약 2,900만 파운드를 지불해서 당시 라치오에서 세계 최고의 미드필더 중 한 명으로 인정받던 후안 세바스티안 베론을 데려온다. 아르헨티나 명문 인디펜디엔테에서 활약하며 차세대 스타로 주목받던 우루과이 공격수 디에구 포를란 역시 이 시즌 중에 맨유 유니폼을 입었다.

이미 스타였던 또는 미래에 스타가 되는 세 선수가 맨유에 입단했던 그 시즌, 퍼거슨 감독은 시즌 개막 직후에 세계적인 수비수 야프 스탐을 내보내는 결단을 내렸다. 그가 자신의 자서전에서 퍼거슨 감독과 동료 선수들에 대해 언급한 부분이 발단이 된 것도 있지만, 그를 영입하기 위해 라치오가 거절할 수 없는 대형 이적료를 제시한 부분도 있었다. 결국 맨유는 29세의 수비수 스탐을 내보내는 대신 1,650만 파운드를 받았다. 그의 대체자로 맨유는 35세의 베테랑 수비수 로랑 블랑을 영입했다.

반 니스텔루이는 자신의 맨유 입단 첫 시즌부터 리그에서만 23골, 모든 대회를 통틀어 36골을 기록하며 1년의 부상 공백에도 불구하고 자신을 믿어준 퍼거슨 감독의 눈이 틀리지 않았음을 증명했다. 그는 그 후로 맨유를 떠날 때까지 맨유의 주포로 활약했으며 아스널의 티에리 앙리와 매 시즌 득점왕 경쟁을 펼쳐나갔다. 맨유 역사 전체를 통틀어봐도 경기당 골 숫자 면에서 그보다 뛰어난 공격수는 찾아보기 힘들다.

그러나 남미 출신 두 선수 베론과 포를란의 영입은 실패로 돌아갔다. 2000년, 라치오의 리그, 코파 이탈리아, 이탈리아 슈퍼컵 우승을 이끌었던 베론은 맨유 입단 이후 PL의 빠른 스피드와 상대 선수들의 집중견제에 막혀 좀처럼 그가 세리에A에서 보여줬던 수준의 경기력을 보여주지 못했다. 2,900만 파운드라는 당시 잉글랜드 역사상 최고 이적료라는 꼬리표 역시 그에게 커다란 압박으로 작용했다.

포를란의 첫 시즌은 더 심각했다. 아르헨티나 명문팀 인디펜디엔테에서 좋은 활약을 하며 유럽 팀들의 관심을 받았던 포를란은 당시 미들스브로 입단을 위해 잉글랜드를 방문했다. 맨유는 그런 그를 하이재킹까지 하며 데려올 만큼 큰 기대를 걸었으나, 그는 자신의 맨유 첫 시즌 13경기에 출전해 단한 골도 기록하지 못하며 팀과 팬들에게 큰 실망을 안겼다.

퍼거슨 감독의 은퇴발표와 대형선수들의 희비가 엇갈리며 어수선했던 2001/2002시즌, 맨유는 1991년 이후 처음으로 리그 1, 2위 이외의 성적인 3위로 리그를 마무리했다. 전 시즌과 마찬가지로 FA컵과 리그컵에서는 조기에 탈락했으며, 챔피언스리그에서는 4강까지 진출했으나 레버쿠젠에 무릎을 끓었다. 리그에서는 벵거 감독의 아스널이 5월 8일 맨유 홈구장 올드 트래포드에서 자신들을 0-1로 꺾고 우승을 확정 지으며 기뻐하는 모습을 지켜봐야 했다.

퍼거슨 감독은 결국 은퇴발표를 번복했으나, 맨유에 중요한 역할을 했던 다수의 선수들이 이 시즌을 전후로 팀을 떠났다. 퍼거슨 감독이 직접 자신이 지도한 최고의 풀백이었다고 인정한 수비수 데니스 어윈과 칸토나의 은퇴 이후 맨유 공격진을 훌륭하게 이끌었던 드와이트 요크와 앤디 콜 등이 그 주인공들이었다. 무관의 시즌과 선수단의 변화 속에 여러모로 리빌딩이 필요한 맨유였다.

86 퍼거슨 감독
은퇴 발표와 번복

2002년 한일월드컵을 앞두고 전 세계 축구팬들의 관심이 아시아에서 최초로 열리는 월드컵에 점점 집중되고 있던 2001/2002시즌 사이에 잉글랜드 축구계 가장 큰 관심사는 퍼거슨 감독의 은퇴발표와 뒤이어 따라온 그에 대한 번복이었다. 트레블 달성에 이은 잉글랜드 리그 한 감독 최초의 3연속 리그 우승 등으로 잉글랜드를 넘어 유럽 축구 최고의 명장으로 불리는 그가 돌연 은퇴하겠다는 계획을 발표한 것은 그 자체로 축구계의 큰 충격이었다.

퍼거슨 감독이 왜 은퇴하겠다는 계획을 발표했는지, 또 어떤 계기로 그 결심을 번복했는지에 대해서 가장 확실하게 알 수 있는 것은 본인이 직접 남긴 글과 말을 통해서다. 퍼거슨 감독의 자서전에는 당시 상황에 대해 다음과 같은 자세한 내용이 소개되어 있다.

당시 내가 은퇴를 결심하게 했던 데는 세 가지 요소가 있었다. 1999

년의 트레블 이후 부당하게 나와 버즈비 감독의 상황에 대해 언급했던 마틴 에드워즈 회장의 발언과 내가 다시 유러피언컵 우승을 차지할 수 있을까 하는 생각, 그리고 60세라는 당시의 내 나이였다.

에드워즈 회장의 발언이라는 부분은 맨유가 트레블을 달성한 후에 한 기자가 그에게 "퍼거슨 감독이 물러나고 나면 그를 맨유 이사진에 합류시킬 생각이 있느냐"라고 물은 것에 대해 에드워즈 회장이 "우리는 버즈비 감독의 과거를 반복하고 싶지 않습니다"라고 대답한 것이었다. 퍼거슨 감독은 트레블 직후에 본인과 버즈비 감독을 직접 비교하는 회장의 발언에 대해 실망감을 감추지 않았다.

그보다 더 퍼거슨 감독의 마음을 흔들었던 것은 그의 말 그대로, 그가 이미 100년이 훌쩍 넘는 잉글랜드 축구 역사에서 최초의 트레블을 달성한 주인공이 됐다는 사실과 60세라는 그의 나이였다. 버즈비 감독 역시 같은 60세에 맨유 감독직을 내려놨다. 자신이 이미 잉글랜드 축구 역사에 길이 남을 대업을 달성했다는 사실과 60이라는 상징적인 나이는 그로 하여금 '이제 그만 정상에서 떠날 때다'라는 생각을 하기에 충분했다.

그리고 그런 그의 은퇴에 대한 생각을 새로운 도전으로 바꾸어놓은 이들은 다른 누구도 아닌 그의 아내와 세 아들들이었다.

"2001년 크리스마스 밤에, 나는 집에서 TV를 보면서 졸고 있었다. 그러던 중 갑자기 내 아내가 나에게 다가와서는 내 발을 걸어차며 나를 깨웠다. 눈을 떠보니 아내와 내 아들들이 모두 결연한 모습으로 내 앞에 서 있었다."

팀의 경기력이 마음에 들지 않을 때 선수들에게 '헤어드라이어'를 선사하기로 유명한 불같은 성격의 퍼거슨 감독의 발을 걸어찬 그의 아내 캐시는 다음과 같이 말했다.

"우리끼리 회의를 하고 결정했어요. 당신은 은퇴하지 않을 거예요. 첫째,

당신은 충분히 건강해요. 둘째, 나는 당신이 종일 집에만 있도록 내버려두지 않을 거예요. 셋째, 당신은 아직 너무 젊어요."

퍼거슨 감독의 세 아들도 엄마를 거들고 나섰다.

"은퇴하지 마세요 아버지. 아직 할 수 있는 게 너무 많잖아요. 맨유에서 새로운 팀을 만들 수도 있잖아요."

아내와 아들의 말을 다 들은 퍼거슨 감독도 가족들에게 말을 꺼냈다.

"되돌릴 수 없는 일이야. 이미 맨유에 통지를 했잖아. 다른 감독과 이미 합의를 했을 수도 있어."

그러나 그의 아내 캐시는 그 정도로 쉽게 물러서는 인물이 아니었다.

"당신이 맨유에서 한 일을 생각해봐요. 당신이 마음을 바꾸고 다시 팀을 이끌 수 있도록 맨유가 당신에게 그 정도는 해줄 수 있다고 생각하지 않아요?"

다음날, 퍼거슨 감독은 맨유의 이사진에게 전화를 걸어 은퇴를 번복하고 싶다는 의사를 밝혔다. 맨유가 퍼거슨 감독의 후임자로 내정한 감독과 만나 계약에 대한 세부적인 사항을 논의하기로 한 지 꼭 일주일 전의 일이었다.

퍼거슨 감독의 후임으로 맨유를 이끌기로 되어 있었던 사람은 2001년부터 잉글랜드 대표팀 감독을 맡고 있었던 스벤 에릭손 감독이었다. 그러나 일단 퍼거슨 감독이 맨유에 남고 싶다는 의사를 밝힌 직후부터 맨유 이사진은 그의 의견을 존중하고 빠르게 움직였다. 결국 에릭손 감독과 맨유의 계약은 없던 일이 됐다.

퍼거슨 감독의 은퇴를 극구 말리고 나선 축구계의 명장이자 그의 친구가 또 한 명 있었다. 자신의 통역사로 일하던 무리뉴 감독을 코치로 임명해 바르셀로나까지 데려가며 그가 본격적으로 지도자의 길을 걸을 수 있는 기반을 만들어줬던 보비 롭슨 감독이었다. 퍼거슨 감독의 은퇴 소식을 들은 즉시 롭슨 감독은 전화를 걸어 짧고 굵은 한마디를 건넸다. "은퇴 같은 건 꿈도 꾸지 말게."

퍼거슨 감독은 자신의 자서전에서 은퇴를 발표하고 난 뒤 자신은 더 이상 계획하기를 멈춘 상태였다고 적었다. 그리고 은퇴를 번복하고 나선 그 순간, 그는 다시 꿈을 꾸기 시작했다. 새로운 맨체스터 유나이티드를 만들겠다는 꿈이었다. 마음속 깊은 곳에서, 그 역시 자신의 은퇴 발표가 실수였다는 것을 잘 알고 있었다.

그 모든 정황 속에서, 퍼거슨 감독이 2002년을 끝으로 맨유를 떠나지 않고 그 후로 더 많은 전설을 써내려갈 수 있도록 하는 데 가장 큰 공을 세운 사람은 다른 누구도 아닌 그의 아내였다. 퍼거슨 감독의 발을 걸어차며 맨유에게 당당하게 은퇴를 번복하겠다는 의사를 밝히라고 주장한 그녀가 아니었다면, 현재의 축구팬들이 맨유의 상징으로 기억하는 호날두와 루니, 그리고 바로 그 해 여름 개최된 2002년 한일월드컵에서 한국의 4강 진출에 일등공신이 되며 유럽 명문팀들의 주목을 받았던 박지성이 퍼거슨 감독의 부름을 받고 맨유에서 뛰게 되는 일도 없었을 것이다.

(87) 2002/2003시즌
퍼디난드의 합류와 반 니스텔루이와 스콜스의 '64골'

리그 3연패를 차지했던 맨유가 2001/2002시즌 리그 3위를 차지한 가장 큰 이유로 많은 축구전문가들은 스탐이 떠난 후의 수비불안을 지적했다. 그 대체자로 영입됐던 로랑 블랑은 맨유 입단 당시 이미 35세였으며 그의 첫 시즌 맨유가 당한 패배 중 상당수의 경기에 대해 큰 비판을 받아야 했다. 물론 그는 전성기 시절 뛰어난 수비수였지만, 장기적인 스탐의 대체자는 아니었다.

2002/2003시즌 개막을 앞둔 7월, 은퇴를 번복하고 새로운 맨유를 만들

기로 결심한 퍼거슨 감독은 당시 심각한 재정난을 겪고 있던 리즈에 새로운 잉글랜드 최고 이적료 기록인 약 3천만 파운드를 지불하고 그 후 10년간 맨유 수비를 책임지게 되는 수비수를 영입한다. 이제 막 끝난 2002년 한일월드컵에서 잉글랜드 대표팀으로 뛰었던 리오 퍼디난드였다.

퍼디난드를 영입했음에도 맨유의 시즌 출발은 불안했다. 개막 후 4경기에서 2승 2무를 기록한 맨유는 그 후 볼튼과 리즈에 0-1 패배를 당하며 2승 2무 2패로 리그 10위까지 처졌다. 반면에, 지난 시즌 맨유보다 승점 10점을 더 얻으며 리그 우승을 차지한 벵거 감독의 아스널은 개막 후 9경기에서 7승 2무로 무패를 기록하며 다시 한 번 리그 선두로 치고 나가기 시작했다. 이 시즌, 아스널의 무패행진을 끊어낸 이는 에버튼에서 16세의 나이로 데뷔하자마자 신동이라는 평가를 받고 있었던 웨인 루니였다.

2002/2003시즌은 퍼거슨 감독의 맨유가 자주 듣던 '후반기에 강한 맨유'라는 표현이 가장 잘 어울리는 시즌이었다. 9월 14일 리즈에 0-1로 패한 다음부터 선두 아스널을 따라잡기 시작한 맨유는 12월 7일 열린 아스널과의 홈경기에서 베론과 스콜스의 골로 승리를 거두며 어느새 3위까지 쫓아와서는 4월 뉴캐슬전에서 6-2 대승으로 1위를 탈환했다. 그리고 4일 후 펼쳐진 아스널 원정경기에서 무승부를 기록하며 시즌 마지막까지 1위를 고수한 채 리그 우승을 차지했다.

이 시즌 맨유의 공격을 이끌었던 두 선수는 자신의 맨유 첫 시즌에 이미 36골을 터뜨렸던 반 니스텔루이와 그의 바로 뒤에서 활약하며 자신의 커리어 중 최다 골을 기록했던 스콜스였다. 시즌이 종료된 시점에서 반 니스텔루이의 골 기록은 44골이었으며 스콜스의 기록은 20골이었다. 최전방과 그 바로 뒤에서 뛴 두 선수가 64골을 합작한 것이다. 당시에 대해 스콜스는 다음과 같이 말했다.

내 커리어 중 가장 즐거웠던 시즌은 내가 자주 반 니스텔루이와 함께 공격에 나섰던 시즌이었다. 내가 한 시즌에 20골을 기록했던 것은 그 시즌이 유일했다.

아스널에 내준 리그 우승 트로피를 불과 한 시즌 만에 되찾아왔던 2002/2003시즌, 맨유는 FA컵 5라운드에서 아스널에 패해 탈락했고 리그컵에서는 결승까지 진출했으나 리버풀에 패해 준결승에 그쳤다. 그 두 경기 중 아스널과의 FA컵 도중 벌어진 해프닝을 발단으로 맨유는 당시 팀 내 최고 스타였던 베컴과 작별을 맞이하게 됐다.

88 베컴이 맨유를 떠난 배경과
퍼거슨 감독의 철학

맨유와 잉글랜드를 뛰어넘은 세계적인 스타였던 베컴이 맨유를 떠난 직접적인 계기는 축구팬들 사이에 이미 널리 알려져 있다. 퍼거슨 감독이 걷어찬 축구화가 그의 눈 위에 맞았고 그로 인해 둘 사이가 급격하게 안 좋아지며 결국 베컴이 팀을 떠나게 됐다는 것이다.

그 큰 줄거리는 그대로 사실이지만 구체적인 경위는 다소 잘못 전달되고 있는 부분들이 있다. 그리고 그 사건의 이면에는 퍼거슨 감독이 맨유를 26년간 이끌 수 있었던 그의 확고한 철학이 담겨 있다. 이 장에서 그 두 가지를 함께 알아보는 것도 맨유의 현대사를 이해하는 데 도움이 될 것이다.

베컴과 퍼거슨 감독 사이에 본격적으로 불화가 싹트기 시작한 것은 그의 스타성이 절정으로 치닫고 있었던 2002년 한일월드컵 직후인 2002/2003시즌의 일이었다. 월드컵을 앞두고 가진 조별예선 마지막 경기 그리스전에서 종료 직전에 터진 베컴의 프리킥골로 잉글랜드가 월드컵 본선에 진출하게 되면서 그가 맨유의 스타를 넘어 잉글랜드의 영웅으로 더 큰 사랑을 받기 시작했던 무렵이었다. 퍼거슨 감독은 언론과의 인터뷰에서 당시의 상황을 다음과 같이 회고하고 있다.

베컴이 우리와 함께 보낸 마지막 시즌에 우리는 그의 활동량이 계속해서 줄어들고 있다는 것을 이미 알고 있었으며 레알 마드리드가 베컴의 에이전트와 지속적으로 연락을 취하고 있다는 소식을 듣고 있었다. 가장 큰 문제는, 전에는 맨유를 위해 전력을 다하던 그의 폼이 현저하게 떨어졌다는 것이었다.

이미 맨유를 넘어 잉글랜드를 상징하는 선수였던 베컴과 그의 맨유에 대한 헌신이 줄어든 것이 만족스럽지 않았던 퍼거슨 감독은 곧 돌이킬 수 없는 충돌을 겪게 된다. 정확히 2002년 2월 15일, 아스널과의 FA컵 5라운드에서 0-2 패배를 당하며 탈락했던 경기 후의 일이었다.

"베컴은 내게서 4미터 정도 거리에 떨어져 있었고 그와 나 사이 바닥 위에는 축구화가 놓여 있었다. 베컴이 욕을 했고 나는 그를 향해 다가가다가 축구화를 걷어차 버렸다. 그 축구화는 그의 눈 바로 위에 맞았고 그는 즉각 자리에서 일어나서 나에게 덤벼들려고 했다. 주변에 있던 선수들은 모두 그를 말리고 나섰고 나는 그에게 '너는 네 팀과 동료들을 실망시켰다. 할 말이 있으면 맘대로 해봐'라고 말했다."

그것이 보통의 선수에게 있었던 일이라면, 드레싱룸 안에서 있었던 해프닝에서 끝나고 말았을 것이다. 그러나 베컴의 경우라면 그건 전혀 다른 이야기가 된다. 그의 눈 위에 상처를 발견한 영국의 기자들은 어떻게 알아냈는지 베컴과 퍼거슨 감독 사이의 이야기를 대서특필하기 시작했고 그 소식은 잉글랜드를 넘어서 전 세계에 있는 그의 팬들에게 전해졌다. 그렇게 두 사람 사이에 있었던 일은 전 세계가 아는 스캔들이 됐고 결국 그 시즌을 끝으로 베컴은 맨유를 떠났다.

퍼거슨 감독은 그때의 일에 대해 다음과 같이 말했다. "바로 다음날 그 이야기가 언론을 통해 퍼져나갔다. 팬들은 그 축구화로 인한 상처에 대한 이야기를 점점 과장하기 시작했고 그 후에 나는 이사진에게 베컴을 내보내야만 한다고 이야기했다. 내가 이사진에게 전달한 메시지는 확고했으며 내가 늘 말해왔던 것으로 그들도 이미 알고 있는 사항이었다. '그가 어떤 선수이든, 자신이 맨유라는 팀보다 더 큰 존재라고 생각하는 순간 그는 팀을 떠나야만 한다'는 것이다. 감독이 권위를 잃는 그 순간, 팀을 잃어버리게 되는 것이다. 그 팀은 선수들에 의해 돌아가게 되고, 그러면 반드시 문제가 생길 것이다."

그 상황의 다른 한 주인공이었고 결국 맨유를 떠나야 했던 베컴 역시 자신의 자서전을 통해서 당시의 사건에 대해 "내 인생에서 그렇게 자제력을 잃은 순간은 처음이었다"며 자신이 좀 더 자제했어야 한다는 말로 당시 자신의 행동을 후회하고 있다는 사실을 숨기지 않았다.

베컴과 퍼거슨 감독의 그 이야기 속에는 퍼거슨 감독이 그의 재임 기간에 잉글랜드를 대표하는 팀이었던 맨유라는 클럽을 26년 동안 흔들림 없이 지도할 수 있었던 분명한 철학이 담겨 있다. 퍼거슨 감독 본인의 말처럼 아무리 유명한 스타라도 감독의 권위에 도전해서는 안 되며 자신이 팀보다 더 크다고 믿는 선수는 팀을 떠나야만 한다는 것이다. 퍼거슨 감독과 맨유의 상황에 맞춰 좀 더 구체적으로 말하자면, 스타 선수들이 많을수록 더더욱 그 팀의 중심은 각각의 스타 선수가 아닌 감독이어야 한다는 것이다.

결국 그런 자신의 철학에 대한 확고한 믿음이 그가 은퇴를 번복했던 시점에 가슴에 품었던 새로운 맨유를 만들겠다는 꿈을 이루는 가장 큰 원동력이 됐다. 팬들은 올드 트래포드에서 베컴을 더 이상 볼 수 없다는 사실을 아쉬워했지만, 퍼거슨 감독은 곧 그 팬들의 마음을 위로해줄 새로운 영웅을 팬들 앞에 데리고 온다.

89 2003/2004시즌
호날두 영입과 FA컵 우승

베컴이 떠난 바로 그 여름에 맨유에는 그의 7번 유니폼을 이어받을 새로운 스타가 입단했다. 포르투갈 출신의 18세 유망주 크리스티아누 호날두였다. 그가 입단 초기부터 맨유팬들의 마음을 사로잡은 것은 아니었다. 그에 앞서 7번 유니폼을 입었던 베컴의 인기와 존재감을 생각해보면, 그건 그가 아닌 어떤 선수에게도 불가능한 임무였다. 그러나 호날두는 첫 시즌부터 자신의 잠재력을 보여주며 서서히 성장해나가기 시작했다.

2003/2004시즌 잉글랜드 축구계에는 크게 두 가지의 족적이 남았다. 가장 큰 것은, 퍼거슨 감독의 맞수였던 벵거 감독이 이끄는 아스널이 리그 무패우승의 위업을 달성했던 것이다. 잉글랜드 리그 역사상 무패우승이 나왔던 유일한 전례가 풋볼리그가 탄생했던 첫 시즌의 프레스턴 노스엔드의 경우였고 당시는 경기 수가 22경기에 불과했다는 점을 감안하면 아스널의 무패우승은 확실히 잉글랜드 축구 역사에 영원히 남을 대단한 업적이다. 그 시즌 맨유와 아스널은 두 차례 리그 대결에서 모두 무승부를 기록했다.

두 번째 큰 움직임은 첼시로부터 나왔다. 2002/2003시즌 중 올드 트래포드에서 브라질의 전설적인 공격수 호나우두가 해트트릭을 기록했던 맨유 대 레알 마드리드의 챔피언스리그 경기를 관전한 일을 계기로 로만 아브라모비치 구단주가 첼시를 인수하고 1억 2천만 파운드의 이적료를 쏟아부으며 잉글랜드 축구계를 뒤바꿔놓기 시작한 것이다. 사실, 그런 첼시의 움직임에는 맨유와도 직접적으로 관련이 있는 부분이 있었다. 인수 직후부터 라니에리 감독에 만족하지 못했던 아브라모비치 구단주가 알렉스 퍼거슨 감독에게 감독직을 제의한 것이었다.

첼시를 잉글랜드뿐 아니라 유럽 최고의 팀으로 키우겠다는 야망을 가진 그가 잉글랜드는 물론 유럽 대회에서도 감독으로서 차지할 수 있는 모든 우승을 차지해본 퍼거슨 감독을 탐내는 것은 당연한 이치였다. 그러나 퍼거슨 감독은 아브라모비치의 제안을 단칼에 거절하고 맨유에 남았다. 맨유를 떠날 이유가 전혀 없다는 것이 그 이유였다.

2003/2004시즌, 그런 두 팀인 아스널과 첼시가 나란히 1, 2위로 리그를 마무리했다. 3위에 그친 맨유의 입장에서 가장 뼈아팠던 부분은 수비의 핵심으로 자리 잡은 리오 퍼디난드가 8개월의 장기 징계를 받으면서 리그 절반에 나서지 못한 것이었다. 축구협회에서 선수들에게 의무적으로 실시하게 하는 약물 검사에 퍼디난드가 참석하지 않은 것이 이유였다. 퍼디난드는 이후 순수하게 약물 검사가 예정되어 있다는 사실을 잊었다고 주장했고 맨유는 징계가 지나치다며 항의했으나, FIFA 측은 오히려 징계기간을 12개월로 늘릴 것을 검토한 후에 결국 8개월 징계를 부여했다.

그 시즌 맨유는 챔피언스리그에서 만난 포르투에 합계 스코어 2-3으로 패배를 당하며 8강에서 탈락했다. 당시 포르투를 이끌던 감독은 그다음 시즌부터 첼시에 합류하여 퍼거슨 감독과 벵거 감독의 양강체제를 깨고 새로운 강자로 떠오르는 무리뉴 감독이었다. 결국 그 시즌 무리뉴 감독이 이끄는 포르투는 챔피언스리그 우승을 차지했다.

리그에서는 벵거 감독의 아스널에, 챔피언스리그에서는 무리뉴 감독의 포르투에 트로피를 내준 2003/2004시즌, 맨유에 부정적인 요소들만 남은 것은 아니었다. 그들은 FA컵 준결승전에서 스콜스의 유일한 골로 아스널을 꺾고 결승전에 진출, 밀월을 3-0으로 제압하며 팀의 11번째 FA컵 우승 트로피를 들어 올렸다. 이 시즌 맨유의 FA컵 우승 과정에서는 신예 호날두가 5경기에 출전하며 큰 공헌을 했으며 호날두는 결승전에서도 득점을 올려 자신의 밝은 미래를 예고했다.

90 2004/2005시즌
루니의 입단과 새로운 강적 무리뉴의 등장

2004/2005시즌 시작과 함께 맨유는 여러 명의 선수를 영입했다. 바르셀로나와 파르마로부터 영입했던 유망주 헤라르드 피케와 쥐세페 로시, 그리고 리즈에서 잠재력을 인정받던 공격수 앨런 스미스 등이었다. 세 명의 유망주를 영입한 맨유는 그 위에 풍부한 경험을 가진 수비수인 에인세까지 영입하며 팀에 경험과 활기를 모두 불어넣었다. 그중에서도 특히 리즈에서 건너온 앨런 스미스는 리그 개막과 동시에 골 행진을 벌이며 좋은 출발을 보였다.

그러나 리그 4경기가 펼쳐진 8월 30일에 전 시즌 1, 2위 팀인 아스널과 첼시는 전승으로 승점 12점을 차지한 반면 맨유는 많은 선수들의 합류에도 승점 5점에 그치며 불안한 모습을 보여주고 있었다. 그런 상황에서 퍼거슨 감독은 이적시장 마지막 날 거금을 투자하며 당시 잉글랜드 최고의 유망주로 기대를 받고 있던 웨인 루니를 영입했다. 루니 영입에 대한 제안을 이미 두 차례 거절했던 에버튼이었으나 이적시장 마감일이었던 8월 31일 맨유가 제안한 2,700만 파운드의 이적료까지 거절하지는 못했다.

루니가 마침내 맨유 유니폼을 입게 됐을 때 퍼거슨 감독은 BBC와의 인터뷰에서 "나는 이 나라에서 지난 30년간 나온 최고의 유망주를 데려왔다고 생각한다"는 말로 루니에 대한 기대감을 대신했다. 그는 루니의 영입을 시도했던 기간 중에 그가 맨유에 합류한다면 맨유가 1999년 트레블 멤버와 같은 수준의 선수단을 갖추게 될 것이라고 말하기도 했다.

루니는 맨유에서 보낸 첫 시즌부터 자신의 맨유 첫 경기였던 페네르바체전에서 해트트릭을 기록하며 화려하게 등장했다. 그 후 루니는 자신에 대한 커다란 기대와 압박감을 떨쳐내고 첫 시즌부터 맨유의 팀 내 최다 득점자가 되며 이후 맨유의 공격진에 없어서는 안 될 선수로 빠르게 자리 잡는

다. 한 시즌 앞서 맨유에 도착했던 호날두 역시 점점 더 자신의 재능을 선보이며 루니와 호흡을 맞춰나가기 시작했다.

지난 시즌 무패우승을 달성했던 아스널과 또 한 번 천문학적인 이적료를 투입하며 선장을 무리뉴 감독으로 바꾼 첼시, 두 런던 팀은 이 시즌도 맨유와 함께 리그 우승 경쟁을 펼쳤다. 두 팀 중에서도 맨유와의 리그 개막전에서 승리를 거둔 무리뉴 감독의 첼시는 시즌 내내 압도적인 경기력을 보여주며 PL 출범 후 최다 승점인 95점으로 리그 우승을 차지했다. 퍼거슨 대 벵거의 PL 양강체제가 깨졌다는 것이 공식적으로 확인되는 순간이었다.

FA컵 결승전에서 승부차기 끝에 아스널에 패하면서 맨유가 무관에 그쳤던 2004/2005시즌은 무리뉴 감독이 첼시에 부임한 시즌일 뿐 아니라, 훗날 리버풀에 챔피언스리그 우승 트로피를 안겨주는 베니테즈 감독이 리버풀 감독에 부임했던 시즌이었다. 리버풀은 발렌시아를 이끌고 두 차례 라리가 우승을 차지했던 베니테즈 감독의 지도와 제라드의 확고한 리더십을 바탕으로 리그와 컵 대회에서 맹위를 떨치기 시작했다.

그 2004/2005시즌을 기점으로 퍼거슨, 벵거, 무리뉴, 베니테즈 감독이 이끄는 '빅4'의 PL 내 경쟁이 본격적으로 시작된다. 박지성의 맨유 입단으로 PL이 국내에서 대중적인 관심을 받기 시작하기 꼭 한 시즌 전의 일이었다.

(91) 2005/2006시즌
박지성의 맨유 입단과 새 영웅들의 등장

맨유에서 첫 리그 우승을 차지했던 1992/1993시즌 이후 처음으로 2년 연속 리그 우승 타이틀을 놓쳤던 퍼거슨 감독은 2005/2006시즌 여름 이적시장과 겨울 이적시장을 통해 새로운 팀의 영웅들을 영입했다. 이 시즌 맨유 유니폼을 입은 주요 선수에는 골키퍼 반 데 사르, 겨울 이적시장에 영입되어 이후 맨유 수비를 책임지는 네마냐 비디치와 파트리스 에브라, 그리고 2002년 월드컵 이후 PSV 아인트호벤에서 뛰며 뛰어난 활약을 펼치고 있던 한국의 축구영웅 박지성 등이 있었다.

반 데 사르는 자신의 첫 시즌부터 맨유의 골키퍼 불안을 완벽하게 해소하며 슈마이켈 이후 맨유 최고의 골키퍼로 자리 잡아갔고 겨울에 합류한 두 수비수 비디치와 에브라는 이적 초기에는 불안한 모습을 보이기도 했지만 그 후로 오랫동안 맨유의 다른 두 수비수 퍼디난드와 게리 네빌 등과 함께 철벽 같은 수비진을 형성했다. 박지성 역시 자신의 맨유 입단 첫 시즌에 총 35경기에 출전하며 왕성한 활동량과 헌신적인 플레이로 퍼거슨 감독의 전술적 운용의 폭을 더해줬다.

한편, 이 시즌 초반에 맨유는 강한 카리스마로 중원을 책임지던 주장 로이 킨을 떠나보냈다. 누구에게도 굽힐 줄 모르는 성격 탓에 퍼거슨 감독 및 맨유 이사진과 지속적으로 크고 작은 불화를 낳아오던 킨은 2005년 11월, 맨유가 미들스브로에 1-4 대패를 당한 후 맨유 TV와의 인터뷰에서 일부 동료 선수들에 대해 과한 비판을 했다가 그 내용이 결국 편집되기까지 했다. 그리고 결국 그 직후에 맨유를 떠난 킨은 현재까지도 자신은 잘못한 것이 없다는 입장을 고수하고 있다.

그 인터뷰에서 킨은 키에런 리차드슨을 '게으른 수비수'라고 부르고, 대런 플레처에 대해서는 "왜 스코틀랜드 사람들이 플레처를 극찬하는지 모르겠다"고 말했다. 그는 그 외에도 반 데 사르, 앨런 스미스, 퍼디난드에 대해서도 언급했는데 퍼디난드에 대해서 킨이 한 말은 다음과 같았다.

토트넘을 상대로 20분 동안 잘 뛰고 주급을 많이 받는다고 넌 네가 슈퍼스타인 줄 알지.

퍼거슨 감독은 로이 킨이 뛰던 홀딩 미드필더 자리에 공격수 출신인 앨런 스미스를 기용하기 시작했다. 언론의 비판이 쏟아지는 가운데에서도 퍼거슨 감독은 스미스의 능력을 옹호하는 발언을 하며 그에게 힘을 실어줬지만, 스미스는 그 후로 결코 그가 맨유 입단 초기에 받았던 기대만큼의 활약을 보여주지 못했다. 결국 팀의 중심이었던 킨의 갑작스러운 이적과 새 선수들의 대거 영입 속에 맨유는 또 한 번 리그 우승을 놓쳤으며 첼시는 무리뉴 감독 부임 이래 리그 2연패를 달성했다. FA컵에서도 리버풀에게 패해 탈락한 맨유는 챔피언스리그에서는 비야레알, 벤피카, 릴에 이어 조별리그 최하위를 기록하며 16강에도 진출하지 못하는 부진을 겪었다.

3년 연속으로 리그 우승을 차지하지 못했고 주요 컵 대회에서도 일찌감치 고배를 마셨던 맨유에게 이 시즌 작은 위안은 2월 26일 열린 위건과의 리그컵 결승전에서 승리하며 차지한 우승이었다. 프랑스 국가대표 공격수 루이 사하는 4라운드부터 결승전까지 매 경기 골을 터뜨리며 팀의 우승에 힘을 보탰고 박지성 역시 버밍엄 시티와의 5라운드에서 자신의 맨유 첫 골을 기록했다.

맨유 공격의 미래였던 루니와 호날두는 둘 다 위건과의 결승전에서 골을 터뜨리며 팬들에게 더 밝은 미래를 기대하게 했고, 맨유 유소년팀 출신으로 점점 1군 무대에서 좋은 모습을 보여주던 대런 플레처도 41경기에 나서며 팀 스쿼드 운용에 힘을 보탰다.

92 글레이저 가문의 맨유 인수와
유나이티드 오브 맨체스터

"글레이저 가문의 맨유 경영이 맨유팬들을 분열시켰다."
BBC

박지성과 반 데 사르, 에브라, 비디치 등 특히 국내 팬들에게 익숙한 현대의 맨유 레전드들이 입단했던 2005년, 그라운드 밖에서는 그 후로 10년이 지난 2015년까지도 진행중인, 그리고 앞으로도 오래 계속될 긴 논쟁이 시작됐다. 미국 스포츠 재벌 말콤 글레이저가 맨유를 인수한 뒤 상장 폐지하고 사유화하면서 그에 따른 맨유팬들의 거센 반발이 시작됐던 것이다.

글레이저 가문의 인수와 그에 따른 경영에 반대하는 움직임은 그 사실이 발표된 바로 그날부터 시작됐다. 인수가 완료되던 그날, 수백 명의 맨유 팬들이 올드 트래포드에 몰려와 거센 항의를 하기 시작했고 말콤 글레이저의 세 아들은 신변의 위협을 느낀 채 경기장을 빠져나가야 했다. 그리고 '맨유는 더 이상 맨유가 아니다'라고 주장한 일부 열성팬들은 단순한 항의에 그치지 않고 새로운 팀을 만들기에 이르렀다. 'FC 유나이티드 오브 맨체스터'라는 이름의 새 팀이었다. 2005년 10부 리그에서 시작한 그들은 2014/2015시즌을 7부 리그에서 보냈다.

2014년 말콤 글레이저가 사망한 뒤 보도에서 BBC가 표현한 대로 글레이저 가문의 맨유 인수는 맨유팬들을 분명 분산시킨 측면이 있고 그에 대한 비판 역시 여전히 쏟아지고 있다. 그러나 말콤 글레이저가 사망한 뒤에도 맨유는 그 가문에 의해 운영되고 있으며 앞으로도 당분간 그 사실에는 큰 변함이 없을 전망이다.

글레이저 가문의 맨유 인수로 인해 맨유가 막대한 빚을 떠안았다는 경제적인 측면 이외에도 팬들이 불만을 가진 또 하나의 측면은 축구에 아무런 관심이 없는 구단주의 태도였다. BBC 역시 그 점을 지적하며 "말콤 글레이저는 올드 트래포드에 단 한 번도 직접 방문한 적이 없으며 그 모든 논쟁에도 그저 뒤로 물러서 있었다"고 지적했다. 글레이저 가문의 맨유 경영에 대해 비판적인 목소리를 내고 있는 것은 결코 BBC만이 아니며 오히려 BBC의 지적은 점잖은 편에 속한다. 「텔레그라프」는 말콤 글레이저의 사망 이후 기사에서 다음과 같이 적었다.

> 말콤 글레이저의 맨유 인수는 결코 허용되지 않았어야 한다. 미국인 재벌 글레이저는 한마디로 그저 돈을 벌기 위한 수단으로 맨유를 인수했을 뿐이다. 그들의 맨유 인수는 완벽히 합법적인 것이었지만, 동시에 파렴치하고 사악한 것이었다.

글레이저 가문의 맨유 인수 당시 쏟아졌던 부정적인 시선이 더 크게 확산되지 않은 가장 큰 이유는 그 후 퍼거슨 감독의 맨유가 보여준 뛰어난 성적 때문이었다. 팬들의 우려대로 새 구단주의 인수 직후부터 맨유가 부진을 겪었다면, 그 문제는 지금보다 훨씬 더 심각해졌을 것이다. 그 퍼거슨 감독이 떠난 현재와 미래의 맨유의 운명과 글레이저 가문에 대해 역사가 어떤 평가를 내릴지는 좀 더 두고 봐야 하는 문제로 남아 있다.

(93) 2006/2007시즌
호날두와 루니의 비상과 리그 우승 트로피를 되찾아온 맨유

리그 우승 없이 3시즌을 보낸 후 퍼거슨 감독은 토트넘에서 중원의 핵심적인 역할을 했던 마이클 캐릭을 영입했다. 그리고 맨유 팬들의 기준에서는 분명히 부진이라고 할 수 있었던 지난 3년의 리그 성적을 바꿔놓은 것은 앞선 시즌에 영입했던 선수들의 성장과 단결이었다. 그중에서도, 특히 축구팬들의 시선을 사로잡은 것은 호날두와 루니의 눈부신 호흡이었다.

2006/2007시즌이 시작되기 전, 현지언론 및 팬들은 루니와 호날두가 계속 같은 팀에서 활약할 수 있을지에 대한 의문을 쏟아내고 있었다. 2006년 월드컵 잉글랜드 대 포르투갈 경기에서 루니의 퇴장 장면에서 나온 두 선수의 신경전 때문이었다. 주심이 휘슬을 불자마자 호날두는 주심에게 달

려가 항의하기 시작했고 루니는 자신과 같이 맨유에서 뛰고 있는 호날두가 항의하는 모습에 실망한 듯 그를 가볍게 밀쳤다. 결국 루니가 퇴장당한 후, 호날두가 포르투갈 벤치를 향해 윙크를 하는 장면마저 중계카메라에 잡히자 영국 언론은 그 장면을 집중보도하며 질타하고 나섰다.

그러나 월드컵이 종료된 직후에 소속 클럽인 맨유로 돌아온 두 선수는 주변에서 쏟아낸 불화설을 불식시키며 둘 모두 그 시즌 23골씩을 기록하며 맨유의 리그 우승 타이틀을 되찾는 데 가장 큰 공을 세웠다.

맨유가 시즌 중 거의 모든 기간 리그 1위를 지켜내며 그대로 우승을 차지한 이 시즌, 맨유에서 또 하나 눈여겨볼 만한 선수는 단기임대로 맨유에 입단해 34세의 나이에도 불구하고 여전한 클래스를 보여줬던 스웨덴의 레전드 공격수 헨릭 라르손이었다. 이 시즌 개막에 앞서 반 니스텔루이가 레알 마드리드로 떠났고 그 공백을 루니와 호날두가 충실히 메웠지만, 리그가 중반으로 치달으면서 맨유에는 최전방에서 확실한 존재감을 보여줄 수 있는 선수가 필요했다. 퍼거슨 감독이 그 주인공으로 데려온 선수가 바로 라르손이었던 것이다. 그는 자신의 맨유 데뷔전이었던 아스톤 빌라와의 FA컵 경기에서 골을 넣은 뒤 맨유에서 뛰는 동안 총 13경기에 나서 3골을 기록했다.

직접 많은 득점을 올린 것은 아니었으나 경기장에 들어설 때마다 순도 높은 플레이로 팀의 공격에 큰 도움을 줬던 그에 대해 퍼거슨 감독과 맨유 측은 그의 임대기간을 늘리고 싶다는 의사를 공식적으로 밝혔지만, 라르손은 이미 그가 입단하기로 했던 새 팀 헬싱보리와 한 약속을 어길 수 없다며 본인이 최초에 맨유와 계약을 맺었던 3개월을 채운 후 팀을 떠났다.

전 시즌까지 리그 2연패를 달성했던 무리뉴 감독의 첼시는 2004년 발롱도르 수상자이자 유럽 최고의 공격수로 불렸던 셰브첸코 영입 및 활용을 놓고 불거진 아브라모비치 구단주와 무리뉴 감독 사이의 신경전이 시즌 내내 이어지면서 결국 리그 우승 타이틀을 맨유에 내줬다. 그러나 그들은 그 중에도 FA컵과 리그컵에서 우승을 차지하며 여전히 강한 면모를 과시한 채 시즌을 마무리했다.

그리고 바로 그 다음 시즌, PL의 새로운 강자로 떠오른 첼시와 PL 출범 이후 잉글랜드 최다 우승팀인 맨유는 챔피언스리그 역사상 처음으로 잉글랜드의 두 팀으로 구성된 결승전에서 맞대결을 벌이게 된다.

94 2007/2008시즌
테베즈의 입단과 유럽 최고의 선수가 된 호날두

버즈비 감독의 '버즈비의 아이들'이 뮌헨 참사를 겪은 지 꼭 50년이 되던 2007/2008시즌 맨유는 퍼거슨 감독 부임 이후 두 번째이자 팀의 역사상 세 번째 챔피언스리그 우승을 일궈냈다. 그리고 그 중심에는 완벽한 월드클래스로 성장한 호날두와 그와 함께 환상적인 공격 트리오를 형성했던 루니 그리고 2007/2008시즌 맨유에 합류했던 카를로스 테베즈가 있었다.

전 시즌 웨스트햄의 PL 잔류를 이끌며 팀의 영웅이 된 테베즈는 8월 10일 공식적으로 맨유 유니폼을 입었다. 호날두가 완벽한 공격의 중심으로 자리 잡았음에도 불구하고 테베즈는 맨유 입단 첫 시즌부터 리그 15골, 모든 대회에서 19골을 기록하며 중요한 순간마다 골을 터뜨렸다.

2007/2008시즌 맨유의 하이라이트는 크리스티아누 호날두 그 자체였다. 2003/2004시즌 베컴이 떠난 맨유의 등번호 7번을 물려받으며 입단했을 당시 잠재력 높은 유망주에 불과했던 그가 4시즌 만에 유럽 최고의 축구선수로 올라서는 시즌이었다. 리그에서 34경기에 출전해 31골을 기록하며 PL 득점왕을 차지한 그는 이 시즌 챔피언스리그에서도 득점왕을 차지했으며 결국 그해 말에 자신의 첫 발롱도르를 수상했다. '맨유 삼위일체'의 세 구성원이자 2년 간격으로 발롱도르를 수상했던 데니스 로(1964년), 보비 찰튼

(1966년), 조지 베스트(1968년) 이후에 40년 만에 처음으로 발롱도르를 수상한 맨유 선수가 된 것이다.

테베즈와 호날두 이외에도 이 시즌 맨유에 입단한 오웬 하그리브스, 안데

카를로스 테베즈

르손, 나니 등이 스쿼드에 힘을 보탠 가운데 맨유는 무리뉴 감독이 떠난 첼시, 벵거 감독이 어린 선수들을 중심으로 리빌딩에 성공했던 아스널과 함께 계속해서 리그 선두 경쟁을 벌이다가 3월 15일 더비와의 맞대결 이후로 리그 선두를 고수하며 리그 2연패를 달성했다.

FA컵과 리그컵에서 우승 트로피를 들어 올리지 못한 맨유였지만 팬들의 시선은 모두 맨유가 8시즌 만에 진출한 챔피언스리그 결승전을 향하고 있었다. 러시아의 수도 모스크바에서 펼쳐질 그들의 결승전 상대는 같은 러시아 출신 갑부 구단주 아브라모비치가 인수한 이후 처음으로 챔피언스리그 결승전에 올라온 첼시였다.

95 2008년 5월 21일
퍼거슨 감독의 두 번째 챔피언스리그 우승

2001/2002시즌을 앞두고 은퇴를 발표했던 퍼거슨 감독의 마음속에는

'내가 다시 챔피언스리그 우승을 차지할 수 있을까?'라는 의문부호가 들어 있었다. 그리고 7년 후인 2008년 5월 21일, 그가 은퇴를 번복하면서 결심했던 '새로운 맨유를 만들겠다는 의지'는 그가 새롭게 영입하고 키워낸 선수들에 의해서 값진 결과물이 되어 돌아왔다. 첼시와의 챔피언스리그 결승전에서 선발 출전한 선수 11명 중 스콜스와 웨스 브라운을 제외한 9명이 모두 그의 은퇴번복 이후 그가 직접 선택해서 맨유로 데려온 선수들이었다. '새로운 맨유'가 다시 한 번 유럽 최정상의 자리에 오르는 순간이었던 것이다.

양 팀 모두 확고한 동기부여를 갖고 임했던 챔피언스리그 결승전에서 선제골을 터뜨리며 맨유에 리드를 안겨준 이는 너무나 자연스럽게도 준결승전까지 챔피언스리그에서 7골을 기록하며 팀을 결승전에 올려놓은 호날두였다. 챔피언스리그 8번째 골로 그는 이 시즌 챔피언스리그 득점왕을 차지했다.

그러나 구단 창단 후 첫 챔피언스리그 우승을 노리는 첼시의 반격도 만만치 않았다. 첼시는 전반 종료 직전에 팀 공격의 중심이자 훗날에 첼시 역대 최다 득점자가 되는 프랭크 램퍼드의 골로 1-1 동점을 만들었다.

후반전에서도 승부를 가리지 못하고 연장전에 접어든 두 팀은 그대로 승부차기에 돌입하는 듯 했다. 그러나 연장 후반 종료를 4분 앞두고 돌발상황이 발생했다. 양 팀 선수들이 몸싸움을 벌이는 과정에서 흥분한 첼시 공격수 드록바가 비디치의 뺨을 때리며 그 즉시 퇴장당한 것이다. 그는 승부차기에 돌입할 경우 첼시의 다섯 번째 키커를 맡기로 내정되어 있었다. 결국 그 장면은, 첼시에게는 뼈아픈 악재로, 거꾸로 맨유와 호날두에게는 큰 호재로 작용했다.

맨유의 반 데 사르와 첼시의 체흐. PL은 물론 유럽 최고의 골키퍼였던 두 선수가 양 팀 골문을 지키는 가운데 테베즈와 발락을 시작으로 승부차기에 돌입한 두 팀은 두 번째 키커까지 모두 골을 성공시켰다. 변수가 발생했

2007/2008시즌 챔피언스리그 결승전 첼시-맨유 선발 라인업

던 것은 맨유의 세 번째 키커이자 맨유가 가장 믿었던 키커인 호날두로부터였다. 킥을 하기 전에 잠시 멈췄다가 다시 킥을 시도한 그의 움직임을 체흐가 침착하게 읽어내고 정확하게 막아낸 것이다. 호날두에게는 그 시즌 그가 달성했던 모든 것이 무너지는 것 같은 순간이었다.

호날두의 실축에 이어 페널티스팟으로 걸어나온 첼시의 램퍼드는 침착하게 골을 성공시켰고 하그리브스와 애슐리 콜, 나니까지 모두 페널티킥을 성공시킨 가운데 양 팀의 승부차기 스코어는 4-4, 첼시는 한 명의 키커를 남겨두고 있었던 상황이었다. 드록바가 차기로 되어 있었던 다섯 번째 키커로 나선 이는 '미스터 첼시'로 불리는 첼시의 주장 존 테리였다. 경기 종료 후 첼시의 아브람 그란트 감독은 테리가 직접 자신이 마지막 페널티킥 주자로 나서겠다고 자원했다는 사실을 밝혔다.

퍼거슨 감독과 맨유의 꿈이 그대로 무너지는 것 같던 그 순간, 존 테리가 시도한 페널티킥은 반 데 사르의 반대방향을 향했으나 골대를 맞고 그대로 바깥쪽으로 튕겨져 나갔다. 존 테리는 그대로 자리에 주저앉아 고개를 들지 못했고 그 순간 이미 전세는 맨유 쪽으로 기운 것과 다름없었다.

양 팀의 여섯 번째 키커인 안데르손과 칼루가 각각 골을 성공시키고 다시 맨유의 긱스가 골을 성공시킨 상황. 반 데 사르는 첼시의 일곱 번째 키커 아넬카의 슈팅 방향을 정확히 읽고 그의 슈팅을 막아냈다. 챔피언스리그 우승 문턱에서 무너지기 1초 직전에 있던 맨유의 우승이 확정되는 순간이었다.

96 21세기 맨유 최고의 스타
크리스티아누 호날두

"크리스티아누 호날두는 내가 지도했던 선수 중 가장 뛰어난 재능을 가진 선수였다. 그는 내가 맨유에서 겪어본 수많은 위대한 선수들을 모두 초월했다."

알렉스 퍼거슨 감독

스포르팅 리스본에서 뛰고 있던 당시부터 유망주로 이름을 날린 호날두에게 관심을 보인 팀은 맨유가 처음이 아니었다. 유망주 발굴 및 육성에서 최고전문가로 인정받는 아스널의 아르센 벵거 감독 역시 호날두에 큰 관심을 보였고 호날두는 실제로 아스널에서 트라이얼을 갖기도 했다. 리버풀과 레알 마드리드 역시 호날두 영입에 관심을 보였고 특히 레알 마드리드는 스포르팅 리스본에 800만 파운드의 이적료를 제안하기도 했다. 그러나 그는 결국 퍼거슨 감독의 맨유 선수가 됐다.

퍼거슨 감독이 호날두에 대해 처음 들었던 것은 2002년, 스포르팅 리스본에서 카를로스 케이로스 코치가 맨유에 수석코치로 부임하면서였다. 그는 퍼거슨 감독에게 스포르팅 리스본에 주목할 만한 인재가 있다고 말했고 그 선수가 다름 아닌 호날두였다. 당시에 이미 호날두가 아스널 및 레알 마드리드로부터 지속적인 관심을 받고 있었기 때문에 퍼거슨 감독은 스카우트를 파견해서 그를 자세히 지켜보도록 했다.

그가 호날두와 직접 만난 것은 리스본에서 가진 맨유 대 스포르팅 리스본의 친선전에서였고 포지션상 경기 중 호날두와 계속 마주치게 됐던 것은 다재다능한 수비수 존 오셔였다. 오셔는 전반전을 마친 후 하프타임에 퍼거슨 감독에게 "감독님, 저 놈 보통이 아닙니다"라고 그에 대한 인상을 밝혔다. 둘의 대결을 유심히 지켜본 퍼거슨 감독은 즉시 피터 캐년 당시 맨유 사장을 불러서 말했다. "저 선수와 계약서에 사인하기 전까진 이 경기장에서 안 떠납니다."

그 전에도 그 후로도 잉글랜드 축구계에서 협상의 달인으로 이름을 날렸던 피터 캐년 사장은 대답했다. "그렇게 대단한가요?" 퍼거슨 감독의 답변은 확고했다. "오셔가 두통이 날 지경이라니까요. 사인하세요."

캐년 사장이 스포르팅 리스본과 협상에 돌입했을 때는 이미 레알 마드리드가 그의 영입을 위해 800만 파운드를 제시한 상황이었다. 결국 캐년 사장은 추가지급 이적료를 포함해 1,200만 파운드에 그의 영입 계약서에 서명을 했다.

결국 그렇게 맨유 유니폼을 입은 호날두는 2003년 8월 볼튼을 상대로 가진 데뷔전부터 자신의 번뜩이는 재능을 경기장에서 선보였지만 팬들이 처음부터 그에게 찬사만을 보낸 것은 아니었다. 오히려 지나치게 개인기를 부린다는 비판적인 시선으로 그를 바라보는 팬들도 있었다. 그가 합류한 맨유는 그 외에도 전 포지션에 스타 선수들이 포진하고 있는 팀이었다. 최전방에 반 니스텔루이는 연일 골 행진을 터뜨리고 있었고 호날두보다 한 시즌 뒤에 맨유에 합류한 루니는 잉글랜드 최고의 유망주로 주목을 받고 있었다. 특히 반 니스텔루이는 자신에게 패스를 하지 않고 혼자서 해결하려고 하는 호날두에 큰 불만을 표하기도 했다.

그 후로도 그는 뛰어난 재능을 보여줬다가 다시 부진에 빠지는 다소 일관적이지 못한 경기력을 선보이며 미완의 대기로 평가받고 있었다. 그런 그의 잠재력이 만개하기 시작했던 것은 2006년 월드컵에서 돌아온 후였지만, 2006/2007시즌이 시작되기 전 그는 영국 언론 및 팬들에게 엄청난 비판을 받으며 올드 트래포드에 들어섰다. 월드컵 포르투갈 대 잉글랜드 경기에서 나온 루니의 퇴장 장면에 대한 그의 행동 때문이었다.

그가 가는 곳마다 팬들은 야유를 퍼부었고 그럴 때마다 퍼거슨 감독은 호날두가 경기에 집중할 수 있도록 그를 철저히 관리하고 보살펴줬다. 이미 에릭 칸토나의 쿵푸킥 사건을 비롯해서 수많은 크고 작은 논란을 거쳐본 그는 잘 알고 있었다. 호날두가 잉글랜드 팬들의 비판을 극복하는 유일한 방법은 그라운드 위에서 자신의 진가를 보여주는 방법밖에 없다는 것을.

2006/2007시즌 풀럼과의 리그 첫 경기에서부터 골을 터뜨린 호날두는 결국 전 시즌보다 훨씬 향상된 기량을 선보이기 시작했고 자신감이 붙자 그의 개인적인 능력은 곧 그를 지켜보는 팬들에게 탄성을 자아내기 시작했다. 강한 육체를 가진 그가 화려한 드리블로 수비수를 제치는 장면이나 슈팅이 불가능할 것 같은 장거리에서도 골문에 꽂히는 무회전

크리스티아누 호날두

슈팅은 곧 그의 트레이드마크가 됐다. 팬들의 야유는 어느새 환호로 바뀌기 시작했고 그는 그 시즌에 앞 시즌의 거의 두 배에 가까운 23골을 기록했다. 그 숫자는 다음 시즌 또 한 번 두 배에 가까운 42골로 늘어났다.

그가 맨유에서 보낸 시즌 중 최고의 시즌은 단연 2007/2008시즌이었다. 리그에서 31골, 모든 대회를 통틀어 42골을 터뜨린 그는 맨유의 챔피언스리그 우승에 가장 큰 공을 세운 선수였고 의심의 여지 없는 유럽 최고의 선수였다. 그리고 세계적인 스타가 된 직후의 베컴이 그랬듯, 호날두에게도 레알 마드리드와의 이적설이 돌기 시작했다. 현재의 축구팬들이 모두 잘 알고 있듯이, 호날두에게 레알 마드리드는 그가 어린 시절부터 가슴에 품고있

었던 꿈의 클럽이었다.

퍼거슨 감독은 그를 레알 마드리드에 보내는 일은 결코 없을 것이라며 펄쩍 뛰었지만 그와 맨유 이사진은 이미 호날두를 영원히 붙잡을 수 없다는 사실을 잘 알고 있었다. 그를 맨유에 영입할 때도 그랬듯이, 그를 떠나 보내는 일에서도 퍼거슨 감독은 직접 나섰다. 2007/2008시즌이 시작되기 전, 포르투갈을 방문해 케이로스 코치의 집에서 호날두와 만난 퍼거슨 감독은 호날두와 담판을 지었다.

"올해는 갈 수 없다. 네가 레알 마드리드로 가고 싶어한다는 건 알고 있지만 칼데론 회장한테 널 올해 보내느니 차라리 널 쏴버리고 말겠다. 네가 맨유에서 문제를 만들지 않고 그라운드에서 성실하게 경기에 임하면, 그리고 누군가 우리에게 세계 최고의 이적료를 제안해오면 그때는 붙잡지 않겠다."

결국 퍼거슨 감독과 호날두는 그의 제안대로 합의를 봤고 호날두는 맨유에 남아 한 시즌을 더 뛰었다. 2007/2008시즌만큼의 활약은 아니었지만 그는 자신의 마지막 시즌에도 팀 내 최다 득점자가 되며 맨유의 리그 우승과 리그컵 우승에 기여했다. 그는 맨유에서 여섯 시즌을 보냈을 뿐이었지만, 퍼거슨 감독 아래서 뛰었던 수많은 선수 중 그의 재능이 가장 뛰어났다는 퍼거슨 감독의 말에 이의를 제기하는 사람은 많지 않다.

97) 2008/2009시즌
반 데 사르의 1,311분 무실점과 리그 2연패

맨유가 챔피언스리그 우승의 영광을 뒤로 하고 새 시즌을 준비하고 있던 6월, 영국 언론으로부터 전 시즌 최고의 활약으로 세계 최고의 축구스타가 된 호날두를 레알 마드리드가 노리고 있다는 보도가 나오기 시작했다. 유망주 시절 호날두를 데려와 그를 세계 최고의 스타로 만든 퍼거슨 감독,

그리고 그 맨유에서 최고의 선수가 된 호날두가 겪은 내적인 갈등은 시즌 개막 직전인 8월 6일에서야 결론이 났고 당시 호날두는 BBC와의 인터뷰에서 다음과 같이 말했다.

"레알 마드리드 이적에 관한 루머에는 나에게도 일부 책임이 있다. 내가 공개적으로 레알 마드리드에서 뛰고 싶다는 꿈에 대해 언급했기 때문이다. 퍼거슨 감독도 나의 의견에 귀 기울여줬고 나 역시 그의 이야기를 들었다. 내게 현재 최고의 선택은 맨유에 남는 것이라는 생각이 들었다. 나는 새 시즌 맨유에서 뛸 것이며 내 마음과 영혼을 다해 맨유의 유니폼을 영광스럽게 만들겠다."

결국 그렇게 호날두는 맨유에서 한 시즌을 더 뛰게 됐고 그게 맨유에서의 마지막 시즌이었다. 겨울 이적시장을 전후해서 다시 한 번 레알 마드리드가 호날두를 영입하고자 한다는 이야기가 돌자 퍼거슨 감독은 '레알 마드리드에게는 바이러스도 팔지 않겠다'는 말로 불쾌한 심사를 감추지 않았지만, 끝내 그의 꿈을 꺾을 수는 없었다.

시즌 내내 호날두를 둘러싼 상황으로 어수선했던 맨유는 9월 21일 박지성의 골로 첼시와 1-1 무승부를 기록했던 원정경기의 시점에 리그 15위에 처져 있었다. 그러나 퍼거슨 감독의 뒷심은 또 한 번 리그 중반을 넘어서는 시점부터 발휘되기 시작했다. 12월 26일 스토크 시티전에서 테베즈의 골로 승리를 거둔 것을 시작으로 3월 4일 뉴캐슬 원정까지 12연승을 기록하며 1위를 탈환한 것이다.

그 과정에서, 전 시즌 맨유의 챔피언스리그 우승에 결정적인 역할을 했던 골키퍼 반 데 사르는 11월부터 다음 해 3월까지 1,311분 무실점이라는 잉글랜드와 영국 최장시간 무실점 기록을 경신하는 위업을 달성했다. 그의 무실점 기록이 끝났을 무렵, 맨유는 이미 확고한 리그 우승후보였고 그대로 그 18번째 리그 우승을 달성했다. 그 시즌 리그 2위를 차지한 리버풀의 통산 리그 우승기록인 18회와 동률을 이루는 기록이었다.

    2008년 일본에서 열린 클럽월드컵에 참가한 맨유는 에콰도르 클럽 리가 데 퀴토와의 결승전에서 루니의 골로 1-0 승리를 거두며 첫 클럽월드컵 우승을 차지했고, 2009년 5월 1일에는 토트넘과의 리그컵 결승전에서 승부차기 끝에 승리를 거두며 또 하나의 트로피를 추가했다. 퍼거슨 감독이 반 데 사르 대신 출전시켰던 골키퍼 벤 포스터는 토트넘의 첫 번째 키커 오하라와 세 번째 키커 벤틀리의 페널티킥을 막아내며 리그컵 우승에 결정적인 공헌을 했다.

    챔피언스리그 4강 1, 2차전에서 오셔와 박지성 그리고 호날두의 두 골로 벵거 감독의 아스널을 꺾고 2년 연속 결승전에 오른 맨유는 호날두, 루니, 박지성을 공격진에 선발 출전시키며 과르디올라 감독의 바르셀로나를 상대로 챔피언스리그 2연패를 노렸으나 전반 10분에 에투에게, 후반 25분에 메시에게 각각 골을 내준 끝에 결국 0-2 패배를 당했다.

98. 맨유의 명수문장 반 데 사르와 '철의 포백'

"나는 반 데 사르를 더 빨리 영입했어야 했다."
    알렉스 퍼거슨 감독

    2007/2008시즌에는 맨유의 챔피언스리그 우승에 큰 역할을 했고, 2008/2009시즌 중에 1,311분 무실점 기록을 세운 반 데 사르는 21세기 맨유에서 뛴 골키퍼 중 가장 뛰어난 활약을 했던 선수였고, 맨유 역사에서 슈마이켈과 함께 가장 믿음직했던 수문장으로 인정받고 있다.

    맨유의 트레블을 완성한 직후 슈마이켈이 은퇴했던 1999년 유벤투스

에드윈 반 데 사르

유니폼을 입었던 반 데 사르는 입단 즉시 유벤투스의 주전 골키퍼로 활약하며 유벤투스 역사상 최초의 비이탈리아인 골키퍼가 됐지만, 그들의 동행은 2년 만에 끝나고 말았다. 2001년에 유벤투스는 역대 골키퍼에게 지급한 최다 이적료를 투자해 부폰을 영입했고 3,250만 파운드를 투자한 골키퍼가 벤치에 앉을 리 만무했다. 반 데 사르 역시 유벤투스에 두 번째 옵션의 골키퍼가 될 마음은 추호도 없다는 의사를 분명히 했고 그 즉시 PL 팀 풀럼으로 이적했다. 풀럼에서 가진 그의 데뷔전 상대는 다름 아닌 맨유였다.

1999년에 이미 반 데 사르에 관심을 보였던 퍼거슨 감독은 슈마이켈이 떠난 후 파비안 바르테즈, 팀 하워드 등 총 10명의 골키퍼를 선발 출전시키며 슈마이켈의 빈 자리를 채우고자 했지만 그 누구도 그와 맨유팬들의 마음을 충족시킨 선수가 없었다. 그들의 기다림은 2005년에 반 데 사르가 입단한 뒤에야 해결됐다. 퍼거슨 감독은 다음과 같이 말했다.

"맨유는 슈마이켈이 떠난 후 힘든 시간을 보냈다. 반 데 사르가 입단하고 나서야 마침내 슈마이켈이 있던 수준과 같은 안정감을 갖게 됐다. 우리

입장에서 반 데 사르는 완벽한 영입이었다. 슈마이켈이 떠난 직후에 그가 맨유에 왔다면 더 좋았을 것이라는 생각이 들 뿐이다."

물론, 그 시즌 맨유의 1,311분 무실점은 반 데 사르의 안정적인 방어 외에도 그 앞에서 최고의 수비진을 형성했던 '철의 포백'이 있었기 때문에 가능했던 것이다. 당시 맨유 수비진을 형성했던 선수들은 2008/2009시즌 맨유의 주장이었던 네빌을 중심으로 퍼디난드, 비디치, 에브라였다. 로테이션 멤버로는 다양한 포지션을 소화할 수 있는 오셔와 브라운이 있었다.

민첩한 퍼디난드와 강인한 비디치는 유럽 최정상의 중앙 수비수 조합을 선보였고 뛰어난 수비실력은 물론 최고 수준의 공격가담 능력을 갖췄던 에브라는 맨유의 왼쪽 측면을 완벽하게 지배했다. 뛰어난 대인마크 능력과 리더십을 겸비한 네빌은 부상으로 인해 전 시즌을 소화하지 못했지만, 오셔, 브라운이 그의 공백을 완벽하게 메꿨다.

결국 반 데 사르와 철벽의 수비진들에 힘입어 2008/2009시즌 맨유는 38경기에서 24실점만을 기록하며 리그 우승을 차지했다.

99 2009/2010시즌
루니의 맹활약과 새 체제의 구축

호날두는 축구 역사상 최고의 이적료인 8천만 파운드를 남기고 레알 마드리드로 떠났다. 베컴이 떠났을 때와 마찬가지로, 또는 그 이상으로 호날두의 빈 자리를 어떤 한 선수가 대체하는 것은 불가능한 일이었다. 맨유는 마이클 오언, 발렌시아, 오베르탄, 디우프 등을 영입하며 새 시즌을 시작했지만, 호날두 없이 맞이한 첫 시즌 맨유에서 최고의 활약을 보인 선수는 새로 영입된 선수들이 아니라 맨유 입단 이래 늘 가장 꾸준한 활약을 보여줬던 웨인 루니였다.

맨유가 리그 2연패를 하는 사이, 리그 우승을 놓치고 챔피언스리그 결승전 승부차기에서 맨유에 우승컵을 내줬던 첼시는 스콜라리 감독과 히딩크 감독을 거쳐 AC 밀란에서 이미 명장으로 널리 인정받은 안첼로티 감독을 새 감독에 임명한 채 2009/2010시즌을 시작했다. 안첼로티 감독은 첼시에 부임한 직후부터 자신의 지도력을 발휘하기 시작했으며 시즌 막판까지 맨유와 리그 우승 경쟁을 펼쳤다.

두 팀의 리그 우승을 결정지었던 단판 대결은 2010년 4월 3일 첼시 홈구장 스탬퍼드 브릿지에서 펼쳐졌다. 조 콜에게 전반 20분 만에 선제골을 내준 맨유는 후반 34분 드록바에게 추가골을 내준 직후 마체다가 추격골을 기록하며 쫓아갔지만 그대로 첼시에 패하며 승점 3점을 내주고 말았다. 시즌 종료 시점에 두 팀의 승점은 첼시가 86, 맨유는 85였다. 첼시로서는 4년 만에 되찾은 리그 우승 트로피였고 맨유로서는 특히 그 4월의 홈경기 패배가 뼈아픈 시즌이었다.

맨유 입단 후 처음으로 리그에서 20골 이상을 기록한 루니는 리그 26골, 모든 대회에서 34골을 기록하며 팀 내 최다 득점자가 됐고 아스톤 빌라와의 리그컵 결승전에서도 양 팀이 1-1로 맞서고 있던 후반 29분에 결승골을 기록하며 팀에 또 한 번의 리그컵 우승을 안겨줬다.

100 2010/2011시즌
박지성 최고의 시즌과 역사적인 맨유의 19번째 리그 우승

2009/2010시즌, 호날두가 떠난 자리를 완벽히 메운 선수가 루니였다면 2010/2011시즌 맨유를 이끌었던 것은 특정선수가 아닌 팀 전체였다. 맨유 입단 세 번째 시즌을 맞은 베르바토프는 리그 20골로 PL 득점왕을 차지하며 마침내 자신에게 3천만 파운드를 투자한 퍼거슨 감독의 믿음에 보답했고, 나니는 같은 포르투갈 출신의 호날두에 버금가는 모습으로 자신의 맨유 입단 이후 최고의 시즌을 보냈다. 잉글랜드 축구계에 전혀 알려진 바 없

던 공격수 치차리
토 역시 중요한 순
간마다 골을 터뜨
리며 팀에 새로운
해결사로 자리 잡
았다.

　이 시즌 맨유
의 리그 우승에 결
정적인 역할을 한
선수로는 박지성
역시 빼놓을 수 없

리그 19번째 우승을 축하하고 있는 팬들

다. 맨유는 리그 개막부터 2월까지 단 1패도 당하지 않으며 순위경쟁을 펼쳤는데 박지성은 이 중 10월 6일 열렸던 울버햄튼 원더러스와의 경기에서 홀로 두 골을 기록하며 팀에 2-1 승리를 안겨줬다. 이 두 골 중 후반 추가시간에 박지성이 측면에서 중앙으로 파고들며 슈팅을 시도해 골망을 가른 두 번째 골은 순수하게 박지성 개인의 능력으로 만든 골이자 그 혼자서 팀에 승점 2점을 더해준 골이었다. 그는 2개월 후인 12월 13일 열린 아스널전에서도 그 경기의 유일한 골을 기록하며 팀에 승점 3점을 보태줬으며 이 시즌 모든 대회에서 8골을 터뜨리며 자신이 맨유에서 보낸 7시즌 중 가장 많은 골을 기록했다.

　베르바토프와 나니, 치차리토와 박지성 등 전 팀원이 고른 활약을 펼치며 전 시즌 리그 우승팀 첼시를 승점 9점 차이로 따돌리고 리그 우승을 차지한 맨유는 이 시즌의 우승으로 통산 19번째 리그 우승을 기록하며 드디어 리버풀이 장기간 보유하고 있던 잉글랜드 리그 최다 우승팀이라는 상징적인 지위를 맨체스터로 가져오게 됐다.

리그컵과 FA컵에서 조기에 탈락한 맨유는 다시 한 번 챔피언스리그 결승전에 진출해서 2년 전에 같은 무대에서 상대했던 바르셀로나를 만났다. 버즈비 감독이 유러피언컵 우승을 차지했던 바로 그 웸블리 구장에서 열린 결승전에서 맨유는 과르디올라 감독이 이끄는 바르셀로나에 설욕을 다짐하고 나섰지만 최고의 활약을 선보인 메시에 또 한 번 골을 내주며 결국 1-3 패배를 당했다. 결승전 맨오브더매치에 선정된 메시는 그 시즌 챔피언스리그에서 12골을 득점하며 득점왕에 올랐고 그해 발롱도르를 수상했다.

101) 잉글랜드 축구가 목격한 최고의 아시아 선수
박지성

"박지성은 맨유에서 뛴 가장 프로다운 선수 중 한 명이었다. 그는 특히 중요한 경기에서 제 역할을 해내는 선수였고 나는 그를 중요한 경기에 투입하는 것을 즐겼다. 맨유에서 그는 오직 개인적인 욕심 없이 팀을 위해 뛰는 선수들만이 맡을 수 있는 역할을 수행했다. 바로 그 점이 정확히 박지성을 설명해주는 모습이었다. 어떤 역할을 맡기더라도 그는 팀을 위해서 그 역할을 충실히 수행했다. 그는 진정 환상적인, 자신의 임무에 투철한 프로선수였다."

알렉스 퍼거슨 감독

한국의 축구팬들에게 PL과 유럽 챔피언스리그를 마치 자국 리그인 것처럼 즐겨볼 수 있는 시대를 열어준 주인공인 박지성에 대해 현지 언론에서는 자주 '이름없는 영웅(Unsung Hero)'라는 표현을 썼다. 그 표현이 국내에서도 팬들에게 널리 회자됐던 것은 그만큼 그 표현이 그에게 어울리고 절묘한 표현이었기 때문이다.

2002년 한일월드컵에서 히딩크 감독의 황태자가 된 박지성이 그 뒤로 히딩크 감독의 부름을 받아 네덜란드 명문 PSV 아인트호벤에서 맹활약했고, 그 활약을 바탕으로 2005년 퍼거슨 감독에게 직접 전화를 받은 후에 맨유 이적을 결심한 것은 널리 알려진 사실이다. 그가 퍼거슨 감독에게 전화를 받았던 것은 2005년 네덜란드 FA컵 결승전이 끝난 직후로 그의 자서전에 구체적인 당시의 상황이 소개되어 있다.

'할로!' 영국 특유의 악센트가 강하게 들려왔다. 퍼거슨 감독은 내가 영어에 능숙하지 않다는 걸 알고 또박또박 아주 느리게 내게 전화를 건 이유를 설명해주었다. 반 니스텔루이가 아인트호벤에서 뛰다 건너가 지금 맨유에서 주전 공격수로 뛰고 있다는 이야기, 나와 포지션이 겹치는 라이언 긱스의 나이가 적지 않아 다음 세대가 필요하다는 이야기, 내가 오른쪽과 왼쪽 윙으로 모두 뛸 수 있으니 당장 맨체스터 유나이티드의 전력에 큰 도움이 될 거라는 이야기를 하면서 맨체스터로 넘어오는 게 어떻겠느냐고 이적 의사를 물었다.

그렇게 맨유에 입단한 박지성의 맨유 시절 중 특히 유럽 현지의 팬들에게 가장 큰 임팩트를 남긴 것은 그가 2009/2010시즌 AC 밀란과의 챔피언스리그 8강전에서 AC 밀란의 핵심이었던 피를로를 완벽하게 봉쇄한 경기였다. 박지성이 은퇴 후 맨유의 글로벌 앰배서더로 임명됐을 때, 올드 트래포드에서 열렸던 그의 임명식에서 퍼거슨 감독 역시 바로 그날의 일이 박지성의 최고의 활약이었다고 말했다.

그 외에도 그는 특히 아스널, 첼시, 리버풀 등 맨유를 제외한 나머지 '빅4' 팀과의 경기에서 골을 기록하는 등 중요한 경기에서 뛰어난 활약을 펼쳤고 2010/2011시즌 울브스전에서는 개인의 능력으로 맨유에 승리를 안겨주

박지성

기도 했다. 그러나 그가 맨유에서 얼마나 중요한 선수였는지를 단적으로 보여주는 예는 따로 있다. 그가 2009, 2011년 두 차례의 챔피언스리그 결승전에 선발로 출전했다는 것이다. 그 둘 중 후자의 경기에서 그는 후반전 종료까지 풀타임을 뛰었다.

비록 그 두 경기에서 맨유는 메시를 중심으로 전성기에 있던 바르셀로나를 넘어서지 못했지만 그 사실은 있는 그대로 맨유에서의 박지성의 존재감과 가치를 증명하는 요소였다. 이 책을 읽고 있는 독자들이 챔피언스리그 결승전에 진출한 팀의 감독이라고 생각해보자. 그 경기의 승패에 따라서 여러분은 챔피언스리그 우승팀의 감독이 되어 역사에 이름을 남기거나, 패자가 되어 결승전에 진출했었다는 사실조차 잊혀질 것이다. 그렇다면 여러분은 어떤 선수를 그 경기에 내보내겠는가. 분명히 팀이 갖고 있는 모든 자원 중에 최고의 선수 11명을 경기장에 내보낼 것이다.

박지성은 잉글랜드의 리그 최다 우승팀인 맨유에서, 역대 최고의 감독으로 평가받는 퍼거슨 감독의 챔피언스리그 결승전 최종선택지에 두 차례나 이름을 올렸다. 맨유가 또 한 번 챔피언스리그 결승전에 진출해서 결국 우승을 차지했던 2007/2008시즌의 결승전에 출전하지 못한 것을 박지성은 '자신의 축구 인생에 가장 슬픈 우승이었다'고 표현했지만 퍼거슨 감독에게서도 그 결정은 결코 쉬운 결정이 아니었다. 그는 그 결정을 두고 "감독 경력 중 가장 어려운 결정이었다"고 말했다.

2009년, 「가디언」은 박지성에 대한 이야기를 소개하며 그를 '잉글랜드 축구계에서 뛴 최고의 아시아 선수'라고 불렀다. 그는 맨유 역사에서 처음으로 주장 완장을 차고 경기에 나섰던 아시아 선수였으며, 챔피언스리그 우승을 차지한 첫 아시아 선수였다. 특정 축구관계자의 개인적인 의견이 아니라 명백한 팩트들로 증명된 그 사실은 앞으로도 오래 맨유와 PL의 역사에 남아 이후로 뛰어난 아시아 선수가 등장할 때마다 되살아날 것이다.

박지성은 분명히 잉글랜드 축구계가 목격한 최고의 아시아 선수였다.

102) 2011/2012시즌
맨시티와의 우승 경쟁과 골득실 차이로 우승을 놓친 맨유

2010/2011시즌 종료와 함께 맨유의 두 베테랑 반 데 사르와 스콜스가 은퇴를 했고 새 시즌을 앞둔 7월에는 장기간 팀의 수비에 큰 공헌을 했던 웨스 브라운과 존 오셔 역시 선더랜드에 입단하며 팀을 떠났다. 리빌딩이 필요했던 맨유는 스페인과 잉글랜드에서 큰 기대를 받던 선수들인 다비드 데 헤아, 필 존스, 애슐리 영을 영입하며 팀에 새 활력을 불어넣었다. 잠시 팀을 떠났던 스콜스 역시 1월에 은퇴에서 돌아온 후 녹슬지 않은 기량을 과시했다.

맨유가 리빌딩을 시도하고 있을 무렵, 갑부 구단주의 지원으로 착실히 전력을 보강해오던 맨시티는 2011/2012시즌 들어 본격적으로 PL 우승 경쟁에 뛰어들기 시작했다. 만치니 감독의 지휘 아래 아구에로, 다비드 실바, 야야 투레, 빈센트 콤파니, 조 하트로 이어지는 전 포지션에 걸쳐 안정적인 스쿼드를 구축한 맨시티는 리그 개막 후 14경기에서 12승 2무를 기록하며 막강한 전력을 과시했고 그중에는 맨유 홈구장 올드 트래포드에서 그들이 거둔 6-1 승리도 포함되어 있었다.

시즌 내내 두 맨체스터 팀들의 우승 경쟁이 펼쳐진 가운데, 맨유는 맨시티에 당한 충격적인 패배에도 불구하고 루니의 골 행진과 웰백을 포함한 신예들의 활약 속에 꾸준히 승점을 쌓아나가다가 3월에는 맨시티를 제치고 리그 1위 자리를 되찾아왔다. 그러나 4월부터 6연승을 달리며 쫓아온 맨시티는 QPR과의 리그 최종전에서 1-2로 뒤지고 있던 후반 추가시간에 제코와 아구에로의 두 골로 맨유와 승점에서 동률을 이루는 데 성공, 골득실에서 앞서며 44년 만의 잉글랜드 1부 리그 우승을 차지했다. PL 출범 이후 가장 드라마틱한 리그 역전 우승이었다.

같은 시간 선더랜드와의 경기에서 이미 승리를 거둔 맨유는 후반전까지 맨시티가 1-2로 뒤지고 있다는 소식에 우승을 차지했다고 생각했으나, 추가시간에 맨시티가 두 골을 넣었다는 소식에 망연자실할 수밖에 없었다. 특히 4월 30일 맨시티전에서 당한 0-1 패배가 뼈아픈 후회로 남는 시즌이었다. 경기 후 퍼거슨 감독은 다음과 같이 말했다.

"이 경험은 분명 쓰린 경험이지만 맨유의 어린 선수들에게 아주 좋은 경험이 될 것이다. 우리는 그 누구보다 훌륭한 역사를 가진 팀이며 맨시티가 우리와 같은 역사를 갖게 될 때까지는 100년은 필요할 것이다. 그들의 존재는 우리에게 도전이지만, 우리는 이미 도전에 익숙하다."

리그컵과 FA컵, 챔피언스리그에서 모두 조기에 탈락한 맨유는 그대로 아쉬움을 안은 채 무관으로 시즌을 끝냈다. 그러나 퍼거슨 감독은 그가 자신의 재임기간에 늘 그랬듯 무관의 시즌을 털어낼 비장의 무기를 구상한 채 다음 시즌을 준비하고 나섰다.

(103) 2012/2013시즌
반 페르시 영입과 20번째 리그 우승

골득실 차이로 맨시티에게 리그 우승 트로피를 내준 퍼거슨 감독이 판단한 해결책은 간단했다. 맨유에 확실하게 골을 넣어줄 수 있는 공격수를 데려오는 것이었다. 문제는, 그가 점찍은 그 주인공이 다름 아닌 그의 맨유 감독 재임기간 중 첫 번째 맞수이고 가장 오래 라이벌 관계를 이어왔던 아스널의 아르센 벵거 감독이 키워낸 공격수라는 점이었다. 아스널에서 오랜 기간 '유리몸'이라는 비판을 받았음에도 벵거 감독의 신뢰와 지도로 PL 득점왕으로 성장한 로빈 반 페르시였다.

벵거 감독의 아스널 감독 부임 초기 거센 신경전을 펼치기도 했던 두 감독은 어느새 PL에서 가장 오래 재임한 감독으로 자리 잡으면서 상호간에 우호적인 관계를 유지해나가고 있었다. 반 페르시의 영입에서도 그런 관계가 작용했다. 퍼거슨 감독은 반 페르시 영입 이후 BBC와의 인터뷰에서 다음과 같이 말했다.

"상세히 밝힐 수는 없지만, 벵거 감독과의 대화는 우호적으로 진행됐다. 그는 반 페르시가 맨유로 떠나고 싶어한다는 것을 알고 있었다. 그 덕분에 협상이 좀 더 쉽게 진행됐다. 물론, 그를 상대로 이적료를 깎는 데는 성공하지 못했다."

일각에서는 이미 29세의 나이에 부상전력이 심한, 게다가 아스널과의 계약종료를 1년 남겨놓고 있었던 반 페르시에게 2,400만 파운드의 이적료를 지불한 것은 위험부담이 큰 도박이라는 분석을 내놓기도 했다. 그러나 그의 영입으로 그 시즌 맨유는 확실한 한 가지를 얻었다. 리그 우승 트로피였다. 반 페르시는 PL에서 적응이 필요 없는 스트라이커였고 맨유에서 보낸 첫 시즌부터 26골로 리그 득점왕을 차지하며 맨유에 리그 우승을 안겨줬다. 그 어떤 이유와 배경을 불문하고 리그에서 우승을 차지하는 것을 가장 중요하게 여기는 퍼거슨 감독과 맨유에게 반 페르시의 영입은 충분히 효과적이고 성공적인 한 수였다.

또 한 번 FA컵, 리그컵, 챔피언스리그에서 모두 조기 탈락한 맨유였으나 그들은 전 시즌 리그 챔피언이었던 맨시티보다 승점 11점이 많은 여유로운 리드를 유지한 채 20번째 리그 우승을 달성했다. 그리고 그 20번째 우승이 확정됐던 2013년 5월 8일, 퍼거슨 감독은 이번 시즌을 끝으로 은퇴하겠다는 사실을 발표했다. 그리고 그의 은퇴발표는 2001년의 그것과는 달리 번복되지 않고 그대로 현실이 됐다.

104 아내에 의한 은퇴 번복과
아내를 위한 은퇴

2001/2002시즌을 앞두고 은퇴를 발표했던 퍼거슨 감독의 마음을 바꿔 놨던 것은 2001년 크리스마스 밤에 그의 발을 걷어차며 '은퇴할 생각은 꿈도 꾸지 말라'던 그의 아내 캐시였다. 그런 그가 다시 한 번 은퇴를 결심하게 된 결정적인 계기는 12년 후인 2013년 크리스마스에 찾아왔다. 전의 그의 은퇴가 그의 아내에 의해 번복됐다면, 이번에는 그의 아내를 위해 은퇴를 하기로 결심한 퍼거슨 감독이었다. 그는 은퇴를 발표한 뒤 영국의 스카이스포츠와의 인터뷰에서 다음과 같이 말했다.

"크리스마스에 결심을 내렸다. 아내 캐시의 언니가 세상을 떠났고 그녀는 자신의 인생에서 최고의 친구를 잃었다. 지난 47년 동안 그는 내 가족의 리더였고 나를 위해 엄청난 희생을 해왔다."

12년 전과 마찬가지로, 아니 12년 전보다 더욱 퍼거슨 감독은 맨유를 이끌면서 많은 것을 이루었다. 2001년의 그가 트레블을 달성하고 3년 연속 리그 우승을 차지한 감독이었다면, 2013년의 그는 한 차례 더 챔피언스리그 우승을 차지하고 마침내 리버풀이 보유하고 있던 잉글랜드 리그 최다 우승 팀이라는 명예를 맨유로 가져온 감독이었다. 그의 나이도 60세에서 72세로 변해 있었다.

그의 은퇴에 많은 축구계 인사와 팬들이 큰 아쉬움을 표했지만, 맨유를 지켜보는 모두가 이미 72세인 그가 영원히 맨유를 이끌 수 없다는 사실을 잘 알고 있었다. 축구 역사에 길이 남을 그의 맨유에서의 행보가 언젠가는 끝나야 한다면, 맨유에 20번째 리그 우승을 선물해주고 정상에서 떠나는 것은 결코 나쁘지 않은 작별이었다.

2013년 5월 12일 비가 내리는 올드 트래포드에서 그는 자신이 감독으로서 맨유를 이끈 마지막 홈경기에 찾아온 팬들을 향해 다음과 같이 말했다.

무엇보다도, 맨유에 고맙다는 말을 하고 싶다. 이사들, 메디컬 스태프, 코칭 스태프, 선수, 그리고 팬뿐만이 아니라 그 모든 것을 다 합친 맨유 전부에 말이다. 맨유는 내 인생에 가장 환상적인 경험이었다. 고맙다.

나는 아주 운이 좋은 사람이었다. 이 나라의 가장 위대한 선수들을 지도할 수 있었고 그들은 맨유를 응당한 방법으로 빛내줬다. 그들 모두에게 수고했다는 말을 건네고 싶다.

나의 은퇴는 내가 맨유를 완전히 떠난다는 것을 의미하지 않는다. 나는 이제서야 맨유와 함께 고생하는 것이 아니라 맨유를 즐길 수 있을 것이다.

꼭 한 가지 여러분 모두에게 상기시키고 싶은 말이 있다. 내가 맨유에서 힘든 시간을 보낼 때마다 맨유는 나를 지지해줬고, 나의 모든 스태프와 선수들도 나를 지지해줬다. 이제 여러분이 할 일은 새로올 감독을 지지해주는 것이다. 그것이 아주 중요하다.

26년 반 동안 맨유를 이끄는 동안 퍼거슨 감독은 5회의 FA컵, 4회의 리그컵, 10회의 커뮤니티실드, 1회의 컵 위너스 컵, 1회의 유러피언 슈퍼컵, 2회의 챔피언스리그, 1회의 클럽월드컵, 그리고 13회의 리그 우승 기록을 남겼다. 퍼거슨 감독의 은퇴식 진행자가 그를 '영국 역사상 최고의 감독'이라고 소개하는 가운데 그의 이름을 연호하는 팬들 중의 일부는 그의 이름을 딴 알렉스 퍼거슨 스탠드 위에 앉아 있었다.

105 맨유 역사상 최다 경기 출전자
라이언 긱스

퍼거슨 감독의 은퇴와 그에 이은 모예스 감독의 부진으로 연일 영국 언론을 뜨겁게 장식했던 맨유였지만 2013/2014시즌 맨유는 팀의 140년 역사를 통틀어서 가장 오래 팀에 공헌했던 선수와 작별을 맞이했다. 대부분의 유럽 팀의 최다 출전자 기록보다 약 200여 경기를 더 한 963회 출장 기록을 남긴 라이언 긱스였다. 맨유는 스스로 공식 홈페이지에서 그의 최다 출전기록은 분명히 깨지지 않을 것이라고 적어놓고 있다.

그와 같은 시기에 유소년팀에서 성장했고 1992년에 FA 유스컵 우승을 차지했던 다른 멤버들과는 달리, 긱스는 맨시티 유소년 시스템을 거치며 성장했고 큰 변동사항이 없다면 그대로 맨시티 선수가 될 예정이었다. 그러나 그의 진로는 1986년에 퍼거슨 감독이 맨유에 부임하면서 크게 변하게 된다. 그의 14번째 생일이었던 1987년 11월 29일에 알렉스 퍼거슨 감독이 직접 그의 집을 찾아와 그를 설득해서 맨유 유소년팀으로 데려간 것이다. 아이러니하게도, 그가 1군 무대에서 처음 기록한 골은 맨시티를 상대로 나왔고 그 경기에서 맨유는 맨시티에 1-0 승리를 거뒀다. 긱스의 골이 승부를 가른 골이었던 셈이다.

그렇게 시작되어 써내려 간 긱스의 역사는 곧 퍼거슨 감독이 맨유에서 보낸 26년의 역사이자 맨유의 역사였다. 그가 맨유 1군에서 활약하는 동안 그와 함께 뛴 공격수들의 이름만 봐도 그 사실은 쉽게 드러난다. 그의 1군 데뷔 초기에는 그의 앞에 마크 휴즈가 있었고 그 후에 '킹' 에릭 칸토나가 맨유에서 다섯 시즌을 보냈으며 그 뒤에는 앤디 콜과 드와이트 요크 콤비 그리고 셰링엄과 솔샤르가 있었다. 2000년대에는 반 니스텔루이와 루니가 있었고 호날두와 테베즈가 있었으며 마지막으로는 베르바토프와 반 페르시가 있었다. 그 모든 공격수의 골 장면 뒤에는 측면에서 또 때로는 중앙에서 그

라이언 긱스

들에게 절호의 찬스를 만들어주고 팀을 이끌어준 긱스가 있었던 것이다.

1군 무대에 등장했던 1990년대 초기에서부터 1990년대 후반까지의 그는 파괴적이고 폭발적인 플레이로 직접 골을 기록하는 유형의 선수였다. 그 대표적인 장면이 1998/1999시즌 아스널과의 FA컵 준결승전에서 나왔던 골 장면이었다. 순수하게 개인의 능력으로 만들어낸 그 골은 맨유가 트레블을 달성하는 데 결정적인 역할을 했을 뿐 아니라, 세계 최고 권위의 컵 대회인 잉글랜드 FA컵의 역사에서도 가장 빛나는 골 장면으로 남아 있다.

21세기에 들어서면서 그는 점점 중앙과 측면을 가리지 않고 퍼거슨 감독의 전술적인 지시를 그라운드에서 실현하는 조력자적인 역할을 수행하기 시작했다. 그가 맨유에서 기록한 168골은 그 자체로도 맨유 최다 득점자 순위에서 7위에 해당하는 준수한 기록이지만, 그가 맨유 최다 출전 기록 2위에 올라 있는 보비 찰튼보다 200경기가 넘는 경기에 뛸 수 있었던 이유가 바로 거기에 있다. 그는 20대에도, 30대에도 퍼거슨 감독이 지도했던 수많은 레전드들 중에서도 가장 믿고 경기장에 투입할 수 있는 선수였다.

그런 긱스의 공헌은 맨유 팬들에게 널리 인정받고 있다. 선수로서 최다 출전과 관련된 거의 모든 기록을 새로 쓴 채 은퇴한 그는 2011년 맨유 공식 매거진과 홈페이지에서 실시한 맨유 역사상 가장 위대한 선수를 선정하는 투표에서 조지 베스트, 에릭 칸토나, 보비 찰튼, 호날두 등을 모두 제치고 당당히 1위를 차지했다.

Chapter 8.
포스트 알렉스 퍼거슨 시대
2013~2025

106 2013/2014시즌
데이비드 모예스 감독 시대

퍼거슨 감독 은퇴 후 처음 맞은 맨유의 2013/2014시즌이 종료됐을 때, 맨유의 레전드이자 은퇴 후 해설가로 변신한 게리 네빌은 "이번 시즌 맨유에 긍정적인 요소는 무엇이었다고 생각합니까?"라는 질문을 받고 침통한 얼굴로 한참 동안 아무 대답도 하지 못했다. '퍼거슨의 아이들'의 일원이자 팀 주장을 역임한, 맨유를 가장 잘 아는 그의 그 반응이 맨유의 2013/2014시즌을 가장 잘 대변해준 것이었다

잉글랜드 리그 최다 우승에 빛나는 맨유의 감독직은 보통의 경우라면 유럽의 모든 유명 감독들이 탐낼 만한 자리다. 그곳에서 성공을 거두든 실패를 하든 자신의 감독 커리어에서 맨유를 지휘해봤다는 것 그 자체가 자신의 능력에 대한 인증이 되기 때문이다. 그러나 그 전임자가 알렉스 퍼거슨 감독이라면 그 이야기는 전혀 달라진다. 26년 반 동안 맨유를 이끌면서 13번의 리그 우승을 차지한 감독을 과연 누가 대체할 수 있단 말인가.

퍼거슨 감독의 은퇴를 전후로 다양한 감독들이 맨유 감독 후보 리스트에 이름을 올렸지만, 퍼거슨 감독은 그의 후계자가 누가 될 것인지를 미리 알고 있었다. 그가 직접 지명을 했다고 해도 무리가 없었다. 퍼거슨 감독이 믿은 자신의 후계자는 에버튼을 이끄는 동안 한정적인 예산으로도 팀을 꾸준히 상위권으로 이끌며 PL에서 명장으로 널리 인정받았던 데이비드 모예스 감독이었다.

모예스 감독이 맨유 감독에 부임한 직후에 직면했던 첫 난제는 웨인 루니 영입에 나선 첼시의 구애를 뿌리치고 그를 팀에 남기는 일이었다. 루니는 퍼거슨 감독의 재임 마지막 시즌 후반에 팀 내에서 본인의 입지에 대해 불만을 표하고 직접 퍼거슨 감독에게 팀을 떠나고 싶다는 의사를 밝히는 등 구단과 마찰을 빚고 있었다. 그리고 모예스 감독이 맨유 감독으로 일하기

시작함과 동시에 같은 시기에 첼시로 돌아온 무리뉴 감독이 루니 영입에 나섰던 것이다.

여전히 잉글랜드 최고의 스타 선수인 루니가 직접 이적을 요청했고, 원하는 선수를 팀에 데려오는 능력이 탁월한 첼시의 관심은 이제 막 맨유에 입성한 모예스 감독에게 쉽게 해결할 수 있는 문제가 아니었다. 그러나 이미 에버튼 시절에도 16세의 루니를 1군 무대에 데뷔시켰던 주인공인 모예스 감독의 입장은 확고했다. 그는 영국 언론을 상대로 얘기했다.

"루니에 대한 모든 루머는 팬들의 입에 오르내리는 것일 뿐 분명한 사실은 그는 판매대상 선수가 아니라는 점이다. 나는 그와 수차례 대화를 나눴고 과거의 일은 이미 지나간 일일 뿐이다. 우리는 앞으로도 함께할 것이다."

결국 모예스 감독은 루니를 팀에 남기는 데 성공했다. 결과적으로, 그게 그가 맨유 감독으로서 남긴 가장 큰 성과가 됐다

모예스 감독의 맨유는 시즌 시작부터 또 다른 난제에 봉착했다. 그리고 그 문제는 분명히 그에게는 커다란 불운이기도 했다. 시즌 개막 후 가진 첫 리그 5경기에서 첼시(홈), 리버풀(원정), 맨시티(원정)를 상대하게 된 것이다. 결국 그는 그 세 경기에서 1무 2패를 기록했고 9월 22일 가진 맨시티 원정에서 1-4로 패한 후 리그 8위로 처지게 된다. 첫 맨체스터 더비에서 대패를 당한 충격은 바로 그 다음 경기였던 웨스트브롬 전에도 고스란히 이어졌고 그 경기에서 1-2로 패했을 때 맨유의 리그 순위는 12위였다

모예스 감독이 맨유 감독에 임명됐던 직후부터 그가 과연 맨유를 이끌 수 있는 인물인지에 대해 의문부호를 제시하던 언론과 팬들에게 그 시점부터 이미 그는 신뢰를 잃어버리고 말았다. 리그 우승에 가장 큰 경쟁자들과

에버튼에서 시작되고 끊겼던 모예스 감독과 루니의 인연이 맨유에서 다시 이어졌다.

의 첫 대결에서 무승을 기록했을 뿐 아니라 리그 중하위권 팀인 웨스트브롬에게까지 패한 그는 점점 맨유라는 거대한 클럽에서의 새 도전에 대한 자신감마저 잃어갔다.

10월에 들어서 모예스 감독은 선더랜드전 승리를 시작으로 12월 1일 열린 토트넘전까지 무패행진을 달리며 서서히 새 팀에 적응해나가는 것 같았으나, 잔인하게도 그의 무패행진에 제동을 걸었던 것은 그가 11년 동안 이끌었던 전 소속팀 에버튼이었다. 자신의 새 팀의 홈구장인 올드 트래포드에서 전 팀 에버튼에 0-1 패배를 당한 모예스 감독은 바로 다음 경기였던 뉴캐슬전에서도 홈경기에서 무득점에 그치며 0-1 패배를 당했다

신통치 않은 리그 성적에 이어 1월에 FA컵과 리그컵에서 모두 탈락한 것은 맨유 관계자들의 불신을 더욱 가중시켰다. 이미 여름 이적시장에서 펠라이니를 영입하는 데 2,750만 파운드를 투자했던 모예스 감독은 1월 이적

시장에서 맨유 역사상 최고 이적료인 3,700만 파운드를 들여 첼시로부터 후안 마타를 영입하며 분위기 반전을 꾀했지만 시즌 개막 초에 만났던 첼시, 리버풀, 맨시티와의 두 번째 대결에서는 세 경기에서 모두 3실점을 하며 전패를 당했다. 챔피언스리그에서는 바이에른 뮌헨의 벽을 넘지 못하고 8강에서 탈락하고 말았다.

결국, PL에서 오래 그 실력을 인정받았고 퍼거슨 감독으로부터 직접 지명된 후계자였던 모예스 감독의 맨유에서의 재임기간은 한 시즌을 다 채우지도 못한 채 4월을 끝으로 마무리되고 말았다. 모예스 감독이 떠난 자리를 임시 감독으로서 대신한 사람은 라이언 긱스였다. 결국 그 시즌 맨유 는 챔피언스리그는 물론 유로파리그 진출권까지 어떤 유럽 대회 출전권도 획득하지 못한 채 리그 7위로 시즌을 마무리했다

한편, 이 시즌 모예스 감독의 실패에는 여러 복합적 이유가 있었으나 10년이 지난 현 시점에서 여전히 지적되고 회자되는 가장 크고 넓은 관점에서의 문제점 중 하나는 '선수 영입의 실패'였다. 실제로 당시 모예스 감독이 맨유에서의 성공적인 시작을 위해 여름 이적시장에서 원했던 선수들은 프리미어리그에서 이미 리그 내 정상급 반열에 올랐던 세스크 파브레가스, 가레스 베일 등이었으나 실제로 맨유는 그 여름 이적시장에서 에버튼 출신의 미드필더 펠라이니를 영입했다. 펠라이니는 다양한 역할을 수행할 수 있는 자원이긴 했으나 개인의 능력으로 게임을 바꿀 수 있는 '월드클래스급'의 선수라고 보기엔 무리가 있었다.

실제로, 이 시기 맨유를 이끌었던 모예스 감독은 자신의 후임자들에게도 비슷한 문제가 반복되어서 발생하고 있던 2019년 영국 언론 「데일리 미러」와의 인터뷰에서 다음과 같은 말을 남기기도 했다.

"꽤 오랫동안 맨유가 가고 있는 방향이 어떤 방향인지 이해하기 어

렵다. 그들이 마케팅을 위한 선수들을 영입하고 있는 것인지(물론 맨유는 그 부분에서는 환상적으로 뛰어나지만) 혹은 경기장 위에서의 결과를 위해 영입하고 있는 것인지 정확히 모르겠다. 물론 나는 맨유가 큰 이적료를 지급하는 것에만 의존하는 클럽이 아니라는 것은 알고 있으나, 맨유는 필요할 때는 그렇게 할 수 있는 클럽이다."

이러한 이적시장의 실패, 또는 당시 맨유 보드진의 영입정책 문제는 그의 후임자인 반 할, 무리뉴 감독 시절에도 꾸준히 계속해서 이어지게 된다.

107 2014/2015시즌 ~ 2015/2016시즌, 루이스 반 할 감독 시대

모예스 감독이 퍼거슨 감독의 후임으로 지명됐던 순간부터 그의 약점으로 지목된 문제점은, 그가 자신의 감독 커리어에서 한 번도 맨유와 같은 수준의 빅클럽을 이끌어본 적이 없다는 점이었다. 그래서 그의 후임으로 반 할 감독이 임명됐다는 소식은 맨유 팬들과 영국 언론에 아주 적절한 선택으로 비춰졌다. 아약스 시절 챔피언스리그 우승을 차지한 적이 있었고 그 후로도 바르셀로나, 바이에른 뮌헨 같은 위대한 클럽을 맡았던 경험이 있는 그라면 맨유도 충분히 이끌 수 있을 거라는 기대였다. 마침 맨유에 부임하기 직전에 열린 2014 브라질 월드컵에서 최강의 전력이 아니었던 네덜란드를 이끌고 4강까지 올라간 것은 그에 대한 기대를 더 높게 만들었다.

맨유 재건의 기치를 앞세운 반 할 감독은 여름 이적시장에서 당시 PL 최고 이적료 기록을 경신하며 디 마리아를 영입하는 한편, 안데르 에레라, 루크 쇼, 달리 블린트 등의 영입에 총 1억 3천만 파운드에 달하는 이적료를 투자했다. 이적료는 들지 않았지만 라리가에서 최고의 공격수로 인정받았던 팔카오를 AS 모나코에서 임대해오면서 막대한 주급을 지급하기도 했다.

그런 그에 대한 기대는 맨유 팬들에게 절반의 성공과 절반의 실패로 돌아왔다. 챔피언스리그에 복귀했다는 결과가 성공이었다면, 그 과정에서 보여준 지나치게 다양하면서 비효율적인 전술 그리고 특히 시즌 후반 들어 약팀에 번번히 발목을 붙잡히는 모습은 분명히 아쉬운 모습이었다

모예스 감독의 재임 초기 그가 부딪힌 난관이 초반부터 리그 내 우승 후보들을 연이어서 만나야 하는 대진운이었다면, 반 할 감독이 직면했던 문제는 심각한 부상난이었다. 특히 수비진의 부상이 심각해 2군에서 뛰던 블래킷을 1군 중앙 수비수로 기용해야 하는 상황이 발생하기에 이르렀고 한 선수가 복귀하면 다른 선수가 부상을 당하는 악순환이 시즌 초반 내내 이어졌다. 선수단의 너무 심한 부상으로 인해서 반 할 감독이 자신의 전술을 제대로 펼칠 수 없었다는 주장이 있었던 것도 사실이었다

또 하나 그의 자질에 대해 논란을 낳았던 것은 3백을 중심으로 한 그의 너무 잦은 선수 로테이션 및 전술 변화였다. 현지의 언론 및 팬들로부터 '도대체 맨유의 베스트 11이 누군지 모르겠다'는 비판이 이어지기 시작했다. 반 할 감독은 자신이 네덜란드 국가대표팀을 이끌면서 즐겨 사용했던 3백을 맨유에 도입하면서 맨유라는 팀 위에 자신이 생각하는 최고의 그림을 그리고자 했으나 결과가 따라오지 않자 시즌 중반을 기점으로 결국 그는 4백을 중심으로 한 안정적인 팀 운영으로 전술을 변화하기 시작했다

부상자들이 복귀하고, 4백 시스템이 자리 잡으면서 반 할 감독의 맨유는 안정기에 접어드는 듯했다. 특히 모예스 감독 시절에 큰 비판을 받았던 애슐리 영, 펠라이니, 마타 등이 시즌 후반기 들어 제 역할을 해주면서 자신의 진가를 보여주기 시작했고 그들의 기량을 끌어올린 반 할 감독의 리더십 역시 인정을 받기 시작했다

그러나 챔피언스리그 진출권이 달린 4위권 확보가 확실시되기 시작했던 바로 그 4월부터 약체 팀에게 당한 3연패는 다시 한 번 팬들로 하여금 그

의 지도력에 의문을 갖게 했다. 막대한 이적료와 주급을 주고 데려온 디 마리아, 팔카오가 기대에 전혀 못 미치는 활약을 펼친 것 역시 반 할 감독에 대한 평가에 감점으로 작용했다. 결과적으로 반 할 감독은 모예스 감독 시절에 리그 7위를 기록하며 유럽 대회에 진출하지 못했던 팀을 한 시즌 만에 챔피언스리그에 복귀시키며 절반의 성공을 거뒀다.

그의 진정한 시험무대는 그 뒤에 이어진 2015/16시즌이었다. 맨유 감독에게 있어 부임 첫 시즌은 리빌딩 등의 이유로 어느 정도 이해 가능한 면이 있다고 하더라도, 2시즌 연속으로 납득할 수 없는 경기력과 성적을 낸다면, 그것은 맨유 감독에게는 결코 용납 받을 수 없는 일이었다. 퍼거슨 감독에 뒤이어 부임한 모예스, 반 할 감독에게는 특히 더욱 그랬다.

그렇게 '반드시 결과를 내야 한다'라는 부담, 우려, 또 기대와 함께 시작된 2015/16시즌 이적시장에서 맨유는 바이에른 뮌헨과 독일 대표팀 레전드인 바스티안 슈바인슈타이거, 사우스햄튼에서 좋은 평가를 받던 미드필더 슈나이덜린 등을 영입하고 이적시장 종반이었던 2015년 9월 1일에 AS 모나코로부터 촉망받던 공격수 안토니 마르시알을 영입한다.

단, 마르시알의 영입은 그의 높은 잠재력을 감안하더라도 지나치게 높은 이적료라는 우려가 있었다. 당시 3,600만 파운드, 옵션 조항을 포함하면 5,800만 파운드까지 오를 수 있는 조건으로 영국 언론 「가디언」 보도 내용에 의하면 프리미어리그 역사상 10대 선수 최고 이적료였다. 이 금액에 대해서는 당시 사령탑 반 할 감독조차 '우스운 이적료'라고 공개 인터뷰에서 발언했을 정도였다.

또한, 반 할 감독은 또한 9월 초 기자회견에서 "나를 위해 영입한 선수가 아니라, 다음 맨유 감독을 위해 영입한 선수"라고 말하며 즉시전력감이 아니라 미래를 위한 투자였음을 드러냈다. 여러모로 마르시알의 영입은 즉시전력감이 아닌, 그것도 10대 선수에게 지나치게 높은 이적료의 영입이 아닌

맨유 역사상 최초의 비 영국인 감독이 된 루이스 반 할 그리고 코치로서 그를 보좌한 레전드 라이언 긱스.

가라는 문제점과 그에 따라오는 팬들의 기대치로 영입당시부터 큰 우려를 샀고 이런 큰 기대감과 그에게 쓰인 이적료의 규모, 그에 대한 부담과 언론의 비판은 이후 그의 맨유 커리어 내내 이어지게 된다.

 이어진 2015/16시즌, 맨유는 4라운드에서 스완지 시티에 당한 1-2 패배를 제외하면 전반적으로 시즌 초반을 순조롭게 출발했다. 특히 초반 분위기에 있어서도, 흐름에 있어서도 스완지 전 패배 직후에 열린 리버풀 전에서 당시 가장 큰 관심과 기대를 모았던 영입생 마르시알이 올드 트래포드에서 열린 리버풀 전에서 데뷔골을 터뜨린 것을 포함해 3 대 1 승리를 거두며 희망을 키우기도 했다. 9월에는 잠시 리그 1위에 오른 적도 있었지만 루크 쇼가 시즌 초반인 9월 다리 부상으로 시즌아웃이 된 것을 포함해 이 시즌 맨유는 선수들의 부상 이슈를 크게 겪게 된다.

 결국 맨유는 11월 말과 12월부터 무승부와 패배를 이어가며 반 할 감독이 맨유 감독으로서 계속 남는 데 최우선 과제였던 톱4 경쟁에서 불안한 싸움을 이어간다. 12월에 본머스, 노리치, 스토크에 당한 패배는 특히 뼈아팠고, 그 후로 맨유는 리그 4위 자리를 되찾지 못한 채 결국 시즌을 5위로 마무리하게 된다.

특히 리그에서 맨유는 상위권 팀들을 대상으로는 강한 모습을 보였으면서도 11위 이하의 팀들을 상대로 너무 많은 승점을 잃는 모습을 보여줬고 홈구장인 올드 트래포드에서도 무기력한 모습을 보여주기 일쑤였다. 실제로 이 시즌 올드 트래포드에서는 32골만이 나왔는데 이는 1부 리그 모든 클럽의 홈구장 기준 최저 득점 기록이었다. 당시 맨유의 경기, 특히 홈경기를 보는 팬들이 지루하다고 불평하는 것이 통계적인 수치로도 근거가 있다는 것을 보여주는 결정적인 자료인 셈이다. 이런 과정에서 반 할 감독의 전술 스타일, 지도력, 그리고 과연 그가 맨유에 장기적으로 어울리는 감독이 맞는지에 대한 의문이 제기됐다.

컵 대회의 경우, 챔피언스리그에서 볼프스부르크, PSV 아인트호벤, CSKA 모스크바와 같은 조가 된 맨유는 1차전인 PSV 전에서 1-2 패배를 당한 것을 시작으로 2승 2무 2패, 조3위로 챔스 탈락 유로파리그 행이라는 성적표를 받았다. 물론 이것은 퍼거슨 감독 시절의 기대치를 갖고 있는 맨유 팬들에게는 도저히 용납할 수는 결과였다. 그렇게 이어진 유로파리그에서도 16강에서 최대 라이벌 클럽인 리버풀에 의해 16강에서 탈락하게 된 것은 이미 난 상처에 소금을 뿌리는 것과도 같은 상황이었다. 리그컵에서는 이미 10월 28일 4라운드에서 탈락한 상태였기에, 맨유로서는 FA컵을 제외한 컵 대회에서는 모두 탈락하게 된 것이었다.

FA컵을 제외한 모든 대회에서 조기에 탈락하거나 챔스에서 탈락한 후 이어진 유로파리그에서도 리버풀에 패하며 탈락하는 등 컵 대회에서 아쉬운 모습을 보였던 이 시즌, 맨유는 남은 리그 일정에서도 좀처럼 반 할 감독

2015/2016시즌 FA컵 결승전 맨유-크리스탈 팰리스 선발 라인업

의 첫 시즌보다 좋아졌다고 할 만한 모습을 보여주지 못했다.

단, 이렇게 유일하게 남은 컵대회였던 FA컵은 이 시즌을 포함해 반 할 감독의 맨유 재임 기간 전체에서 가장 긍정적인 요소로 남게 됐다. 이 시즌 FA컵에서 맨유는 3라운드부터 준결승까지 각각 셰필드 유나이티드, 더비 카운티, 슈루즈베리 타운, 웨스트햄 유나이티드, 에버튼을 만나 승리를 거두며 결승전에 진출했다. 결승전 상대는 앨런 파듀 감독이 이끌고 있던 크리스탈 팰리스였다.

맨유 대 크리스탈 팰리스의 FA컵 결승전은 객관적 전력, 또 같은 대회에서 우승 경력 및 선수단과 감독의 경험 등에서 맨유의 우세가 예상되는 경기였지만 전반전이 0 대 0으로 끝난 것에 이어 후반전 33분에서야 첫 골이 터졌다. 첫 골의 주인공 역시 뜻밖이었다. 크리스탈 팰리스의 펀천이 골을 터뜨린 것이다. 이 장면에서 크리스탈 팰리스가 선제골을 터뜨리자 파란색 정장을 입고 있던 파듀 감독이 카메라를 향해 춤을 추는 모습을 연출하기도 했는데, 이 흥겨운 막춤은 이후 현재까지도 FA컵의 명장면 중 하나로 널리 회자되고 있다.

그러나, 파듀 감독의 '댄스'와 기쁨은 채 3분도 가지 못했다. 이날 경기에서 전반적으로 훌륭한 모습을 보여 BBC로부터 '맨오브더매치'에 선정된 루니가 전방으로 올라가며 올려준 크로스가 펠라이니를 거쳐 마타에게 이어졌고 마타가 그를 곧바로 골로 연결하며 양 팀의 스코어는 1 대 1이 됐다. 후반전 추가 시간, 반 할 감독은 회심의 교체카드를 꺼냈는데 동점골의 주인공인 마타를 빼고 맨유 유스 출신 공격수 제시 린가드를 투입한 것이다. 그리고 이 교체 선택은 결과적으로 반 할 감독이 맨유 재임기간에 한 최고의 선택 중 하나로 귀결됐다.

1 대 1로 연결된 연장전, 맨유는 연장전반 종료 직전에 수비수 크리스 스몰링이 두 번째 옐로우카드를 받으며 퇴장당해 불안한 상태에서 연장후반

을 맞이하게 됐다. 크리스탈 팰리스는 자하를 중심으로 맨유 골문을 노렸고 연장전이 막바지로 다가가고 있던 상황에서 발렌시아가 올린 크로스로부터 이어진 상황에서 반 할 감독의 교체카드였던 린가드가 자신에게 흘러오는 볼을 논스톱 슈팅으로 연결하며 결정적인 골을 터뜨린 것이다. 린가드는 그 후로도 맨유에서 좋은 골을 많이 기록했으나, 이 골은 거의 자신의 능력만으로 맨유에 우승 트로피를 안긴 것이나 다름없는 그의 맨유 커리어 중 최고의 순간이었다.

한편, 반 할 감독의 FA컵 우승 순간에도 영국 언론에는 이미 맨유가 다음 감독으로 주제 무리뉴 감독을 내정했다는 소식이 나오고 있었고, 그 소식은 머지않아 현실로 확인이 됐다. 반 할 감독으로서는 우승 트로피와 함께 자신의 맨유 커리어를 끝냈다는 점이 하나의 위안인 동시에 그 우승의 기세를 이어서 다음 시즌을 맞이하지 못했다는 점에서는 아쉬움으로 남게 됐다.

반 할 감독은 맨유의 역사에서 또 다른 한 가지 중요한 의미를 갖는다. 맨유 구단 역사상 최초의 '비영국인' 감독이 다름 아닌 루이스 반 할이었다. 2시즌 만에 FA컵 우승을 이뤄냈다는 점에서 그의 맨유 재임기를 100% 실패라고만 규정하는 것은 가혹하나 문제는 그가 맨유 감독으로 부임하기 전까지 축구계에서 보여준 커리어와 명성, 그리고 결정적으로 그에 따라오는 클럽, 팬, 미디어의 기대치를 생각하면 그가 2시즌간 맨유에서 보여준 모습, 결과는 실망스러웠다. 성적뿐만이 아니라 팬들이 실제 경기를 보며 느끼는 경기력에도 분명한 아쉬움이 있었다는 점을 언급하지 않을 수 없다.

이런 부분에 대해서 맨유 레전드인 폴 스콜스는 "반 할 감독의 맨유는 점유율 축구라고 볼 수 있는데, 맨유는 점유율을 중요시하는 클럽이 아니다. 맨유는 점유율을 별로 중요하게 여기지 않았고 맨유가 원하는 것, 맨유 팬들이 원하는 것은 골이고 흥미로운 축구다"라고 그 문제점에 대해 공개적으로 발언한 바 있다. 반 할 감독이 추구하는 점유율 위주의 축구와 맨유가 퍼거슨 감독 이래 클럽의 정체성처럼 여겨온, 또 팬들이 기대하는 공격적으로 골을 노리는 축구 사이의 간극을 가장 짧고도 명료하게 보여주는 지적이었다고 볼 수 있다.

재임 기간 반 할 감독은 자신의 거취에 대하여 영국 언론, 또는 영국 축구계와 최소 반년 이상 팽팽한 긴장관계를 형성하기도 했다. 그는 그런 상황에서도 특유의 당당한 스타일과 유머로 그 긴장관계를 풀어내려는 모습을 보여주기도 했는데, 그가 한 경기중 부심에게 항의하는 듯한 모습으로 경기장 위에 미끄러지는 모습은 지금도 반 할 감독이 맨유 감독 시절 남긴 가장 인상 깊은 장면으로 손꼽힌다.

반 할 감독은 맨유에서 경질된 후 자신의 맨유 감독 재임 기간과 경질 과정 등에 대해 네덜란드 언론과 인터뷰를 가질 때 맨유의 한 인물을 수차례 공개적으로 비판한 바 있다. 그 시기를 전후로 영국 언론, 팬들, 또 한국의 맨유 팬들에게도 큰 비판대에 올랐던 에드 우드워드 맨유 CEO가 그 대상이었다.

반 할 감독은 2019년 11월에는 네덜란드 언론과의 인터뷰에서 "바이에른 뮌헨은 항상 축구인이 클럽을 이끌고 있고 나는 그것을 좋게 보고 있다. 그러나 맨유에서는 반대로 에드 우드워드가 CEO로 일하고 있다. 그는 축구에 대한 이해도가 제로인 사람이며 이전에 투자회사에서 일했던 사람이다. 축구 클럽이 이렇게 상업적인 관점에서 운영되는 것은 결코 좋은 일이 아니다"라고 강도 높게 비판한 바 있다.

또한 그로부터 1년 후인 2020년에는 "나는 나의 경질에 대해 (후임 감독인) 무리뉴 감독을 탓하지 않으며, 에드 우드워드 CEO의 탓이라고 생각한다"며 "내 생각에 에드 우드워드는 악마적으로 천재 같은 사람이다"라며 크게 비판하기도 했다.

이 시기, 반 할 감독만이 아니라 맨유의 계속되는 문제점을 지켜보던 영국 내 축구 전문가들, 또 팬들 역시 "비즈니스맨이 아니라 축구인이 맨유를 운영해야 한다"는 비판과 주장을 계속해서 이어 나갔다. 맨유를 축구 클럽이라기보다는 돈을 벌 수단인 '캐시카우(Cash Cow)'로 여기는 듯한 모습을 보였던 글레이저 가문, 에드 우드워드 CEO 등에 대한 비판이 갈수록 거세졌지만 그 문제는 팬들의 바람처럼 빠르게 해결되지 않았고 그 문제가 제대로 해결되지 않은 상태에서 맨유의 새로운 시대가 열리게 됐다.

108 2016/2017시즌 ~ 2018/2019시즌
주제 뮤리뉴 감독 시대

2016/2017시즌

2016년 5월 27일, 맨유는 그 다음 시즌부터 팀을 이끌 감독으로 주제 무리뉴 감독 선임을 공식 발표했다. 퍼거슨 감독이 맨유의 전성기를 이끌던 시절에 이미 첼시 감독에 부임해 맨유와 아스널 2개 팀이 우승을 양분하던 시기를 끝내고 첼시에 프리미어리그 우승 트로피를 안기며 리그 전체에 새로운 시대를 열었던 무리뉴 감독은 맨유 팬들에게 자기소개가 필요 없는 감독이었다.

무리뉴 감독은 취임사를 통해 "맨유 감독이 되는 것은 특별한 영광이다. 맨유는 전 세계에 널리 알려지고 사랑받는 클럽이며 다른 어떤 클럽도 따라갈 수 없는 신비로움과 낭만(mystique and romance)을 가진 클럽이다"라며 예를 갖춰 감상을 밝혔다.

에드 우드워드 CEO는 "무리뉴 감독은 한마디로 현재 세계 최고의 감독이다, 그의 기록이 그의 능력을 증명한다"는 환영사를 남기기도 했다.

일찌감치 무리뉴 감독을 새 감독으로 선임한 맨유는, 여름 이적시장에서 수비수 에릭 바이를 영입한 데 이어 무리뉴 감독만큼이나 승부사 기질이

주제 무리뉴 역시 퍼거슨 이후 부임한 다른 감독들과 마찬가지로 많은 비판을 받았지만, 표면적으로 가장 우수한 성적을 거둔 감독이었다.

있는 스트라이커인 즐라탄 이브라히모비치를 영입하며 우승에 대한 열망을 보였다. 또, 도르트문트에서 맹활약했던 공격자원 미키타리안을 영입했고, 그에 더해 이 시즌 여름의 가장 큰 '빅사이닝'으로 맨유를 떠나 유벤투스에서 당시 세계 최고의 미드필더가 될 것이라는 기대 속에 성장하고 있던 미드필더 폴 포그바를 재영입했다. BBC의 보도에 의하면 당시 맨유가 포그바 영입을 위해 지출한 이적료는 8,900만 파운드로 세계 최고의 이적료였으며 이는 2013년에 레알 마드리드가 가레스 베일을 영입하기 위해 지불했던 8,500만 파운드보다도 높은 이적료였다. BBC 외에 또 다른 영국 유력 언론인 가디언은 포그바의 이적료에 대해 BBC의 보도보다 조금 더 높은 금액인 9,320만 파운드, 1억 1천만 유로를 지불했다고 보도하기도 했다.

당시 유럽 축구 최고의 '우승청부사'였던 무리뉴 감독, 세계 최고의 공격수였던 즐라탄 이브라히모비치, 그리고 세계 최고 이적료를 기록하며 다시 데려온 포그바까지 최소한 3개의 '블록버스터'급 보강을 마친 채 시작됐던 이 시즌, 맨유는 리그에서는 기대에 못 미쳤다는 부정적 평가도 포함된 다소 엇갈리는 평가를 받았지만 무리뉴 감독의 명성대로 컵 대회에서는 확실히 강한 모습을 보여줬다.

새 시즌의 시작을 알리는 커뮤니티실드에서 전 시즌 FA컵 우승팀 자격으로 리그 우승팀 레스터 시티와 만난 맨유는 린가드의 첫 골과 즐라탄의 결승골로 커뮤니티실드 우승과 함께 새 시즌을 시작했다. 그 전 시즌 FA컵 결승전에서 결승골을 기록했던 린가드는 새 시즌 첫 공식 경기였던 커뮤니티실드에서(프리시즌 제외)도 팀의 첫 골을 기록했고, 즐라탄 역시 자신의 첫 공식 경기 데뷔전에서 중요한 순간에 강한 면모를 유감없이 보여줬다.

커뮤니티실드에서 승리하며 우승을 차지한 무리뉴 감독은 "반 할 감독이 FA컵 우승을 차지했기 때문에 이 경기에 나설 수 있었고 우승할 수 있었다"며 전임 감독에게 영광을 돌리는 모습을 보여주기도 했다.

무리뉴 체제 맨유의 리그 첫 상대는 본머스였고 이 시즌 리그에서 맨유의 첫 골을 기록한 선수는 후안 마타였다. 맨유는 마타, 루니, 즐라탄의 골을 포함해 3골을 기록하며 첫 경기에서 3 대 1 승리를 거뒀고 이후 사우스햄튼, 헐 시티에도 승리하며 3연승 거뒀다. 헐 시티 전에서는 후반전 추가시간에 래시포드가 결승골을 터뜨리기도 했다.

그러나, 맨유는 이 시즌 리그에서 진정한 첫 시험 무대였던 4라운드 맨시티 원정에서 케빈 더 브라이너가 맹활약한 맨시티에 1-2 패배를 당하며 기세가 꺾인 후, 왓포드 원정에서 1 대 3 패배를 당하며 리그에서 엇갈리는 평가를 받기 시작한다. 실제로 맨유는 그 시기 이후로 시즌 내내 리그에서 4위권 내에 들어오지 못하다가 결국에는 6위로 시즌을 마무리하게 된다. 이 성적은 무리뉴 감독이 아닌 그 어떤 맨유 감독에게도 긍정적이라고 할 수 없는 결과였지만, 팬들의 가장 큰 불만은 이 시즌 맨유가 기록한 '15무승부'

였다. 첫 시즌이라 하더라도 지나치게 무승부가 많다는 지적과 불만, 또 반 할 감독 시절부터 이미 점점 커지고 있던 클럽의 경기력, 혹은 감독의 스타일이 과연 맨유라는 클럽과 어울리는지에 대한 불만과 의문부호 등이 계속해서 이어지며 팬들과 영국 언론으로부터 제기되기도 했다.

단, 무리뉴 감독에겐 컵 대회가 남아 있었다. 결과적으로 이 시즌은 '우승청부사'다운 무리뉴 감독의 우승 능력이 증명됐던 시즌이었고 무리뉴 감독은 자신의 맨유 첫 시즌 리그컵, 그리고 유로파리그에서 우승을 차지하며 자신에 대한 비판과 의문을 잠재웠다.

우선, 리그컵에서 맨유는 10월 26일 홈에서 열린 맨시티와의 맨체스터 더비에서 후반전 9분에 나온 마타의 골을 끝가지 지키며 1 대 0 승리를 거두고 이후 웨스트햄 유나이티드, 헐 시티를 차례로 꺾은 후 결승전에서 사우스햄튼과 만났다. 이 결승전은 무려 5골이 터지는 뜨거운 분위기 속에서 맨유가 3 대 2로 사우스햄튼을 꺾으며 우승을 차지했는데 흥미롭게도 이 경기에서 맨유의 득점자는 커뮤니티실드에서 우승할 당시 골을 기록했던 득점자와 똑같았다. 즐라탄(2골)과 린가드(1골)이 커뮤니티실드에 이어 리그컵 결승에서도 맨유에 우승을 안겼던 것이다.

보통 2월 말에서 3월 초에 결승이 열리는 대회 특성상 2월 26일에 이미 리그컵에서 우승을 차지하면서, 무리뉴 감독은 자신의 첫 시즌에 이미 커뮤니티실드를 제외하더라도 메이저 대회에서 우승을 차지한 상태에서 남은 리그와 유로파리그를 이어갈 수 있게 됐다. FA컵의 경우, 8강에서 무리뉴 감독의 친정인 첼시에 0-1로 패하며 3월에 대회를 마감했고 그 시점부터 맨유에게 가장 중요한 것은 유로파리그에서의 우승이었다. 실제로, 영국 스카이스포츠 역시 시즌 종반이었던 2017년 5월 보도에서 "유로파리그 우승 여부에 따라 무리뉴 감독의 첫 시즌에 대한 평가가 성공이냐 실패냐로 나뉘게 될 것"이라고 보도하기도 했다.

이 시즌 유로파리그에서, 맨유는 튀르키예 명문 페네르바체, 네덜란드 강호 페예노르트, 우크라이나 클럽 조랴 루한스크와 같은 조에 배정됐고 1라운드인 페예노르트 원정에서 0-1로 패한 것과 페네르바체 원정에서 1-2 패배를 당한 영향으로 4승 2패, 조 2위로 32강에 진출하게 됐다.

패배하면 탈락하는 녹아웃스테이지로 진행되는 32강부터 맨유는 생테티엔, 로스토프, 안더레흐트, 셀타 비고를 차례로 만나게 되는데, 이 과정에서 이 시즌 영입생인 즐라탄, 미키타리안이 좋은 활약을 보여줬다. 특히 미키타리안은 32강 2차전, 16강 1차전, 8강 1차전과 2차전에서 골을 기록했고 결승전에서도 골을 기록하게 된다.

또한, 팀의 주장이었던 웨인 루니는 이 시즌 유로파리그 기간 중 페예노르트 전에서 이브라히모비치의 환상적인 패스를 이어받아 기록한 칩샷골로 맨유 역사상 유럽 대항전 최다골 득점자가 되며 자신의 맨유 마지막 시즌 또 하나의 클럽 최다골 기록을 경신한다.

대망의 결승전, 맨유의 상대는 네덜란드 명문이자 유럽 대회 우승 경력이 풍부한 클럽인 아약스였다. 다만, 이 결승전을 앞둔 맨유에게는 유럽 축구계에서 결승전에 가장 강한 감독인 무리뉴와 함께 나선다는 것과 또 하나의 중요한 배경이 있었다. 결승전을 2일 남기고 맨체스터에서 발생한 폭탄 테러로 무고한 시민 22명이 희생당한 인명사고에 대해 맨체스터 유나이티드가 축구로서 맨체스터 시민들을 위로하겠다는 또 다른 동기부여가 있었다. 실제로, 린가드와 래시포드를 포함한 다수의 선수들이 맨체스터에서 자라며 축구를 배웠던 선수들이라는 점에서 결승전에 임하는 태도가 남달랐고 그런 감정을 경기 후 인터뷰에서 밝히기도 했다.

결승전 기선을 제압한 팀은 맨유였다. 전반전 18분에 폴 포그바가 시도한 중거리 슈팅이 굴절되며 골문 안으로 들어간 것이다. 포그바의 골로 리드를 잡은 맨유는 이후 아약스에게 추격을 허용하지 않았고 이어서 이 시즌 유로파리그에서 특히 강한 면모를 보였던 미키타리안이 코너킥 상황에서 스몰링의 헤더 이후에 자신에게 이어진 볼을 영리한 슈팅으로 골로 연결하며 자신의 6번째 유로파리그 골이자 이 경기 스코어를 2 대 0으로 만드는 골을 성공시켰다.

양 팀의 스코어는 그대로 끝까지 이어졌고, 후반전 종료 전 맨유와의 작별을 눈앞에 두고 있던 웨인 루니가 교체되어 들어오며 주장 완장을 발렌시아로부터 이어받는 장면도 나왔다. 실제로 이 경기는 클럽 최다 득점기록 보유자가 된 루니의 맨유 커리어 마지막 경기였다.

양 팀의 결승전은 그대로 종료되면서 맨유는 유로파리그 우승을 차지했고, 이 유로파리그 우승은 맨유가 해당 대회에서 거둔 최초의 우승이었다. 맨유는 이 우승으로 아약스, 첼시, 유벤투스, 뮌헨에 이어서 모든 유럽 메이저 대회에서 우승한 클럽이 됐다.

종합적으로, 무리뉴 감독의 맨유 부임 후 첫 시즌은 유로파리그 우승과 리그 컵 우승, 두 메이저 대회에서의 우승과 커뮤니티실드 우승 등의 긍정적인 면모를 남긴 한편, 리그에서는 15무를 포함해 6위에 그치는 아쉬움을 동시에 남긴 시즌이기도 했다. 그러나, 첫시즌에서 두 대회 우승을 차지한 것은 리그에서의 아쉬움을 충분히 상쇄하고도 남을 만한 긍정적 요소였으며 영국 언론 BBC 역시 "경기력에 대한 의문을 제기하는 팬들도 있으나 아직 팀을 만들어가는 과정이라는 점을 감안할 때 두 대회에서의 우승과, 다음 시즌 챔피언스리그에 진출할 자격을 얻은 것을 고려하면 이번 시즌은 성공이라고 평가할 수 있을 것"이라고 총평했다.

2017/2018시즌

맨유에서 보낸 무리뉴 감독의 두 번째 시즌이었던 2017/18시즌은 결과적으로 리그 성적을 기준으로 볼 때 당시에도 퍼거슨 감독 이후 최고의 성

2016/2017시즌 유로파리그 결승전 맨유-아약스 선발 라인업

적이었고 현재까지도 그렇다. 전 시즌 리그 6위를 차지했던 팀을 승점 81점의 2위까지 끌어올렸고 전 시즌에 비해 득점은 늘어나고 실점은 줄면서 진일보한 모습을 보였다. 무리뉴 감독이 훗날 말했고 지금까지도 널리 회자되는 "맨유를 이끌고 프리미어리그에서 2위를 차지한 것이 나의 가장 큰 업적 중 하나다"라는 발언의 기준이 되는 것이 바로 이 시즌이었다. 무리뉴 감독은 스스로도 맨유의 내부적인 문제점들이 지적받고 있는 상황에서도 이런 성과를 냈다는 점을 강조했고, 그것은 당시 영국 현지의 언론 및 팬들에게도 널리 인정받은 사실이었다.

참고로, 포스트 퍼거슨 시대의 맨유에게도 무리뉴 감독 본인에게도 아주 유명한 발언으로 지금도 자주 회자되고 있는 저 발언은 2019년 1월 BeIN 스포츠에 출연한 무리뉴 감독이 맨유의 '비하인드 신'에 대해 언급하면서 나왔던 발언으로 정확한 문맥 전체를 소개하자면 다음과 같다.

"우리는 우리가 보는 대로 생각하지만, 비하인드 신에서 벌어지는 일들은 알지 못한다. 그것이 우리가 보는 것에도 영향을 미치는 것이고 이것은 아주 중요한 부분이다. 예를 들어서, 만약 내가 나의 커리어 중 가장 위대한 업적 중의 하나가 맨유에서 프리미어리그 2위를 차지한 것이라고 한다면, 사람들은 25개의 우승을 차지한 사람이 2위를 최고의 업적 중 하나라고 한다며 미쳤다고 생각할 것이다. 내가 이런 말을 하는 이유는 사람들이 비하인드 신에서 일어나는 일들을 알지 못하기 때문이다."

여러모로 중요한 의미가 있었던 이 시즌, 여름 이적시장에서 맨유는 루카쿠, 마티치, 린델로프를 영입했고, 2018년 1월 겨울 이적시장에서는 아스널에서 프리미어리그 내 최고의 공격수 중 한 명으로 자리잡았던 알렉시스

산체스를 영입하기도 했다.

　이 시즌 맨유의 첫 공식 경기는 UEFA 슈퍼컵이었다. 챔피언스리그 우승팀 레알 마드리드와의 경기에서 맨유는 신입생 루카쿠가 골을 기록했지만 이스코, 카세미루가 골을 기록한 레알 마드리드에 1-2 패배를 당했다. 그러나, 리그에서는 좋은 시작을 보였다. 루카쿠, 마르시알, 포그바가 골을 터뜨리며 4 대 0으로 웨스트햄에 승리를 거둔 1라운드를 시작으로 9월 30일 펼쳐진 크리스탈 팰리스와의 7라운드까지 7경기 중 6경기에서 승리를 거두며 일찌감치 리그 2위 자리를 달리기 시작했다.

　10월 첫 경기였던 리버풀 원정에서의 무승부에 이어 허더스필드 타운 원정에서 1-2 패배를 당하며 다소 상승세가 꺾인 맨유는 그 후로도 꾸준히 2위 자리를 지켰지만, 결정적으로 12월 10일 맨시티와의 홈경기에서 래시포드의 골에도 불구하고 1-2로 패하면서 이 시즌 승점 100점으로 리그 우승을 달성하게 되는 맨시티와 격차가 벌어지게 된다. 그 후로도 맨유는 2-3위권을 꾸준히 지키던 끝에 결국 리그 2위로 시즌을 마무리하게 된다.

　이 시즌 리그에서 맨유의 가장 극적이었던 경기는 단연 4월 7일 맨시티 홈에서 열린 맨체스터 더비였다. 이 시즌 내내 압도적인 리그 1위를 달리고 있던 맨시티는 이 경기에서 맨유에 승리할 경우 같은 맨체스터 연고 팀인 맨유를 상대로 우승을 확정하고 맨유 선수단 앞에서 홈팬들과 함께 우승을 기념할 수 있는 상황이었다. 심지어 양 팀의 감독 또한 한 때 레알 마드리드 대 바르셀로나에서 유럽 축구계 최고의 라이벌 관계를 형성했던 무리뉴 감독 대 과르디올라 감독이라는 점에서, 맨유로서도 무리뉴 감독으로서도 이 경기에서 패하는 것은 절대로 상상하고 싶지 않은 상황이었다. 반대로, 맨시티의 입장에서는 이 경기에서 맨유를 상대로 우승을 확정 짓는 것은 그보다 더 나을 수가 없는 최상의 상황이었다.

　이런 상황에서 만난 양 팀의 경기에서 맨유는 전반전에 맨시티 주장 수비수 콤파니, 그리고 미드필더 귄도간의 골로 0-2로 뒤진 채 후반전을 맞이한다. 이 시기 당시의 맨시티의 경기력과 기세, 또 맨시티 홈에서 열린 경기였다는 점, 승리 시 우승이 확정된다는 점 등 모든 면에서 맨시티가 유리하고 맨유에게 대단히 어려운 상황으로 보이는 후반전이 시작됐다.

그렇게 시작된 후반전에서 맨유는 포그바의 2골, 스몰링의 한 골에 힘입어 0-2로 끌려가던 경기를 3-2로 뒤집으며 역전을 만들어냈다. 첫 번째 골 상황에서는 우측면에서 볼을 잡은 산체스가 좋은 턴동작에 이어 공간으로 침투하며 전방으로 올려준 볼을 에레라가 가슴으로 방향만 바꿔놓는 감각적인 패스로 포그바에게 이어준 것을 포그바가 추격골을 터뜨렸고 두번째 골 상황에서도 산체스가 페널티 박스 안으로 침투하는 포그바에게 보내준 정확한 크로스를 포그바가 그대로 골로 이어가며 순식간에 동점을 만들어냈다.

이날 포그바의 2골은 불과 90여 초 만에 나왔고 그는 경기후 BBC가 선정한 맨오브더매치에 선정됐지만 또 다른 극적인 점은 맨시티의 첫 번째 골, 코너킥 상황에서 나왔던 콤파니의 골 상황에서 그와의 경합에서 밀렸던 바로 그 선수였던 스몰링이 마치 자신의 첫 번째 골 상황에서의 아쉬움을 털어내기라도 하듯 스스로 역전을 완성하는 골을 만들어냈다는 점이었다. 또 한 가지, 맨유의 세 번째 골 역시 산체스의 어시스트였다. 이 시즌 겨울 이적시장에서 영입된 산체스가 이 경기에서 나온 맨유의 세 골 중 2골을 어시스트하고 첫 번째 골에도 기여한 것이었다. 결과적으로 산체스는 맨유에서 성공적이지 않은 시간을 보냈지만, 이 경기가 산체스의 맨유 시절 최고의 경기라고 기억하는 팬들이 많다.

이후 맨시티는 경기를 다시 뒤집기 위해 총공세로 나왔고 아구에로가 골문 바로 앞에서 감각적인헤더 슈팅으로 골에 가까운 장면을 만들어냈지만 데헤아가 월드클래스급 세이브를 보여주며 팀의 승리를 지켜냈다.

2017/2018시즌 FA컵 결승전 맨유-첼시 선발 라인업

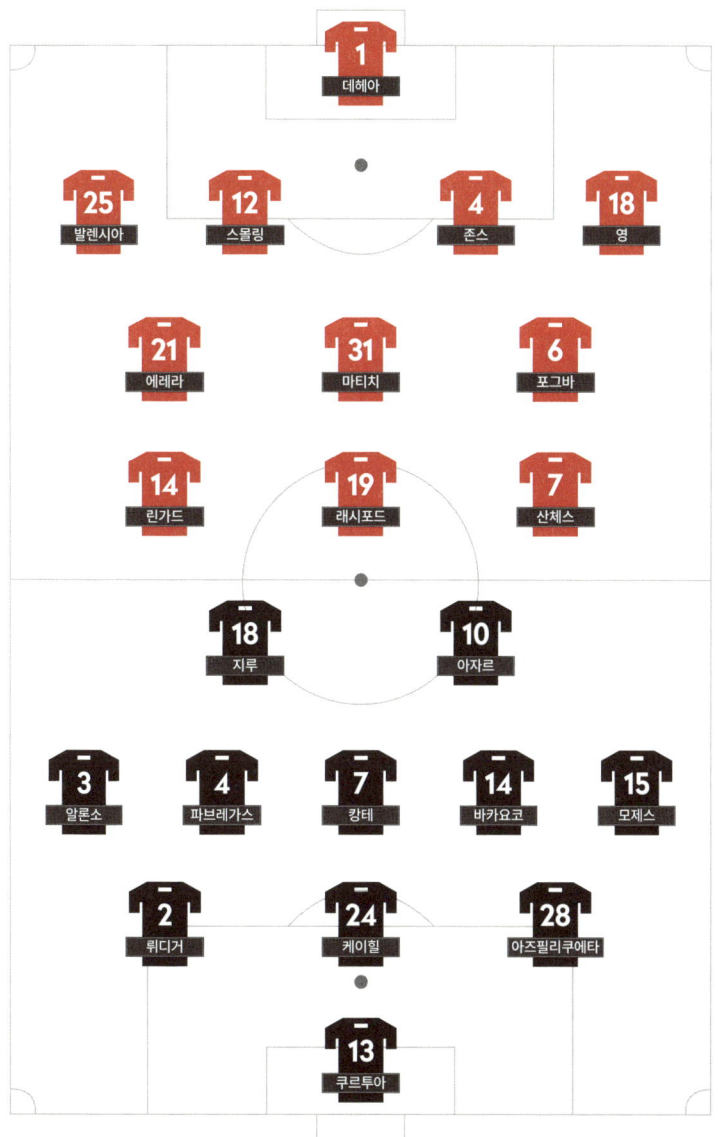

리그 후반기에 접어들어 무리뉴 감독의 전술, 팀 선택 등으로 인해 영국 출신 축구 레전드 및 전문가들이나 팬들로부터 비판이나 의문부호가 제기되기도 했으나 전 시즌에 비해 분명히 진일보한 이 시즌, 거꾸로 컵 대회에서의 성적이 아쉬움으로 남게 됐다. 전 시즌 우승을 차지했던 리그컵에서는 5라운드에서 브리스톨 시티에 패하며 '자이언트 킬링'의 희생자가 됐고 챔피언스리그에서는 조1위로 16강에 진출했지만 세비야와의 16강 1차전 원정에서 0 대 0 무승부를 기록한데 이어 홈경기에서 1-2로 패하며 탈락했다.

이 시즌 후반기, 맨유가 유일하게 우승을 희망할 수 있었던 대회는 FA컵이었다. 3라운드더비 카운티 전을 시작으로 여빌 타운, 허더스필드 타운, 브라이튼, 토트넘을 차례로 꺾고 결승에 진출한 맨유는 결승전에서 무리뉴 감독의 전 팀이었던 첼시와 만났다. 맨유로서, 특히 무리뉴 감독으로서 이 시즌 후반기에 지속적으로 제기됐던 경기력에 대한 지적을 해소하고 첫 번째 시즌에 이어 2시즌 연속 우승과 함께 시즌을 마무리하기 위해서 매우 중요한 경기였으나 이 경기에서 맨유는 전반 초반에 첼시 공격수 아자르에게 페널티킥골을 내주며 0-1로 끌려가기 시작한 뒤로 끝까지 경기를 뒤집지 못하고 그대로 패하며 준우승에 그쳤다.

종합적으로 리그 2위라는 가시적 성과와 '무관'이라는 무리뉴 감독에게 어울리지 않는 성과가 혼재했던 이 시즌 후반부에는 '리그 2위'라는 결과만으로 모든 것을 설명하기에는 어려운 여러 가지 불안요소와 비판의 목소리, 또 퍼거슨 감독 이후 혼란했던 맨유를 이끌고 리그 2위를 기록한 무리뉴 감독에 대한 지지의 반응 등이 혼재했다. 그리고 그 '불안요소'는 바로 다음 시즌에 본격적으로 현실이 되고 만다.

2018/2019시즌

FA컵 결승전에서의 패배를 포함해 여러모로 불안함을 안은 채 시작됐던 무리뉴 감독의 맨유에서의 세번째 시즌이었던 2018/19시즌, 맨유에는 시즌 초반부터 불협화음이 터져 나오기 시작했는데 가장 중요했던 이슈 중 대표적인 것은 무리뉴 감독이 요청한 중앙 수비수 영입이 어떤 이유에서든 이뤄지지 않았다는 점이었다. 이를 둘러싸고 무리뉴 감독과 구단 측, 특히 우드워드 CEO 사이의 문제가 있는 것이 아니냐는 언론의 보도가 나왔고 실제로 이 시즌 맨유는 결과적으로 측면 수비수인 디오고 달롯, 미드필더인 프레드, 골키퍼 리 그랜트 세 선수를 영입한 채 새 시즌을 시작했다.

그렇게 시작된 새 시즌, 개막전인 레스터 시티와의 홈경기에서 포그바, 쇼의 골로 2 대 1 승리를 거두며 시작했지만 곧바로 이어진 2경기에서 패하며 1승 2패로 시즌을 시작했다. 그리고 이 시기부터 본격적으로 이미 지난 2시즌 간 수면 아래에서 점점 커지고 있던 무리뉴 감독과 구단 혹은 선수단과의 불화설, 또 그에 대한 언론의 의문제기와 기자회견에서의 기싸움이 커지기 시작했다.

특히, 그 중에서도 맨유가 홈에서 토트넘에 당한 0-3 패배 이후 기자회견에서는 유명한 장면이 나오기도 했는데, 무리뉴 감독이 기자회견장에 모인 기자들에게 'Respect, Respect, Respect'라고 외치며 퇴장하는 장면이었다. 구체적으로 당시 상황을 설명하면, 케인과 모우라의 골로 토트넘이 맨유에 3-0의 대승을 거둔 경기 직후 기자회견 말미에 기자가 맨유의 수비 문제에 대한 질문을 했고, 무리뉴 감독이 그에 대한 답변을 하자 다시 한번 기자가 "하지만 홈 팬들이 경기 중에 나가기도 했지 않냐"라고 반문한 순간, 그에 이어서 나온 무리뉴 감독의 발언이었다.

무리뉴 감독은 손가락 3개를 펼쳐 보이며 "이것은 0-3 패배를 의미하기도 하지만, 나는 프리미어리그에서 3번 우승을 차지한 감독이고 이것은 다른 19팀의 현재 감독들이 달성한 우승횟수보다도 많은 숫자다"라고 말한 후 "내가 3번 우승했고, 다른 감독들을 다 합쳐도 2차례다"라며 자신을 존중하라는 의미에서 'Respect'를 세 차례 말하며 그대로 기자회견장을 나갔다.

이 장면은 단순히 'Respect'라는 표현만의 문제가 아니라 더 넓게 보면 3번째 시즌에 도달할 때까지 무리뉴 감독과 영국 언론 사이에 이어져왔던 일종의 신경전, 또한, 무리뉴 감독과 구단의 관계, 또는 그 관계에 대한 영국 언론의 질문에 대한 무리뉴 감독의 반응에서 나왔다는 의미를 담고 있다. 실제로, 이 기자회견 바로 전에 있었던 경기 전 기자회견에서 무리뉴 감독은 자신과 에드 우드워드 CEO과의 관계에 대해 예정된 기자회견 시간보다 30분 먼저 도착한 후 4분 19초 만에 발언을 모두 마치기도 했다.

당시 영국 언론에서 무리뉴 감독과 우드워드 CEO의 불화설을 제기한 것에 대해 표면적으로는 전혀 문제가 없다고 발언했으나, 실제로 그의 기자회견은 현재 영상으로 확인해도 우드워드 CEO와의 불화에 대한 질문이나, 폴 포그바의 팀 태도에 대한 부정적인 발언 등 대부분의 질문에 대해 단답형으로 답변하는 등의 태도를 보이고 있고 무엇보다 기자회견 예정시간보다 30분 먼저 도착해 5분이 채 되기도 전에 기자회견을 끝낸 비정상적인 모습(통상적으로 경기 전 기자회견은 15-20분)으로 인해 그와 우드워드 CEO, 혹은 포그바 등 선수단과의 불화에 대한 의혹은 그 이후로도 계속 이어지게 됐다.

시즌 초반부터 이렇게 경기장 위에서의 결과, 그리고 대서특필됐던 무리뉴 감독과 포그바가 훈련장에서 차가운 시선을 주고받는 등 선수단과의 불화가 공개된 점, 또 우드워드 CEO와의 불화설 등이 전방위적으로 터져 나오는 가운데 맨유는 리그에서 불안한 모습을 계속 이어갔고 특히 11월 맨시티 원정에서 1 대 3 패배 이후로 3번의 리그에서 무승부를 거두고(크리스탈 팰리스, 사우스햄튼, 아스널), 12월 16일 리버풀 원정에서도 1-3 패배를 당하며 당시 리그 1위였던 리버풀과 승점차가 19점까지 벌어지자 맨유와 무리뉴 감독에겐 더 이상 다른 방법이 없었다. 이 시점까지 맨유가 17경기에서 거둔 26점의 승점은 맨유 구단 역사상 1990/91시즌 이후로 최악의 승점이었다.

그렇게 2018년 12월 14일, 리버풀 전에서의 패배 이후 맨유는 무리뉴 감독 경질을 공식 발표했다. 이 경질 소식에 대해 영국 BBC는 "11명의 선수를 영입하는 데 거의 4억 파운드를 썼음에도 팀의 성적이나 경기 스타일에 거의 달라진 바가 없었다"라며 그의 경질 사유를 평가했다.

무리뉴 감독과 3인의 전임 감독(퍼거슨, 모예스, 반 할) 맨유 성적 비교

감독	경기	승	무	패	득점	실점	승률
무리뉴	144	84	32	28	243	117	58.33%
퍼거슨	1,500	895	338	267	2,769	1,365	59.67%
모예스	51	27	9	15	86	54	52.94%
반 할	103	54	25	24	158	98	52.43%

무리뉴 감독의 맨유 시절에 대해서는 당시에도 현재도 상반된 평가들이 존재한다. 다만 개개인의 '의견'을 넘어 분명한 '사실'은 포스트 퍼거슨 감독 시대에 있어 2025년 현재까지 무리뉴 감독이 맨유에서 남긴 기록이 가장 뛰어났다는 점이다. 이는 단지 그가 첫 시즌에 거둔 유로파리그 우승, 리그컵 우승, 또는 두 번째 시즌 승점 81점 리그 2위 외에도 그가 맨유에서 남긴 승률로도 확인된다. 퍼거슨 감독 이후부터 무리뉴 감독 재임기까지 3인의 감독 중 무리뉴의 승률은 58.33%, 모예스는 52.94%, 반 할은 52.43%였다.

무리뉴 감독의 맨유 부임부터 경질 발표까지 대부분의 경기를 현장에서 취재한 BBC의 맨유 전문기자인 사이먼 스톤은 무리뉴 감독 경질에 대해서 다음과 같이 보도했다.

"맨유는 무리뉴 감독의 시대에 11명의 선수에 4억 파운드를 투자했음에도 팀의 결과나 스타일에 발전이 없다고 판단하여 이번 경질을 결정했다. 또한, 새로운 감독은 맨유의 철학을 이해하는 감독이 맡을 것이라고 발표했고, 특히 '공격적인 축구'의 면에서 더욱 그렇다.

또한 맨유의 선수들과 스태프 또한 불안정한 분위기, 특히 어린 선수들의 발전이 거의 없는 분위기에 대해 불만을 갖고 있다."

이 중에서도 가장 중요했던 부분이고 어쩌면 무리뉴 감독의 선임 그 순간부터 달렸던 의문부호는 공격적인 축구, 또 맨유 아카데미 출신 선수들을 1군에서 스타로 만드는 것에 큰 자부심을 가진 맨유와 강한 수비를 중심으로 결과를 내는 효율적 축구를 추구하는 무리뉴 감독의 '축구 철학' 혹은 그 '상성'이 맞는가 하는 점이었다. 그리고 어쩌면, 이는 무리뉴 감독의 전임자였던 반 할 감독의 시기부터 이미 제기됐던 물음표이기도 했다. 스콜스가 지적했듯이 맨유는 '골을 노리는 공격적 축구'를 추구하는 클럽이지 '점유율 축구'를 추구하는 클럽이 아니었던 것이다. 최소한 스콜스와, 전 세계 축구팬들에게 익숙한 퍼거슨 감독 시절의 맨유라는 클럽은 그랬다.

그런 관점에서 볼 때, 무리뉴 감독의 뒤를 이어 맨유 감독이 된 감독이 맨유에서 어떤 축구를 추구했고 그로 인해 최소한 '임시 감독' 시절 보여줬던 맨유의 모습으로 인해 각광받았는지는 큰 의미가 있다. 물론, '철학'과 '스타일', 그리고 '결과' 이 세 마리 토끼를 모두 만족시키는 것은 반 할 감독에게도 무리뉴 감독에게도, 그리고 그 다음에 올 감독들에게도 결코 쉬운 미션이 아니었지만 말이다.

109 2018/2019시즌 ~ 2021/2022시즌
올레 군나르 솔샤르 감독 시대

2018/2019시즌

맨유가 선임 당시 스스로 "현재 세계 최고의 감독"이라고 소개했던 무리뉴 감독이 3시즌 만에 경질되면서 맨유는 모예스, 반 할, 무리뉴까지 3명의 감독을 거치면서 여전히 퍼거슨 감독의 대체자를 찾는 데 실패한 셈이 됐다. 그 세 감독에게는 공통점이 있었다. 모두 맨유의 관점에서 볼 때 '외부인'이었다는 점이 그랬고 특히 반 할 감독과 무리뉴 감독의 경우에는 유럽 무대에서 성공한 커리어가 많은 높은 명성을 지닌 감독이었다는 공통점도 있었다. 즉, '외부인', 더 구체적으로는 '명성'이 높은 감독으로서 퍼거슨 감독을 대체하는 것에 실패한 셈이었다.

이런 상황 속에서 맨유의 다음 선택은 '맨유 내부자', 더 정확히는 맨유 팬들이 사랑하는 '레전드' 출신이자 아직 경험이 많지는 않지만 젊은 지도자로서 기대를 모아가고 있던 신예 감독이었다. 그렇게 맨유의 1998/99 챔피언스리그 우승과 트레블을 확정 짓는 결승골을 터뜨렸던 올레 군나르 솔샤르 감독이 팀의 임시 감독으로 임명됐다. 맨유의 이 선택은 맨유의 잃어버린 정체성 특히 맨유 유스 출신 선수를 적극 기용하고, 공격적 축구를 구사한다는 관점에서 볼 때 좋은 선택으로 보였고 특히 솔샤르 감독이 임시 감독 부임 직후부터 좋은 성과를 내면서 드디어 맨유가 퍼거슨 감독의 후임자를 찾았다는 긍정적인 평가로 이어지게 됐다.

솔샤르 감독 임시 체제에서 맨유는 8경기 8승을 거두며 최고의 출발을 보였다. 그의 연승 행진은 챔피언스리그 16강 PSG 전에서 0-2로 패하며 중단됐지만, 솔샤르 감독은 2차전에서 루카쿠의 두 골에 더해 후반 추가시간에 래시포드의 페널티킥으로 승리를 거두며 원정다득점 원칙에 의해 8강에 진출하면서 또 한 번 감독으로서의 가능성을 보여줬다. 이 당시 솔샤르 감독에 대한 맨유 내외부 관계자들의 지지는 그야말로 전폭적이었다.

맨유는 특히 구단 레전드들이 영국 방송사에 출연해서 펀딧(축구 전문가 겸 분석가)로 활동하는 경우가 많은 편인데 그 중 레전드 수비수 출신의 리오 퍼디난드는 "우리가 알던 맨유가 드디어 돌아왔다, 솔샤르가 원하는 숫자(연봉, 계약금)가 무엇이든 그에게 주고 그가 정식 감독 계약서에 사인하게 해야 한다"라고 방송에서 확신에 찬 모습으로 공개 발언하며 지지의 의사를 보이기도 했다.

결국 경기장 위에서 나오고 있던 결과, 퍼거슨 감독의 후계자를 애타게 기다리던 팬들과 전문가들의 전폭적인 지지 속에 맨유는 이 시즌 중 임시감독으로 부임했던 솔샤르 감독과 다시 한번 시즌 도중에 (2019년 3월 28일) 정식감독 계약을 발표했는데 결과론적으로 이 계약이 맨유에겐 패착으로 귀결되게 된다. 정식 감독으로 부임한 후 솔샤르 감독의 맨유는 거짓말처럼 그 전까지의 흐름을 잃어버리고 불안한 모습을 보이기 시작하고 이는 결과로도 명백하게 드러난다.

임시 감독이었을 때 솔샤르 감독의 맨유는 19경기에서 14승을 거뒀지만, 정식 감독이 된 후 맨유는 남은 시즌 10경기에서 2승 만을 거둔 것이다. 16강에서 PSG를 극적으로 꺾고 8강에 진출한 맨유가 바르셀로나와의 1, 2차전에서 1골도 기록하지 못하고 종합스코어 0-4로 패한 것도 그 한 예였다. 그 중에서도 가장 우려스러웠던 것은 시즌 마지막 5경기에서 맨유가 2무 3패를 당하며 승점 15점 중 2점만을 얻고 시즌을 마무리했다는 점이었다.

더 넓게 보면 맨유는 이 시즌 마지막 12경기에서 단 2승을 거두면서 그 사이에 챔피언스리그, FA컵에서 모두 탈락하고 6위로 시즌을 마무리하게 된다. 무리뉴 감독의 세 번째 시즌으로 출발해 겪은 부진과 불협화음 끝의 경질, 그 후 솔샤르 감독의 임시 감독 체제에서 나왔던 가파른 상승세, 그 후에 다시 어느 때보다도 불안한 시즌의 마무리까지. 그야말로 맨유에게는 롤러코스터를 타는 것 같았던 2018/19시즌은 이렇게 마무리 됐다.

2019/2020시즌

프리시즌부터 솔샤르 체제에서 시작하는 첫 시즌이었던 2019/20시즌, 맨유는 센터백 문제를 해결하기 위해 잉글랜드 대표팀 수비수 해리 매과이어를 영입한 것을 시작으로 다니엘 제임스, 아론 완비사카 등을 영입하며 새 시즌을 시작했다. 특히, 2018 러시아 월드컵에서 잉글랜드 대표팀 소속으로 좋은 모습을 보여줬던 매과이어의 영입은 큰 관심과 기대를 받았고 그는 리그 첫 경기였던 첼시 전에 출전해 팀의 무실점 승리를 이끌기도 했다.

그러나, 선수단 보강에도 불구하고 직전 시즌 최종 5리그 경기에서 2무 3패를 거둔 맨유의 새 시즌 성적은 큰 진전을 보이지 못했다. 1라운드에서 첼시에 홈에서 4 대 0 대승을 거둔 출발은 좋았으나, 그 이후에 이어진 울버햄튼, 크리스탈 팰리스, 사우스햄튼 등 리그 중하위권 3팀과의 경기에서 2무 1패를 거뒀고 9월 말부터 10월 20일까지 웨스트햄, 아스널, 뉴캐슬, 리버풀 전에서도 2무 2패를 당하며 리그 14위까지 처지기도 했다.

이 시즌, 전반적으로 맨유의 분위기가 달라지고 결과가 좋아지기 시작한 것은 2020년 1월 30일 겨울 이적시장에서 스포르팅으로부터 미드필더 브루노 페르난데스가 영입된 이후였다. 페르난데스는 자신의 맨유 데뷔전이었던 2월 1일 울버햄튼 전에서 맨유 팬들로부터 맨오브더매치에 선정된 것을 시작으로 다음 경기였던 첼시전에서 정확한 코너킥으로 매과이어의 골을 어시스트하며 첫 공격포인트를 올렸고 이 시즌 후반기 내내 훌륭한 경기력을 보여주며 팀을 이끌며 자신의 첫 프리미어리그 시즌 14경기에 출전해 8골 7어시스트를 기록했다. 이 과정에서 특히 6월에는 프리미어리그 이달의 선수상과 이달의 골 상을 동시에 수상하며 이 두 상을 동시에 수상한 첫 번째 프리미어리그 선수가 되기도 했다.

그런 활약으로 인해 페르난데스는 이 시즌을 포함해 2025년 2월 현재까지, 아마도 포스트 퍼거슨 감독 시대 맨유 최고의 영입이라고 불러도 큰 무리가 없을 만한 경기력으로 맨유를 이끌고 있다. 이 시즌으로 한정해도, 맨유는 실제 리그에서는 페르난데스가 입단한 1월 30일 이후 리그에서 무패를 기록하며 시즌 최종반에 이르러 리그 5위에서 3위로 올라서는 발전된 모습을 보이며 다음 시즌 챔피언스리그 진출권을 획득했다. 물론, 이 모든 것이 페르난데스 영입 하나로 이어진 상황은 아니며, 또 다른 중요한 한 요소는 이 시기 유럽에도 널리 퍼지며 대부분의 축구 시즌을 중단시켰던 코로나 바이러스 팬데믹으로 리그가 3월부터 6월까지 중단된 영향 또한 있었다.

초반의 불안한 모습을 극복하고 리그 3위로 시즌을 마무리했던 이 시즌, 맨유는 우승을 차지하진 못했으나 참가했던 모든 대회에서 준결승까지 진출했다. 리그컵에서는 준결승에서 맨시티와 만나 종합스코어 2-3으로 탈락했고 FA컵에서는 첼시에 준결승에서 패했다. 유로파리그에서는 조1위로 32강에 진출해 준결승까지 올라갔지만 세비야에 패하며 탈락했다. 이렇게 컵 대회에서 준결승에서 나란히 탈락한 것이 아쉬움으로 남았으나 리그에서 극적으로 3위를 차지한 것은 분명히 1시즌 전과 비교할 때 성장했다고 볼만한 맨유의 모습이었다.

또 한 가지, 이 시즌 맨유에 있어 긍정적이었던 요소는 맨유가 매우 중요하게 여기는 구단의 철학 및 정체성 중 하나인 맨유 아카데미 출신의 선수를 포함해 젊은 스타들을 1군에서 성장시키는 것이 어느 정도 가시적으로 성과로 돌아왔다는 것이었다.

특히 래시포드는 이 시즌 리그에서만 17골, 모든 대회를 통틀어서는 22골을 기록하는 활약을 펼쳤고 맨유 아카데미 출신의 신예들이었던 메이슨 그린우드, 스콧 맥토미니 등도 이 시즌 모든 대회를 통틀어 20경기 이상 출전하며 팀에서 중요한 역할을 소화해냈다. 이런 부분을 포함해 종합적으로 중도 부임했던 시즌 말미의 불안한 흐름을 뒤집고 신예 스타들의 기용을 통해 그 다음 시즌 이어질 솔샤르 감독 맨유 재임기간 중 가장 좋은 시즌 성적의 기반을 닦았던 시즌이었다.

2020/2021시즌

2020/21시즌은 솔샤르 감독이 맨유에서 보낸 가장 좋은 시즌이었고 '포스트 퍼거슨' 시대를 통틀어 무리뉴 감독의 2년차에 차지했던 리그 2위와 같은 2위로 시즌을 마무리했던 시즌이었다.

물론 이 시즌 역시 불안한 모습을 보였던 초반부를 포함해 우려할 만한 모습은 존재했던 만큼 모든 것이 긍정적이었다고 할 순 없으나 리그에서 특히 원정 경기에서 보여준 경기력과 성적, 그리고 지난 시즌 3번의 준결승에서 탈락한 것을 극복하고 결승전까지 진출한 것 등은 분명히 긍정적인 요소였다. 이 시즌 좋은 활약을 보인 영입생 카바니의 활약에 더해 래시포드, 그린우드, 제임스 등 젊은 선수들이 보여준 활약과 공격적인 축구도 맨유 팬들에겐 고무적이었다.

새 시즌을 시작하기에 앞서 맨유는 아약스의 미드필더 반 더 비크, 포르투로부터 수비수 알렉스 텔레스를 영입했고 PSG에서 프랑스 리그는 물론 유럽 최고의 공격수 중 한 명으로 활약했던 스트라이커 에딘손 카바니까지 영입하며 시즌을 시작했다. 특히 이 시즌 카바니는 맨유 입단 당시 이미 33세의 나이였음에도 불구하고 입단 첫 시즌 총 17골을 기록하며 준수한 활약을 보여줬다.

프리미어리그에서, 이 시즌 맨유는 개막전 크리스탈 팰리스 전에서 1-3 패배를 포함해 3경기에서 1승 2패를 당했고 특히 2020년 10월 4일 홈에서 토트넘에 당한 1-6 대패는 맨유와 솔샤르 감독 모두에게 새 시즌에 대한 우려를 사게 하는 결과였다. 특히, 이 경기에서 토트넘을 이끌었던 감독이 전임 맨유 감독이었던 무리뉴 감독이라는 점에서 더욱 뼈아픈 패배이기도 했다. 이 대패 후 솔샤르 감독은 "우리는 전혀 좋다고 할 수 있는 수준이 아니었고 맨유에 어울리는 경기를 하지 못했다"며 자신의 책임을 순수하게 인정하기도 했다.

리그에서의 불안한 모습은 홈에서 6라운드에서 아스널에 패하며 다시 한 번 이어졌고 다만, 11월 7일 에버튼 전 3 대 1 승리를 기점으로 맨유는 웨스트 브롬, 사우스햄튼, 웨스트햄 유나이티드 전까지 리그 4연승을 거두며 시즌 분위기를 확실히 바꾸는 데 성공했다. 이 리그 4연승 중 첫 3경기에서 결정적인 역할을 한 선수는 브루노 페르난데스였고 그는 이 3경기에서 모두 골을 기록했으며 특히 웨스트브롬 전에서는 그의 골이 그 경기의 유일한 골이기도 했다. 카바니 역시 에버튼 전과 사우스햄튼 전에서 골을 기록했다.

이후 리그에서 무패행진을 이어가던 맨유는 1월 1일 아스톤 빌라 전 승리 후 12일에 번리 원정에서 포그바의 골로 1 대 0 승리를 거두며 리그 1위에 오르기도 했다. 1월 27일 셰필드 유나이티드 전에서 1-2로 패하며 맨시티에 1위 자리를 내준 후로는 다시 1위 자리를 되찾지 못했으나, 전반적으로 이 시즌 맨유는 리그에서 확실히 그 전 시즌들에 비해 발전한 모습을 보여줬다. 그 중에는 2월 2일 사우스햄튼을 상대로 홈에서 9 대 0 승리를 거둔 경기도 있었다.

한편, 이 시즌 중에는 2021년 4월 18일 맨유가 슈퍼리그에 참가한다는 발표를 하면서 거센 반발에 직면. 결국 철회했으나 그 여파로 에드 우드워드 CEO이 사임하게 됐고 2021년 5월 2일에는 맨유 대 리버풀과의 홈경기에서 구단주 글레이저 가문에 대한 반대의 의미로 피치에 200여 명의 팬들이 경기장에 난입하면서 리그 경기가 연기되기도 했다. 이는 프리미어리그 역사상 최초로 팬들의 항의로 인해 경기가 연기된 사례였다.

이는 '슈퍼리그'에 대한 맨유 팬들이 반발과 비판으로 인한 결과이기도 했지만 그 뿐 아니라 장기간 글레이저 가문에 대한 반감과 불만, 특히 축구에는 큰 관심이 없는 구단주 가문이 맨유라는 잉글랜드 1부 리그 최다 우승팀이자 세계적인 축구 클럽을 돈을 벌기 위한 도구로 사용하고 있다는 점에 대한 쌓여 있던 분노가 폭발했던 사건으로 볼 수 있다.

2020/2021시즌 유로파리그 결승전 맨유-비야레알 선발 라인업

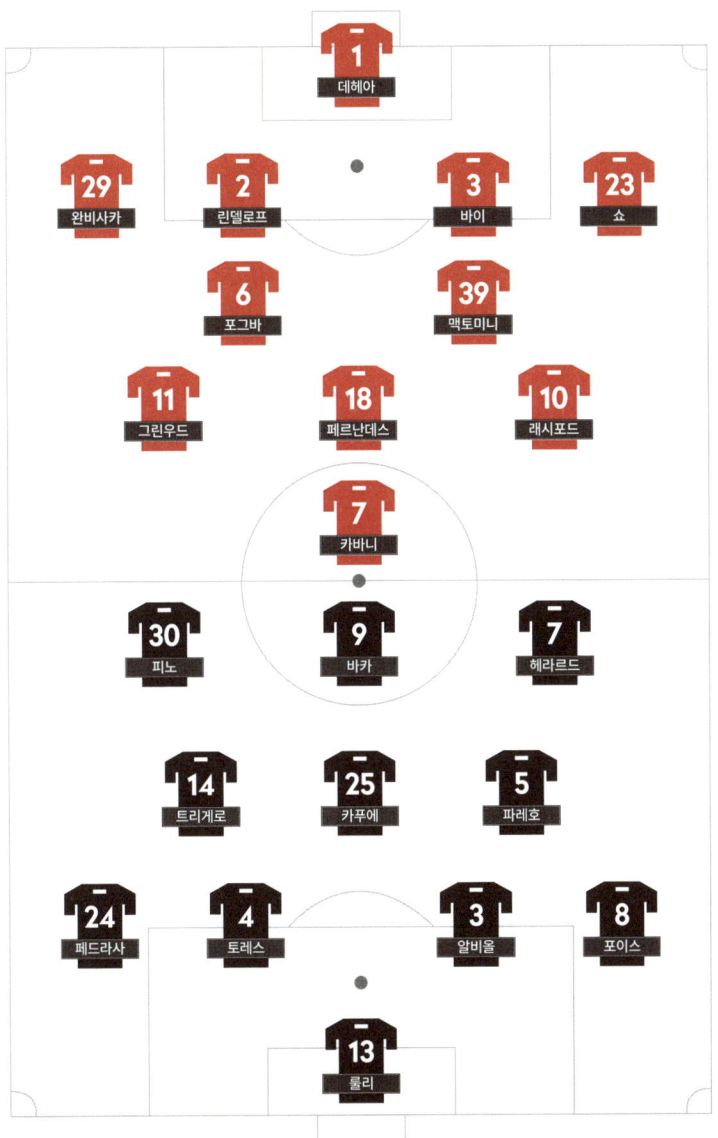

위와 같은 '슈퍼리그' 등 외부적 잡음 요소가 있었음에도 여러모로 리그에서 긍정적인 면모를 보여준 맨유였으나, 컵대회에서는 아쉬움을 남긴 시즌이었다. 특히 챔피언스리그에서 PSG, 라이프치히에 밀려 조3위를 차지하며 유로파리그로 내려간 것이 가장 큰 아쉬움으로 남았고 다만, 전화위복처럼 유로파리그에서 레알 소시에다드, AC 밀란, 그라나다, AS 로마를 꺾고 결승전까지 진출했지만 결승전에서 승부차기 끝에 패한 것은 이 시즌뿐 아니라 솔샤르 감독의 맨유 재임기간 중 가장 큰 아쉬움으로 남게 됐다.

이 결승전에서 맨유는 전반전 29분 비야레알의 프리킥 상황에서 모레노에게 골을 내주고 0-1로 끌려갔으나 후반전 6분 만에 카바니가 동점골을 터뜨리며 1-1로 연장전에 돌입했다. 그러나, 이 경기 중에도 그리고 경기가 끝난 후에도 이 경기를 지켜본 모든 이들이 의아해하고 비판할 만한 일이 일어났는데 맨유의 솔샤르 감독이 정규시간 90분이 끝날 때까지 단 한 장의 교체카드도 사용하지 않았다는 점이었다. 솔샤르 감독은 연장전이 시작된 후, 그것도 경기시간 100분에야 첫 번째 교체카드를 활용했다.

물론 이것은 보기에 따라서는 다양한 해석이 가능하고 당시 맨유의 선수단에 확실한 교체카드가 부족하고 선수를 보강할 필요가 있다는 것을 보여주는 부분이라 볼 수도 있으나 맨유 감독 부임 초기 유소년 선수들도 적극적으로 기용하며 적극적이고 공격적인 모습으로 호평 받았던 솔샤르 감독에게 늘 따라다녔던 가장 큰 비판 즉 전술적 대처능력의 부족이 결정적인 결승전에서 다시 한 번 드러났다고 보는 것도 가능하다.

실제로 다수의 유럽 언론에서 이 문제점을 제기했으며 유로스포트 (현 TNT 스포츠)는 경기 후 분석 기사를 통해 "이 경기에서 솔샤르 감독의 한계와 맨유의 문제가 드러났다"라며 "100분에 교체하면서 뺀 선수가 그나마 상대 선수를 무너뜨리고 무언가 만들어낼 수 있는 그린우드였고 이 경기에서 최악의 경기를 펼친 래시포드는 결국 120분을 뛰었다"고 지적하기도 했다.

더 극적으로 혹은 서사적인 관점에서 보자면, 맨유의 역사를 통틀어서 가장 극적이었던 순간 중 하나인 1999년 바이에른 뮌헨과의 챔피언스리그 결승전에서 후반전에 교체 투입되어 들어가 결승골을 기록하며 '트레블' 달성의 주인공이 됐던 솔샤르가(그는 1999년 결승전에서 경기시간 81분에 교체 투입됐다) 자신이 감독으로서 맨유를 이끌고 맞이한 유럽 대회 결승전에서는 교체 선수 투입에 지나치게 신중했던 것 아닌가 하는 아쉬움을 살 수밖에 없는 결승전이었다.

결국, 그렇게 연장전까지도 양 팀은 승부를 가리지 못했고 승부차기에서는 두 팀 키커 전원이 페널티킥을 성공시키는 바람에 골키퍼까지 페널티킥을 차게 되는 진풍경이 벌어지기도 했다. 결국 맨유의 11번째 키커로 나선 데헤아의 페널티킥이 상대 골키퍼의 선방에 막히면서 솔샤르 감독의 맨유는 유로파리그 우승을 문턱에서 놓치게 됐고 이는 그 당시에도 또 그 다음 시즌 솔샤르 감독 본인에게, 또 맨유라는 클럽에 벌어진 모든 상황들을 두고 볼 때 두고 두고 큰 아쉬움으로 남게 됐다.

2021/2022시즌

직전 시즌, 유로파리그 결승에서 아쉽게 패하긴 했으나 리그 2위에 결승 진출이라는 성과를 거둔 맨유는 2021/22시즌 여름 이적시장에서 적극적인 선수 보강을 통해 솔샤르 감독을 지원하고 나섰다. 실제로 맨유는 이해 여름인 7월 솔샤르 감독과 2024년까지 3년 계약연장을 발표하기도 했다. 감독을 지지한다는 것을 공개적으로 표현한 것이다.

이 과정에서 도르트문트에서 최고의 활약을 보였던 젊은 공격수인 제이든 산초, 레알 마드리드에서 유럽 최고 레벨의 센터백으로 인정받던 라파엘 바란이 영입됐고, 그에 더해 이 이적시장에서의 '화룡점정'을 찍듯 전 맨유 출신 레전드이자 세계 최고의 축구 스타 두 선수 중 한 명인 크리스티아누 호날두를 다시 맨유로 영입하며 새 시즌을 시작했다.

출발은 나쁘지 않았다. 맨유는 8월 14일 리즈 유나이티드와의 홈경기에서 5 대 1 대승을 시작으로 4라운드 뉴캐슬 전까지 3승 1무를 기록했고 이때까지 브루노 페르난데스, 호날두, 그린우드, 린가드, 프레드 5명의 선수가 골을 터뜨리며 잠시 리그 1위에 오르기도 했다. 이어진 5라운드 웨스트햄 유나이티드 전에서도 맨유는 호날두, 린가드의 골로 웨스트햄을 2 대 1로 꺾으며 리그 초반 5경기에서 4승 1무를 기록했다.

그러나 맨유의 시즌 초반 분위기는 9월 25일 아스톤 빌라전 0 대 1 패배를 시작으로 급격히 꺾이기 시작했다. 맨유는 이 경기를 포함한 이후 리그 7경기에서 5패를 당하며 1승 1무 5패를 기록했다. 특히 11월 6일 맨시티와의 홈경기에서 당한 0 대 2 패배는 물론이고 그 후 왓포드 원정에서 당한 1-4 패배는 맨유라는 클럽에게 있어 심지어 월드클래스 센터백인 바란과 세계적 레전드인 호날두까지 영입하고 새 시즌을 시작한 맨유에겐 결코 용납될 수 없는 결과였다.

결국, 그 경기가 솔샤르 감독이 맨유에서 선수들을 지휘한 마지막 경기가 됐다. 솔샤르 감독이 남긴 그 당시의 기록들이 맨유가 더 이상 그렇게 이어질 수 없다는 것을 숫자로 증명한다. 맨유는 솔샤르 감독의 마지막 12경기에서 21실점을 했고, 이는 당시 리그 최하위 두 클럽이었던 노리치와 뉴캐슬의 27점 실점 다음으로 많은 숫자였다.

퍼거슨 감독 시절 맨유에서 뛰었고 '포스트 퍼거슨' 시대 맨유의 골문을 가장 오래 지켰으며 특히 맨유 커리어 초반부에는 결정적인 선방으로 팀을 수없이 많은 상황에서 구해냈던 골키퍼 데 헤아는 이 시기 맨유에 대해서 "우리는 볼을 갖고 무엇을 해야 할지 제대로 알지 못하고 있으며 실점을 너무 많이 하고 있다. 정말 끔찍한 시간이다"라며 좌절감을 드러내기도 했다.

포그바도 10월 레스터 전에서의 2-4 패배 후 인터뷰에서 "우리는 이런

선수로서 1999년 트레블의 주인공이 됐던 솔샤르가 감독이 되어 팀에 돌아왔다.

경기를 오랫동안 계속하고 있고 문제가 뭔지도 찾지 못하고 있다. 우리는 너무 쉽게 바보처럼 실점을 하고 있다"라며 데 헤아와 비슷하게 팀의 문제점을 지적하기도 했다.

한편, 이 시즌 맨유가 '화룡점정'이 되길 기대하며 영입했던 호날두는 실제로 이 시즌(솔샤르 감독과 후임인 랑닉 감독 전체를 통틀어) 리그는 물론 모든 대회에서 팀 내 최다 득점자가 되며 여전한 득점력을 보여줬지만 동시에 그의 영입으로 인해 솔샤르 감독의 그 전까지의 전술적 계획이나 구상, 또 팀의 분위기가 크게 달라졌다는 영국 현지 전문가들의 상반된 평가를 받기도 했다.

과연 이 시즌 호날두가 솔샤르 감독에게 있어 성공적인 영입이었는가 하는 점에 있어서는 위와 같은 많은 상반된 평가가 있고 현재까지도 그 주제에 대한 갑론을박이 오가고 있다. 물론 정해진 하나의 정답이라는 것은 없으나 최근인 2024년 9월 솔샤르 감독 본인이 이 주제에 대해서, 또 맨유가 이 시즌 호날두를 영입한 것에 대해 직접 밝힌 흥미로운 발언이 있다. 이 발언에서 솔샤르 감독은 "호날두를 맨시티로 보낼 수는 없었다"라는 사실도 인정했다. 즉, 맨시티가 먼저 호날두 영입에 나선 이후에 맨유가 호날두를 영입하려 했던 것이 아니냐는 당시 상황에 대한 추측에 어느 정도 실제로 그와 유사하게 고려된 사항이 있다는 것을 인정한 것이다.

"호날두는 맨유의 레전드이고, 그가 유벤투스를 떠날 때 우리는 그를 맨시티로 가도록 할 수는 없었다. 그랬다면 그는 홀란드보다도 많은 골을 기록했을 것이다. 그래서 내가 직접 호날두와 대화를 나눴고, 우리 맨유가 그를 영입했다. 다만 그의 존재가 드레싱룸과 그 안의 구조, 관계에 영향을 미친 부분이 있었던 것 같다. 다른 선수들이 세계 최고의 스타인 그보다 자신이 '덜 중요하다'라는 식으로 느낀 부분이 있었을 것이다. 물론, 그는 이 시즌 좋은 활약을 했고 팀 내에서 가장 많은 골을 넣은 선수였다. 다만 나는 10주 후에 감독직을 잃었다."

이런 분위기 속에 맨유 선수단이 솔샤르 감독에 대한 신뢰를 잃었다는 보도가 영국에서 가장 신뢰도가 높은 언론인 BBC 등을 통해 나오기도 했다. 총체적으로, 사실상 맨유로서는 솔샤르 감독의 경질 외에 다른 선택지가 없는 상황이었다. BBC는 솔샤르 감독의 경질 발표 후 그의 재임 기간을 분석한 기사에서 다음과 같이 총평했다.

"솔샤르 감독은 맨유에 문화적인 리부팅 효과를 가져왔고 (무리뉴 감독 이후에) 한동안 루카쿠, 산체스와 같은 선수들을 재능 있고 어린 선수들의 기용으로 대체하면서 한동안은 발전하는 모습을 보여주기도 했다. 퍼거슨 감독 은퇴 후 처음으로 2년 연속 3위 안으로 시즌을 끝낸 것도 긍정적인 요소였다. 그러나 4번의 준결승 진출과 유로파리그 결승 진출에도 불구하고 한 번도 우승을 차지하지 못한 것은 잔인한 현실이었고 중대한 변화가 불가피한 상황에서 결국 솔샤르 감독이 그 대가를 치르게 됐다."

110 2021/2022시즌
랄프 랑닉 감독 시대

11월 21일 솔샤르 감독을 경질한 후, 맨유는 클럽 레전드 선수 출신으로 지도자 커리어를 시작한 마이클 캐릭에게 잠시 임시 감독 체제를 맡긴 후 12월 2일 독일 출신 랄프 랑닉 감독을 새로운 임시 감독으로 임명한다.

이 선임에는 특이한 부분이 있었는데, 계약 조건에 감독직 종료 후 2년간 '컨설턴트' 역할을 역임한다는 조건이 붙어 있었다는 점이 대표적이었다. 또, 랑닉 감독이 독일 축구에 큰 영향을 준, 또 위르겐 클롭 감독이나 토마스 투헬 같은 독일 출신의 명감독들에게 스승 같은 존재라는 명성은 높았지만, 맨유 감독을 맡기 전에는 사실상 유럽 빅5 리그를 벗어난 곳에서 감독 커리어를 이어가고 있다는 점 역시 특이했다.

여러모로 맨유의 랑닉 감독 선임은 처음부터 '단기 계약'이라는 조건하에 맨유가 새 시즌에 구단을 장기적으로 끌고 갈 감독을 물색할 시간적 여유를 가지면서, 남은 시즌 동안 랑닉 감독에게 전술적, 또 구단 관리에 대한 컨설턴트 혹은 어드바이저로서의 역할을 기대한다는 포석이 깔려 있었다고 볼 수 있다.

그러한 맨유의 기대를 반영이라도 하듯, 랑닉 감독은 맨유의 당시 상태에 대해 짧고도 간명한 또 그래서 널리 회자되고 있는 '진단'을 내리기도 했는데 그 발언은 다음과 같았다. 참고로, 랑닉 감독의 후임자로 맨유에 부임하는 텐하흐 감독 역시 이에 동의한다는 의사를 밝힌 바도 있다.

> "현재 맨유의 문제는 간단한 것이 아니다. 현재 맨유는 심장절개수술(Open Heart operation)이 필요한 상태다."

또한 랑닉 감독은 전술가로 유명한 명성답게 특유의 4-2-2-2 전술을 맨유에 도입하고 첫 경기부터 라인을 높게 끌어올리는 강한 압박 축구를 구사하며 새로운 변화를 시도하는 것처럼 보였다. 물론, 그의 그런 시도들이 이론적으로는 합리적이었을지 모르나, 현실은 이론과 같지 않았다. 과연 당시의 맨유 선수단이 랑닉 감독이 원하는 강도가 높고 강한 압박을 요구하는 축구를 구사하기에 적합한 팀인가라는 문제제기가 곧바로 따라왔고, 랑닉 감독의 맨유는 얼마 가지 않아 난관에 봉착하게 된다.

랑닉 감독 체제에서 맨유는 챔스 16강 아틀레티코 마드리드와의 1, 2차전에서 모두 승리하지 못하며 (1무 1패, 종합스코어 1 대 2 패배) 그대로 탈락했다. 리그컵은 이미 9월에 탈락한 상태였고 FA컵에서는 아스톤 빌라 전에서 맥 토미니의 골로 1 대 0 승리를 거뒀으나 바로 다음 라운드에서 산초의 골에도 불구하고 1 대 1 무승부의 상태로 승부차기까지 간 끝에 패하며 탈락했다. 시즌 초반 조기에 리그만 남게 되는 시즌이 된 것이다.

리그에서 프레드의 골로 승리를 거둔 크리스탈 팰리스 전을 시작으로 맨유는 12월에 무패를 기록했고 1월 3일에 당한 울버햄튼 전 패배 이후 2월 말까진 패배 없이 좋은 흐름을 이어가는 것으로 보이고 한 때 4위 경쟁을 이어 가기도 했으나 3월 6일 맨시티 원정에서 당한 1 대 4 패배 이후 무너지기 시작했다.

이후 경기에서 맨유는 호날두가 해트트릭을 기록한 토트넘, 노리치 전

단기 계약으로 부임한 랄프 랑닉 감독은 특유의 전술가적 면모를 발휘했으나 한계에 부딪혔다.

을 제외하고 대부분의 경기에서 패하거나 무승부에 그쳤으며 리버풀 원정에서 당한 0-4 패배, 또 리그 최종전에 당한 2연패, 그 중에서도 브라이튼을 상대로 당한 0-4 패배는 랑닉 감독을 정식 감독으로 새 시즌을 이어가는 것은 불가능하다는 것을 모두가 이해할 만한 결과였다.

결국, 맨유는 이 시즌을 리그 6위로 마감했고 최초 랑닉 감독과의 계약 당시 감독직 종료 후 2년간 컨설턴트직을 수행한다는 것도 무산되면서 랑닉 감독 체제는 그렇게 허무하게 종료되고 만다. 단기 감독직을 수행하면서 그 이후 컨설턴트로 구단을 돕는다는 이론은 그럴듯하고 합리적이었지만, 세계 최고의 인기와 동시에 '난이도'를 가진 프리미어리그에서 그리고 맨유에서 이론과 현실은 매우 다르다는 것이 명확히 증명된 시즌이었다.

111 2022/2023시즌 ~ 2024/2025시즌
에릭 텐 하흐 감독 시대

2022/2023시즌

솔샤르, 랑닉 체제를 거쳐 새 시즌을 준비할 맨유의 새 감독이 누가 될지가 초미의 관심사가 됐다. 여러 유명 감독들이 후보로 떠올랐으나, 그 중에서도 가장 대표적인 후보군에는 토트넘을 이끌고 프리미어리그 준우승을 포함해 지속적인 톱4 마무리에 더해 챔피언스리그 결승전까지 올랐던 포체티노 감독, 그리고 당시 아약스를 네덜란드 챔피언은 물론 유럽에서 각광받는 팀으로 이끌고 있었던 텐 하흐 감독이 있었다.

두 감독 모두 각각 토트넘, 아약스를 이끌고 팀을 부임 전에 비해 대폭 성장시켰다는 점, 공격적인 혹은 흥미로운 축구를 구사하며 팬들의 사랑을 받았다는 점 등에서 공통점이 있었다. 차이점이 있다면, 포체티노 감독은 PL을 경험해봤다는 점에서 비교 우위에 있는 반면 메이저 대회 우승 경력이 부족했고, 텐 하흐 감독은 아약스에서 네덜란드 리그 우승 경력은 풍부했으나 아직 유럽 '빅5'리그에서 검증이 되지 않았다는 우려가 있었다.

맨유의 선택은 텐 하흐 감독이었다. 2022/23시즌이 종료되기 전인 2022년 4월 21일에 이미 맨유 감독으로 선임되고 공식 발표됐던 텐 하흐 감독은 22/23시즌을 앞두고 대대적인 선수단 개편에 나섰다.

여름 이적시장에서 맨유는 아약스 등 네덜란드 리그 출신 선수들을 포함해 많은 선수들을 영입했다. 대표적으로는 아약스의 수비수 리산드로 마르티네즈, 그리고 이적시장 막바지였던 9월 1일 영입한 공격수 안토니가 있었다. 다만 이 두 선수의 퀄리티는 차치하고 그 선수들의 영입해 투자한 이적료에 대해서는 과연 그 정도의 이적료를 지불하고 영입할 선수들이 맞는 것인지에 대해 초반부터 우려의 목소리가 나오기도 했다.

한편, 이 시즌 여름 맨유는 영입 선수들보다 더 많은 선수들을 팀에서 내

보내기도 했는데 그 중에는 유스 출신 스타였던 린가드, 장기간 맨유에서 뛰었던 후안 마타를 포함해 포그바, 카바니, 마티치 등이 있었다. 텐 하흐 감독 부임 후 그의 철학에 맞도록 새롭게 팀을 개편하려는 의지가 엿보이는 대목이었다.

그렇게 시작된 새 시즌 초반의 흐름은 불안했다. 특히 개막전에서 브라이튼에 홈에서 당한 1-2 패배보다도 2라운드 브렌트포드 원정에서 0-4로 대패를 당한 것은 충격적인 결과였다. 맨유가 개막 직후의 2경기에서 2연패를 당한 것은 1992/93시즌 이후 처음 있는 일이기도 했다.

다만, 맨유는 최악으로 갈 수 있었던 분위기를 3라운드 리버풀과의 홈경기에서의 2 대 1 승리로 반전시키는 데 성공했다. 이 경기에서 16분 만에 산초의 선제골이 중요했고, 이 시즌 맨유 최다골 기록자가 되는 래시포드가 후반전 8분 추가골을 기록하며 팀의 2 대 1 승리를 이끌었다. 맨유는 이 승리를 기점으로 4연승을 달렸고 리버풀에 이어 아스널을 상대로도 홈에서 승리하며 리그 초반 2연패의 충격에서 벗어났다. 다만 바로 다음 경기에서 맨시티에 3-6 패배를 당하는 등 여러모로 텐 하흐 감독 부임 초기부터 '롤러코스터'를 타는 듯한 모습과 함께 팬들의 우려 섞인 반응이 나오기 시작하기도 했다.

리그가 위와 같이 진행되는 사이, 이 시즌 맨유에게 가장 긍정적이었던 대회는 카라바오컵이었다. 맨유는 11월 10일 아스톤 빌라와의 3라운드에서 승리를 시작으로 번리, 찰튼, 노팅엄에 승리를 거두고 결승전까지 올라 2023년 2월 26일에 열린 뉴캐슬과의 결승전에서 카세미루, 래시포드의 골로 승리를 거뒀다. 맨유가 6년 만에 거둔 메이저 대회 우승이었다. 특히 이 과정에서 래시포드는 노팅엄 포레스트와의 준결승 2차전을 제외하고 결승전을 포함한 모든 경기에서 골을 터뜨리며 팀의 리그컵 우승에 중요한 역할을 하기도 했다.

리그컵에서 우승을 차지한 맨유는 유로파리그 조별리그에서 1차전 레알 소시에다드에 0-1 패배 이후 남은 5경기에서 전승하며 조 2위로 플레이오프에 진출했다. 플레이오프에서 바르셀로나에 종합스코어 4대 3으로 승리하며 긍정적인 모습을 보이고 16강에서 레알 베티스를 꺾고 8강까지 올랐으나 8강에서 세비야에 패하며 탈락했다.

특히 세비야와의 2차전에서 맨유는 경기 결과도 0-3으로 완패했지만 경기 중 상대에게 중원에서 제압당하고 제대로 찬스를 만들지 못하며 수비진에서도 실책을 범하는 등의 플레이로 영국 언론으로부터 '끔찍한 경기력'이라는 비판을 받기도 했다. 그 중에서도 가장 결정적이었던 맨유의 첫번째 실점 장면에는 맨유에서 가장 경험이 많고 중요한 두 선수가 모두 관여되었는데 베테랑 골키퍼 데헤아가 센터백이자 주장인 매과이어에게 패스를 보낸 순간 세비야 공격진이 압박해오자 매과이어가 제대로 볼을 처리하지 못하며 그대로 볼을 뺏기고 그것이 실점으로 이어진 것이다.

이 장면으로 특히 매과이어에게 영국 언론 및 팬들의 큰 비판이 쏟아졌고 그가 맨유에 입단할 당시에 받았던 기대치에 미치지 못한다거나 맨유의 주장에 어울리지 못한다는 비판은 비단 이 장면뿐 아니라 한동안 프리미어리그를 넘어 잉글랜드 대표팀 일정 중에 그에 대한 반응이 나올 정도로 뜨거운 화두가 되기도 했다. 세비야 전의 첫번째 실점에 대해 영국 언론 인디펜던트는 "데헤아와 매과이어가 맨유의 실점 3장면에 모두 책임이 있었다, 특히 매과이어는 최저점을 찍었다"라며 맨유의 당시 수비진의 상황을 "완전히 부서진 수비"라고 표현하기도 했다.

한편, 이 시즌 맨유는 리그컵 결승에 이어 FA컵에서도 결승까지 진출하며 자국 내 컵대회 '더블'에 도전했으나 2023년 6월 3일 열린 맨시티와의 결승전에서 1-2 패배를 당했다. 이 경기에서는 브루노 페르난데스가 페널티킥으로 골을 기록했으나 귄도간이 두 골을 기록한 맨시티가 2 대 1 승리를

2022/2023시즌 리그컵 결승 맨유-뉴캐슬 선발 라인업

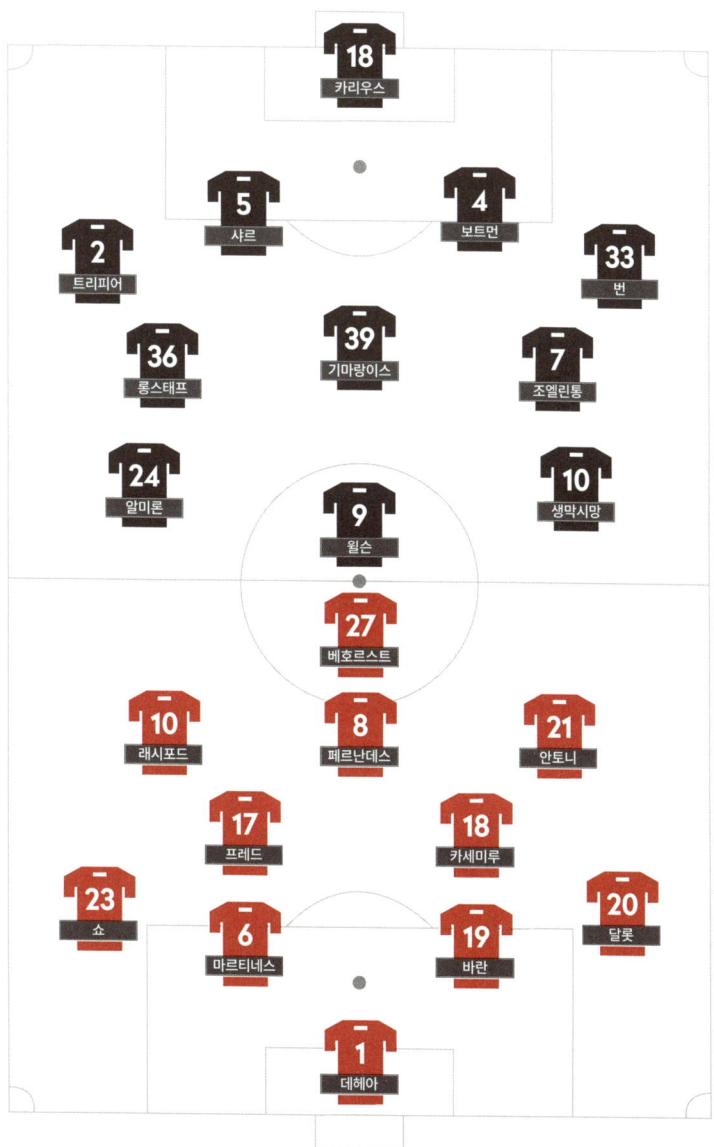

거뒀다. 시즌 마지막 경기에서 자국 컵 '더블'에 도전했던 맨유로서는 아쉬운 순간이었으나 리그컵 우승과 리그 3위 마무리로 인한 챔피언스리그 복귀로 인해 텐하흐 감독의 첫 시즌은 전반적으로 나쁘지 않은 시즌, 그러나 여름 이적시장에서 많은 보강이 필요한 시즌이라는 평가를 받았다.

다만, 이 시즌 중에도, 그리고 특히 다음 이어질 시즌에도 텐 하흐 감독의 맨유 재임 시절에 가장 큰 문제점 중 하나로 지적되는 이슈가 등장하기 시작하는데 다름 아닌 자신이 이끄는 선수들과의 마찰이 그것이었다. 그 대표적인 예가 호날두, 그리고 산초였다.

호날두의 경우 우선 맨유 레전드이자 세계 최고의 축구스타로서의 자존심과 자부심을 가진, 그러나 이미 35세의 나이를 넘은 호날두의 기용 문제는 텐 하흐 감독 이전의 감독들도 모두 겪었던 일로 텐 하흐 감독의 재임기간에 처음 불거진 것은 아니었다. 다만, 텐 하흐 감독 체제 하에서 이는 더욱 극단적으로 그리고 공개적으로 문제가 되었는데 가장 결정적이었던 장면은 2022년 10월 19일 맨유가 토트넘을 상대로 홈에서 2 대 0 승리를 거둔 경기 후에 나왔다.

이 경기에서 맨유는 좋은 경기력을 보이며 2 대 0 승리를 거뒀지만 정작 가장 논란이 된 장면은 경기시간 89분에 이 경기에서 교체명단에 포함되어 있던 호날두가 경기가 끝나기도 전에 선수입장 터널을 빠져나가는 모습이었다. BBC의 보도에 의하면 실제로 그는 잠시 드레싱룸에 들렀다가 그대로 경기장을 빠져나간 것으로 밝혀졌다. 자신을 기용하지 않는 것에 대한 불만을 경기장 위에서 그대로 드러낸 것으로 이 장면을 두고 잉글랜드 대표팀 공격수 출신이자 BBC MOTD 진행자로 잉글랜드에서 가장 명성이 높은 축구 레전드 중 한 명인 게리 리네커가 공개적으로 "저건 용납될 수 없는 행동이고 매우 형편없는 일이다"라고 곧바로 비판을 하기도 했다.

맨유 레전드 골키퍼인 슈마이켈 역시 "나는 평소에 그를 항상 옹호하고 그의 상황을 이해하지만 이번 일은 처음으로 호날두에게 실망했다고 말할 수 있다"고 말했다.

이 일이 있고 나서 얼마 지나지 않은 11월, 아마도 이 시즌 맨유에 있어서 세계적으로 가장 화제가 됐던 하나의 '사건'이 발생했다. 아직 시즌이 진행중인 상황임에도 불구하고 호날두가 영국 방송인 피어스 모건과 TV 인터뷰를 갖고 맨유의 상황에 대한 자신의 생각, 또 전직 감독들은 물론이고 현지 감독인 텐 하흐 감독에 대한 비판까지 모두 가감 없이 밝혀버린 것이다.

당시 방송에서 호날두는 특히 맨유와 텐 하흐 감독에 대해 각각 맨유는 개선된 것이 하나도 없다. '제로'라고 말하며 자신이 거쳤던 레알 마드리드, 유벤투스와 비교할 때 훈련, 기술적인 부분, 훈련장의 환경이나 영양적인 부분 전반적으로 뒤처져 있다고 생각한다는 자신의 의견을 밝혔고 특히 한 달 전부터 문제가 불거졌던 텐 하흐 감독에 대해서는 자신을 존중하지 않는다며 언론에서는 그가 나를 좋아한다거나 이런저런 말을 하지만 그건 100% 언론용이고 그가 나를 존중하지 않는다면, 나도 그를 존중하지 않는다는 취지의 발언을 남겼다.

이날 호날두의 인터뷰 발언은 세계적으로 주목을 받았고, 특히 영국 축구계에서는 즉각적으로 맨유 구단은 물론 다양한 레전드들로부터 시즌 중인 선수가 공개적으로 저런 발언을 했다는 사실에 대해 자기 자신이 비판을 받을 만한 행동을 했다는 반응이 컸다. 그러나 또 다른 한편으로는, 맨유가 퍼거슨 감독 은퇴 이후 여전히 후계자를 찾지 못하고 있는 상황에서 그의 폭로성 발언들이 일리가 있다거나 그를 지지하는 팬들의 반응이 공존하기도 했다.

전술했듯, 호날두의 이슈는 텐 하흐 감독 만의 문제라고 보기는 큰 무리가 있다. 무엇보다 호날두의 기용에 대한 문제는 그가 맨유에 입단했던 당시부터 솔샤르 감독에게도, 그 이후 잠시 팀을 맡았던 랑닉 감독에게도, 또 텐 하흐 감독에게도 일종의 '딜레마'와 같이 작용했다. 여전히 득점력과 기량을 보유하고 있으나 감독이 원하는 전술에 필요한 활동량이나 압박 등 감독의 계획에 호날두가 맞는 선수인지가 하나의 이슈였고, 그의 세계적 인기와 높은 자부심으로 인해 그를 기용하지 않는다는 것만으로도 언제 터질지 모르는 불안요소가 있었기 때문이다.

결국 그 인터뷰를 계기로 호날두는 맨유와 상호합의 끝에 맨유를 떠났지만, 텐 하흐 감독에게 문제는 텐 하흐 감독이 맨유 재임 기간에 선수와 이런 큰 충돌을 겪은 것이 비단 호날두 한 명만이 아니었다는 점이었다.

텐 하흐 감독은 맨유가 큰 기대를 안고 도르트문트로부터 영입했던 공격수인 산초와도 비슷한 마찰을 빚은 바 있다. 사실, 텐 하흐 감독과 산초 사이에서 처음으로 불화의 씨앗이 싹튼 것 영국 맨유 취재진들의 보도에 의하면 역시 호날두와의 문제가 공개적으로 드러나기 시작했던 시점과 크게 다르지 않은 2022년 10월에서 12월 사이의 일이었다.

그 후로 그 문제는 이 시즌에는 표면적으로 드러나지 않았으나 그 다음 시즌 초반이었던 9월 아스널 전을 앞두고 산초를 기용하지 않는 이유에 대한 설명과 반박에서 다시 불거졌다. 텐 하흐 감독은 "훈련에서의 모습 때문에 기용하지 않는 것이다. 맨유에서는 매일 일정 레벨에 도달해야 하며 그래야 우리는 공격진을 선택할 수 있다. 이런 이유로 그가 선택되지 않은 것이다"라고 설명했고, 산초는 자신의 소셜미디어를 통해 이를 반박했다.

산초는 이 발언이 나온 후 "기사에 나온 모든 것을 믿지 말라, 나는 나에 대해 사실이 아닌 것을 남들이 말하도록 내버려두지 않을 것이며 이번 주 훈련을 매우 잘 소화했다"며 (자신이 기용되지 않는 데는) 나는 다른 이유들이 있다고 생각하지만 그에 대해 말하지 않을 것이며 오랫동안 희생양이 되어왔다"고 말했다. 이는 그 즉시 맨유, 영국 언론, 또 팬들에게도 산초가 공개적으로 감독의 발언에 대해 항명하고 더 심각하게는 감독이 공개적으로 자

선수단을 적절히 장악하지 못하고 많은 불화설에 휩싸인 에릭 텐 하흐 감독.

신에 대한 사실이 아닌 내용을 발언한 것처럼 보일 수 있는 발언이었고, 실제로 그런 보도가 즉각적으로 쏟아지기 시작했다.

결국, 이 일로 인해 맨유는 공식성명서를 내고 산초가 1군 팀과는 별도로 훈련을 받을 것이라 발표했다. 그 후로 산초와 텐 하흐 감독의 관계는 잠시 회복되는 것처럼 보일 때도 있었지만, 결과적으로는 두 사람의 맨유 커리어가 끝날 때까지 개선되지 못했다.

텐 하흐 감독과 호날두, 산초의 이슈는 물론 구체적인 면에서는 차이점도 존재했지만 큰 관점에서 보면 텐 하흐 감독과 구단 내 선수들의 마찰이 공개적으로 드러났다는 점에서 텐 하흐 감독이 선수단 장악, 혹은 선수단 관리에 문제가 있었다는 비판으로 이어졌다. 이 문제점에 대해서는 누구보다도 이 인물이 가장 설득력 있는 의견을 내놓았는데 맨유와 아약스 두 클럽에서 모두 뛰었고, 특히 '포스트 퍼거슨' 시대 맨유를 직접 경험했던 세계적인 공격수 즐라탄 이브라히모비치가 그 주인공이다.

즐라탄은 2023년 10월, 그보다 앞서 호날두와 인터뷰를 가지기도 했던 영국 방송인 피어스 모건과의 인터뷰에서 산초, 호날두, 텐 하흐 감독과 맨유에 대해 답했는데 그 중 산초와 텐 하흐 감독의 문제에 대한 그의 발언은 다음과 같았다.

"텐 하흐 감독이 어디서 왔나? 아약스에서 왔다. 나도 과거 아약스에서 뛰었다. 아약스는 재능이 넘치는 클럽이다. 재능이 많은 선수들이 많지만 '빅스타'는 없다. 그렇다면, 이 감독의 경험은 무엇인가? '어리고 재능 있는 선수들'이다. 그리고 그는 맨유로 왔다. 맨유는 다른 멘탈리티와 다른 선수들을 가진 클럽이다. 또 빅스타가 많은 클럽이다. 그러므로, 텐 하흐 감독이 아약스에서 한 '경험'이 맨유와 맞을지 나는 모르겠다. 환경이 다르고 아약스와 맨유는 차이가 큰 클럽이다. 재능 있는 어린 선수를 지도하는 것과 빅스타를 지도하는 것에는 다른 접근법이 필요하고, 다른 규율이 필요하다. 맨유에 와서 선수들에게 아약스에서 했던 것과 같은 것을 한다면, 나는 같은 반응이 나올 것이라고 생각하지 않는다."

결론적으로 텐 하흐 감독이 맨유에서 자신의 팀을 만들기 위해 부임 초기 '5가지 규칙'을 도입하는 등 의욕적으로 시도한 것은 물론 좋았으나 즐라탄의 말처럼 아약스의 선수들을 다루는 것과 맨유 선수들을 다루는 것에는 다른 접근법이 필요했으며, 아약스에서의 경험을 그대로 맨유에서 적용하는 것이 통할지에는 큰 의문부호가 있다는 것이다. 실제로 그 결과가 텐 하흐 감독의 맨유 재임 기간에 결과로 드러났다고도 볼 수 있다.

이 시즌은 프리시즌 기간부터 이미 전부터 발생했던 내부적 불협화음이 공개적으로 확산되기 시작했다. 대표적인 문제는 텐 하흐 감독과 산초 간의 갈등이었다. 두 사람 사이의 갈등은 전 시즌부터 발단되어 그로 인해 산초가 친정팀인 도르트문트로 임대를 떠나기까지 했으나, 임대에서 돌아온 후 맨유 훈련에 복귀하며 다시 맨유에서 뛸 것처럼 보였던 산초가 결국에는 여름 시적시장 막바지에 첼시로 임대되는 일도 있었다.

이는 '규율'을 중요시하는 텐 하흐 감독의 스타일을 선수들이 제대로 따르지 않았다고 볼 수도 있지만, 다른 한편으로는 텐 하흐 감독이 전 소속팀인 아약스와는 다른 맨유라는 클럽의 특성을 제대로 이해하지 못했고 서로 다른 두 팀을 지나치게 자신의 스타일을 고수하며 이끌려고 했기 때문이라고 볼 여지도 있다.

22/23시즌 맨유는 리그 3위, 리그컵 우승, FA컵 준우승이라는 가시적으로는 결코 나쁘다고 할 수 없는 준수한 성과를 냈지만 동시에 내부적으로는 위와 같은 감독과 선수 사이의 갈등 등의 이슈들이 점점 크게 내부적으로 드러나고 있었고, 이는 그 다음에 이어질 시즌에서 좋지 않은 결과로 귀결되게 된다.

2023/2024시즌

한마디로 말해서, 23/24시즌은 맨유의 길고 험했던 퍼거슨 감독 이후 역경의 시기 중에서도 가장 실망스럽고 힘든 시즌이었다. 또 그만큼 여러가지 많은 사건 사고들이 있었던 시즌이기도 했다. 그 무엇보다 당장 눈앞에 드러난 결과부터 모든 것을 말해준다. '리그 8위'. 이는 1992년 프리미어리그 출범 이후 맨유의 가장 낮은 리그 순위였으며, 이 시즌 맨유가 당한 14패는 1989/90 시즌 이후 최악의 결과였다. 여러모로 퍼거슨 감독과 함께 프리미어리그 창설 초기부터 리그의 최강자로 군림했던 맨유가 얼마나 상상하기 힘든 만큼 추락했는지 잘 보여주는 결과였다.

더 구체적으로 살펴보면, 이 시즌 맨유는 골득실에서 심지어 '-1'을 기록했다. 57골 득점에, 58골 실점으로 맨유가 프리미어리그에서 득점한 골보다 실점이 더 많다는 것은 맨유라는 구단의 역사와 위상을 고려할 땐, 특히 최소한 프리미어리그 출범 이후의 그것을 고려할 땐 상상도 하기 힘든 일이었다. 또한, 이 시즌 맨유의 결과가 더욱 실망스러웠던 것은 많은 팬들이 드디어 퍼거슨 감독의 적절한 후계자가 될 것이라고 믿었던, 또는 그렇게 되기를 희망했고 첫 시즌에 나쁘지 않은 성과를 냈던 텐 하흐 감독이 첫 번째 시즌보다 떨어지는 역행의 결과를 냈기 때문이었다.

첫 번째 시즌 산초 등 선수단과의 문제점을 안고 있었던 상황속에서 이어진 이 시즌 여름 이적시장 기간 중에 맨유는 대대적인 선수단 개편을 단행했다. 여름 이적시장에서만 제이슨 마운트, 안드레 오나나, 라스무스 호일룬 등을 영입한 맨유는 이적시장에서 막대한 비용을 지출했지만 정작 이들 중 시즌이 끝난 후 기대 이상의 활약을 했다고 평가받은 선수는 많지 않았다.

시즌 시작, 첫 경기였던 울버햄튼 전부터 승리하긴 했지만 석연치 않은 승리를 거뒀던 맨유는 2라운드 토트넘 원정에서 0-2로 패한 후 4라운드 아스널 원정, 5라운드 브라이튼 전에서 패하며 2승 3패로, 당시 순위 13위로 새 시즌을 시작했다. 전 시즌 리그 3위 마무리에 리그컵 우승, 막대한 이적료 지출로 기대치가 올라있던 맨유 팬들에겐 출발부터 잘못된 시즌이었다.

이 시즌 맨유는 리그에서 시즌 내내 시소를 타는 듯한 모습을 보였고 시즌 내내 단 한 번도 톱4 자리에 들지 못한 채 결국 리그 8위라는 최악의 성적으로 리그를 마무리한다. 리그컵에서도 4라운드 뉴캐슬 전에서, 그것도 홈에서 열린 경기에서 뉴캐슬에 0-3 패배를 당한 것은 팬들에게 더욱 실망스러운 결과였다.

리그, 리그컵보다 더욱 충격적이었던 것은 챔피언스리그에서 조별리그 최하위인 4위를 기록하며 그대로 유럽 대회가 12월에 종료되어버렸다는 점이었다. 바이에른 뮌헨, 코펜하겐, 갈라타사라이와 한 조가 됐던 맨유는 1차전인 뮌헨 원정 경기에서 3-4 패배를 당했는데 뮌헨 홈에서 패한다는 것은 이해할 수 있는 일이었으나 2차전 갈라타사라이를 홈으로 불러들여 당한 2-3 패배, 특히 객관적 전력이나 유럽 대회 경력 등에서 맨유가 반드시 이겨야 할 상대인 코펜하겐 원정 경기에서 3 대 4 패배를 당한 것이 결정적이었다. 결국 맨유는 이 조별리그에서 6경기 1승 1무 4패 12골 15실점 -3 골득실을 기록하며 최악의 성적으로 유럽 대회 일정을 마무리했다.

이렇게 리그, 리그컵, 챔피언스리그에서 모두 심각할 정도로 실망스러운 시즌을 보낸 맨유에게 유일한 위안 혹은 텐 하흐 감독에게 반전의 결과를 안겨준 것이 이 시즌의 FA컵이었다. 이 시즌 FA컵에서 맨유는 위건, 뉴포트, 노팅엄을 꺾고 8강에 올라 리버풀과의 극적인 승부 끝에 4 대 3 승리를 거두고 준결승에 올랐고 코벤트리 시티와의 승부차기 끝에 결승에 올랐다. 결승전 상대는 맨체스터 더비의 상대팀인 맨시티였다. 이 시즌 성적, 양팀의 전력이나 경기력을 감안할 때 대부분의 전문가와 팬들이 맨시티의 우승을 예상했던 이 경기에서 맨유는 뜻밖에 2 대 1 승리를 거두고 우승을 차지하게 된다.

대다수의 전문가와 팬들이 맨시티의 승리를 예상하고 있었던 이 결승전에서 맨유는 가르나초와 마이누, 두 명의 맨유 아카데미 출신 신예들의 골로 맨시티를 2 대 1로 꺾고 우승을 차지했다.

전반전 30분에 나온 가르나초의 골 장면에서는 맨시티 수비수 그바르디올의 헤딩 백패스 실수가 있었던 것도 사실이지만, 그와 별개로 끝까지 골을 노리며 상대 골문으로 전진해 들어간 가르나초의 움직임이 있었기 때문에 가능했던 골이었다.

두 번째 골 장면에서는 좌측면에 있었던 래시포드가 오른쪽 측면으로

2023/2024시즌 FA컵 결승전 맨유-맨시티 선발 라인업

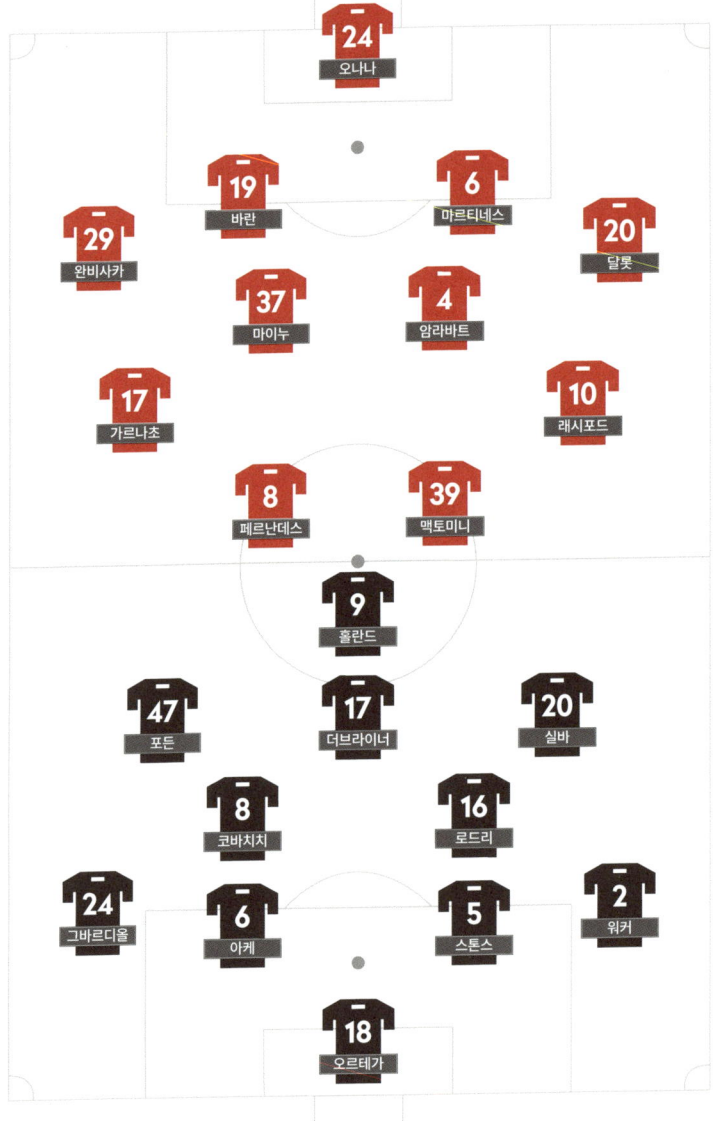

침투해 들어가는 가르나초에게 이어준 좋은 패스에 이어 가르나초가 전방으로 침투하던 브루노 페르난데스에게 패스, 그리고 페르난데스가 감각적인 논스톱 패스로 자신의 좌측면에 있던 마이누에게 이어준 볼을 다시 마이누가 논스톱 슈팅 골로 성공시키는 매우 뛰어난 팀플레이에 의한 골이 나오기도 했다. 이후 맨시티는 도쿠의 한 골로 추격해왔으나 맨유는 2대 1로 우승을 차지했다.

이 결승전에서 승리하여 우승을 차지하면서, 맨유는 텐 하흐 감독의 두 시즌 동안 두 차례, 2년 연속 자국리그 컵 대회 우승을 차지했다는 가시적 성과는 얻게 되지만, 심각한 딜레마에 빠지게 된다. FA컵 우승을 제외하면 사실 언제 경질되어도 이상할 것이 없었던 텐 하흐 감독을 경질할 것인가 혹은 그에게 한 번 더 기회를 줄 것인가라는 점이다. 그리고 이 결정은 이 시즌 중 맨유 구단의 인수를 완성한 새 구단주인 INEOS의 첫 번째 중대한 결정이기도 했다.

결과적으로, 이 결승전에서의 우승으로 텐 하흐 감독은 감독직을 유지했다. 그리고 만약 그로 인해 얻은 결과로 그 다음 시즌 반전을 이뤄낼 수 있었다면 과거 경질 위기 직전까지 몰렸다가 1990년의 FA컵 우승으로 반전하며 그 후 맨유에서 성공가도를 달린 퍼거슨 감독의 사례를 이을 수 있지 않을까라는 희망을 엿볼 수도 있었겠지만 프리미어리그의 현실은 냉혹했다. 맨유는 그 다음 시즌 더 깊은 심연으로 빠져들게 된다.

112 2024/2025시즌 ~ 2025/2026시즌 현재
후벵 아모림 감독 시대

이 책 『누구보다 맨유 전문가가 되고 싶다』의 개정판 기준 가장 최근의 직전 시즌인 프리미어리그 24/25시즌에 앞서 맨유에는 아주 중대한 변화가 있었다. 24/25시즌이 개막되기에 앞서, 그 전 시즌 중에 완료된 맨유 구단의 매각 및 인수 과정이었다. 맨유 팬들이 장기간 염원했고 또 공개적으로 퇴진을 요청했던 글레이저 가문이 장기간의 매각 과정을 거쳐 영국 출신의 억만장자 사업가 짐 랫클리프 경(Sir)이 이끄는 INEOS가 맨유를 부분 인수하며 새로운 시대가 열리게 된 것이다. 결과적으로 글레이저 가문이 모든 지분을 넘긴 것은 아니었으나 맨유 공식 홈페이지에서 인수 소식을 발표할 당시, 해당 발표 내용을 기준으로 INEOS가 맨유 지분의 25%를 인수하면서 맨유 남녀팀, 아카데미 등의 운영권을 맡게 됐다.

맨유의 '포스트 퍼거슨' 시대를 거쳐오면서 모예스, 반 할, 무리뉴, 솔샤르, 랑닉, 텐 하흐 감독을 거치면서도 클럽에 가시적 발전이라기보다는 오히려 퇴보가 이어질 때마다 맨유 주장 출신 스카이스포츠 해설자인 게리 네빌을 중심으로 한 맨유 레전드 출신 축구 전문가들, 언론에서는 맨유가 겪는 문제의 뿌리가 곧 구단주 혹은 그 그룹(Ownership)에게 있다는 주장을 펼치며 구단주의 변화가 필요하다는 것을 강조해왔다.

이제 글레이저 가문에서 INEOS로 그 '선장'이 바뀐 맨유가 과연 그 변화를 통해 반전을 만들 수 있을지는 한 두 시즌 단기적 관점에서보다는 장기적으로 지켜봐야 할 주제다. 다만, 24/25시즌을 마감하는 시점에서 돌아볼 때 인수 과정이 종료된 지 약 1년이 지난 시점까지 INEOS가 맨유를 운영하면서 긍정적인 개선점보다 문제점들이 점점 더 부각되고 있다는 점은 아직 초반임에도 불구하고 전세계의 맨유 팬들을 다시 한 번 우려하게 만드는 대목이다.

INEOS가 구단 지분 일부 인수를 마감한 후 남자 1군 팀에 대해 내린 처음 내린 가장 중대한 결정은 23/24시즌 FA컵 우승을 차지한 텐 하흐 감독을 경질할 것인가, 그에게 한 번 더 기회를 줄 것인가라는 점이었다. INEOS는 후자를 택했고, 결과적으로 그 선택은 실패로 끝났다.

텐 하흐 감독은 FA컵 우승 후 맨유에서 반전을 이끌어내지 못했고 이미 첫 시즌부터 지적 받았던 문제점들을 극복하지 못한 채 10월 말 시즌 도중 경질됐다. 그의 후임으로 맨유에서 프리미어리그 득점왕을 차지했던 공격수 출신 루드 반 니스텔루이가 짧게 임시 감독을 맡아 4경기 3승 1무의 좋은 성적을 보여줬으나, 결국 맨유의 다음 정식 감독으로 포르투갈 리그 스포르팅 리스본에서 뛰어난 성적을 거뒀던 젊은 감독인 후벵 아모림이 선임됐다.

아모림 감독은 포르투갈의 미드필더 선수 출신으로 2018년 3부 리그 팀 카사 피아에서 코칭 커리어를 시작한 감독이다. 이후 브라가 B팀을 거쳐 브라가 1군 팀, 그리고 스포르팅 리스본을 거쳤다. 2020/21시즌 그는 스포르팅 리스본을 19년 만의 리그 우승으로 이끌었고 이 시즌 단 1패만을 기록했다. 또 한 가지 흥미로운 점은 그가 2018년 같은 포르투갈 출신의 무리뉴 감독이 맨유를 지휘할 당시 무리뉴 아래서 1주일 간의 단기 인턴십 경험을 한 적이 있다는 점이었다.

이런 아모림 감독이 텐 하흐 감독에 이어 맨유 감독이 된 것에 대해서는 영국 언론 및 팬들로부터 처음부터 기대와 우려가 섞인 시선이 공존했다. 그가 스포르팅 리스본에서 보여준 전술가적인 면모에는 기대가 모였고, 실제로 영국 BBC 등 언론에서는 "맨유가 유럽에서 가장 기대되는 젊은 감독을 선임했다"고 보도하기도 했다. 그러나, 그가 아직 부임 당시의 나이로 39세의 어린 감독이라는 점, 그러므로 필연적으로 감독으로서의 경험이 부족하다는 점이 과연 장기간 복합적인 문제점을 안고 있는 맨유에 안정성을 가져올 수 있는 감독인가에 대해 의견이 엇갈린 것이다.

아모림 감독의 첫 시즌, 그가 시즌 중간중간 그에게 달렸던 '기대'에 부합하는 모습을 전혀 보여준 적이 없다고 할 수는 없지만, 그에 대한 '우려'가 현실이 되어 더 부각되기 시작하는 데는 긴 시간이 걸리지 않았다. 물론, 아모림 감독이 부임할 당시 이미 맨유가 리그 14위, 유로파리그에서도 36개 팀 중 21위에 있었다는 점을 잊어서는 안 되지만 무엇보다 그의 맨유는

후벵 아모림은 스포르팅 리스본에서의 성과를 바탕으로 맨유 감독에 부임했다.
2027년 6월까지 계약되어 있다.

부임 초기부터 시즌 후반기까지 줄곧 '안정성'이 부족한채 위태로운 모습을 보여줬다.

　맨유는 12월에 리그에서 맨시티 원정에서의 승리를 포함 6전 1승 5패를 당한 끝에 24/25시즌 중반기까지 리그 10위권 이하에 머물며 새 감독을 맞이한 지 한 시즌이 채 되지 않은 상태에서 벌써부터 아모림 감독이 맨유의 성공을 이끌기에 적합하지 않은 감독이라는 비판이나, 심지어 시즌 중도에 부임한 감독을 시즌 중도에 경질해야 한다는 주장이 나오기도 했다.

　특히, 아모림 감독은 1월 19일, 브라이튼에 1 대 3 패배를 당한 후 자신이 감독으로 부임한 후 맨유가 11번의 리그 경기에서 승점 11점에 그치며 리그 13위까지 처진 상황에서 가진 기자회견에서 다음과 같이 말하며 현실을 직시하고 변화를 위해 노력해야 한다고 발언하기도 했다.

"우리는 어쩌면 맨유 역사상 최악의 팀일지도 모른다. 언론에서 자극적인 제목을 원하는 것은 알지만 그래도 나는 그렇게 말하겠다. 왜냐하면 우리가 그 사실을 인정하고 바꾸려 노력해야 하기 때문이다."

이후로도 계속해서 위태롭게 이어지던 시즌 말, 아모림 감독과 맨유에게 24/25시즌에 대한 평가를 바꾸고 또 추후 시즌에 큰 관점에서 클럽 분위기를 바꿀 수 있는 절호의 기회가 찾아왔다. 유로파리그에서 레알 소시에다드, 리옹, 아틀레틱 빌바오를 차례로 꺾고 결승에 오른 것이다. 특히 이 중에서 8강 2차전 리옹전에서는 연장전까지 가는 혈투 끝에 매과이어의 결승골로 5 대 4로 승리하며, 합산 스코어 7 대 6 우위로 4강에 오르며 기세를 올렸고 4강에서는 이 시즌 유로파리그 결승전이 자신의 홈구장에서 치러진다는 특별한 동기부여를 가지고 있던 스페인의 강호 아틀레틱 빌바오를 상대로도 1, 2차전 합산 스코어 7 대 1로 승리하며 결승전에 올랐다.

이 대망의 결승전 맨유의 상대는 이 시즌 프리미어리그에서 맨유와 비슷한 리그 순위를 기록하고 있었고 맨유와 마찬가지로 유로파리그 우승으로 시즌 전체의 분위기와 다음 시즌 챔피언스리그 진출권 확보를 노리고 있었던 토트넘이었다.

양 팀 모두 이 경기에서의 승리에 다음 시즌 챔피언스리그 진출권과 그에 따른 막대한 경제적 이익, 그리고 양 팀 구단에 남을 역대급 '최악의 시즌'이라는 오명을 완전히 혹은 어느 정도는 벗어날 수 있는 운명의 한 판이었던 이 경기를 앞두고 맨유는 팀의 가장 중요한 역할을 하는 두 선수인 브루노 페르난데스, 해리 매과이어 둘을 공식기자회견에 내세우며 필승을 다짐했다. 두 선수 역시 맨유가 리그에서 부진했던 것은 인정하고 개선해야 하는 것은 분명하나 유로파리그에서는 달랐다며 반드시 유로파리그 우승을 해내겠다는 의지를 보였다.

그러나, 양 팀의 결승전은 전반전에 나온 단 한 골로 승부가 났다. 전반전 문전에서 벌어진 혼전 상황에서 맨유 수비수 루크 쇼와 토트넘 공격수 브레넌 존슨의 문전 경합 상황에서 나온 골로 1 대 0이 된 스코어가 끝까지 유지된 것이다. 이 골은 골 선언 이후 적극적으로 슈팅을 시도했던 존슨의 골인지 혹은 팔에 볼이 맞았던 쇼의 자책골인지 의문이 있었으나 경기 후 공식적으로는 존슨의 골로 인정됐다.

물론, 맨유에게도 결정적인 득점 기회와 반전의 기회는 있었다. 후반전 토트넘 골키퍼 비카리오가 실수로 잘못 처리한 볼이 호일룬의 머리를 향했고 호일룬이 그대로 헤딩 슈팅을 시도한 후 그의 머리를 떠난 볼은 분명히 토트넘 골문 안으로 흘러 들어가고 있었다. 그러나, 이 시즌 부상으로 절반 가량 경기에 나서지 못했던 토트넘의 수비수 미키 반 더 벤이 자신의 주발도 아닌 오른발로 바이시클킥하듯이 골라인 앞에서 볼을 걷어내며 맨유의 결정적인 동점골 기회를 무산시켰다.

이 장면은 이날 이 순간 전후로, 맨유의 입장에서는 특히 후반전 가르나초의 교체 투입 이후 막판 및 추가시간으로 갈수록 맨유의 공격이 거세지고 있었던 분위기였다는 점을 감안했다면 동점을 넘어 역전의 발판이 될 수도 있다는 점에서 뼈아픈 장면이었고 토트넘의 입장에서는 시즌 절반을 부상으로 뛰지 못했던 반 더 벤과 비슷하게 경기를 소화하지 못했던 로메로에게 결승전을 앞두고 휴식을 부여하며 주전 센터백으로 하여금 결승전에 집중하도록 했던 엔지 포스테코글루 감독의 결정이 결과적으로 성공했던 장면이었다.

이 장면 외에도 맨유는 끝까지 추격골을 위해 공격을 밀어붙였으나 상대 골키퍼 비카리오의 선방을 뚫지 못했고 토트넘의 주장인 손흥민은 후반전에 교체 투입되어 우승 확정 순간까지 경기를 소화한 후 시상식에서 직접

2024/2025시즌 유로파리그 결승전 맨유-토트넘 선발 라인업

우승 트로피를 들어올리기도 했다. 이날의 우승으로 토트넘은 17년 만의 메이저대회 우승, 41년 만의 유럽 대회 우승이라는 큰 영광과 기쁨의 순간을 맛봤고 맨유는 유로파리그 우승에 실패하며 그 다음 시즌을 2014/15시즌 이후 처음으로 어떤 유럽 대회도 치르지 않고 한 시즌을 보내게 됐다.

특히, 이 경기에서의 패배로 맨유는 시즌 중 겪었던, 또 앞으로 극복해야 할 것으로 예상되는 재정난으로 인한 피해를 그나마 경감할 수 있는 기회마저 놓치게 됐다. 이미 영국 BBC를 포함한 언론으로부터 맨유 구단의 스태프들 중 일부가 일자리를 잃었다는 보도와 새 시즌을 앞두고 재정적 위기를 극복하기 위해 다음 시즌을 앞두고 다수의 선수를 팔아야 할 것이라는 예상이 나오기도 했다.

시즌이 종료된 후, 아모림 감독에 대해서는 시즌 도중에 부임한 첫 시즌이었다는 점을 감안하여 그가 자신의 스타일대로 시즌을 준비할 수 없었다는 점(프리시즌 등), 그의 전술에 맞는 선수 보강이 필요하다는 이유 등으로 지지를 보내야 한다는 주장이 나왔다. 반면 젊은 나이의 감독인 그의 선수단 장악 능력 부족, 그리고 첫 시즌이었다는 점을 감안하더라도 너무나 기대이하였던 성적을 기준으로 하여 그에게 두 번째 시즌을 허락해서는 안 된다는 주장 역시 공존했다.

알렉스 퍼거슨 감독 시절 맨유의 주장으로 활약했던 로이 킨은 "맨유가 이보다 더 나빠질 순 없다. 반드시 더 나아져야 한다"는 말로 이 시즌에 대해 총평하며 "지금 맨유에겐 프리미어리그 경험이 있는 선수들이 필요하다. 지난 2-3년간 맨유의 영입은 프리미어리그 경험이 없는 선수들이 너무 많았다"고 말했다.

비슷한 시기 킨과 함께 뛴 바 있는 또 다른 맨유 주장 출신 게리 네빌은 유로파리그 결승전 후 이 경기와 맨유의 현 상황에 대해서 자신의 유튜브 채널 등을 통해 "맨유의 지금의 모습은 아모림 감독 혼자의 문제가 아니며 장기간 이어진 잘못된 결정들의 결과물이다"라며 맨유가 아모림 감독에 힘을 실어줘야 하고 감독이나 특정 선수를 문제 삼을 것이 아니라 구단 전체가 개선되어야 한다는 취지로 현재의 상황에 대해 진단하기도 했다.

리그에서는 15위 (38경기 11승 9무 18패), 유로파리그를 포함한 모든 대회에서 우승 없이 시즌을 마무리한 이 시즌의 맨유를 두고 영국의 다수 언론에서는 맨유가 최저점(rock bottom)을 찍었다고 지적했고 맨유가 지금보다 더 나빠질 수는 없을 것이라고 비판적이고도 걱정 어린 시선을 보내기도 했다. 그리고 이러한 지적은 실제 맨유의 성적을 돌아볼 때 결코 쉽게 부정할 수 없는 진단이다.

전 세계의 맨유 팬들은 로이 킨, 게리 네빌 그리고 다수의 언론이 말한 것처럼 지금 이 순간이 맨유의 '최저점'이 맞다면, 이제부터는 그 최저점을 찍고 다시 한 걸음 두 걸음 위로 올라가는 맨유의 모습을 볼 수 있기를 간절히 기원하고 있다. 그러한 팬들의 절실한 마음이 모이고 또 모인다면, 어쩌면 10년 뒤 이 책 『누구보다 맨유 전문가가 되고 싶다』의 또 다른 새 개정판이 출간될 때는 이번 개정판에서 쓰인 것보다 긍정적인 이야기들이 훨씬 더 많이 쌓여 있을지 모르겠다.

'17년' 혹은 '20년'
그리고 맨유의 역사가 증명한
'저력'

Epilogue

 '17년'. 맨유 역사를 빛낸 두 명의 세계적 축구 명장 맷 버즈비 감독과 알렉스 퍼거슨 감독. 버즈비 감독이 1969년 맨유 감독직을 내려놨을 때, 그로부터 그의 후계자를 찾는 긴 여정에는 무려 '17년'이라는 시간이 걸렸다.

 물론, 이 책에서 자세히 소개한 바와 같이, 1986년 11월 맨유 감독에 부임한 퍼거슨 감독조차 부임 초기부터 성공을 거둔 것이 아니라 한때 리그 17위까지 처지며 경질의 위기까지 몰렸다가 극적인 FA컵 우승으로 반전을 시작한 것이 1990년의 일이니 맨유가 '버즈비의 후계자'와 함께 진정한 새로운 성공의 역사를 쓰게 되는 데까지는 약 20년의 시간이 걸렸다고 봐도 무방할 것이다.

 그리고, 이 책의 개정판을 마무리하며 에필로그를 쓰고 있는 2025년 11월의 시점에서, 맨유의 '퍼거슨 후계자 찾기'는 그가 은퇴한 2013년 5월 이후 '12년'째 진행중이다. 이 책을 읽은 후 이제 150년에 가까운 맨유의 역사를 더 넓은 관점에서 본다면, 필자도 이 책을 읽고 있는 독자들도 과연 맨유가 과거처럼 '17년' 혹은 '20년' 안으로 그들의 새로운 명장을 맞이할 수 있을지 더 흥미롭게 지켜볼 수 있을 것이다.

 이 책의 집필이 끝난 후 편집 작업이 진행된 2025년 8월 초부터 10월 말 사이 아모림 감독의 맨유에 발생한 일들은 아직 진행 중인 시즌이라는 점, 더 구체적으로는 매라운드마다 극과 극을 달리며 수많은 스토리를 만들어내는 맨유라는 구단과 현 시점의 특성상, 그에 대한 '정확한 평가'를 내리기란 불가능에 가깝다. 또 맨유의 150년 가까운 역사를 거시적으로 정리한 이 책에서 현재 진행중인 시즌에 대한 섣부른 평가를 내리는 것도 책의 성격과 어울리지 않기에, 진행 중인 이 시즌의 이야기는 추후 나올 3번째 개정판에서 상세히 적기로 한다.

 다만 한 가지 분명한 것은, 맨유라는 구단은 맷 버즈비 감독 시절 뮌헨 참사로 모든 것이 벼랑 끝까지 떨어졌다가 다시 유럽 최정상에 올랐던, 그 어떤 클럽보다도 극적인 서사를 가진 축구 클럽답게 현재도 매라운드 그 어떤 클럽보다 다이나믹하고 역동적인 서사를 만들어내고 있는 클럽이라는 점이다. 그리고 17년이든, 20년이든, 그 이상의 시간이든 퍼거슨 감독이 버즈비 감독의 맨유를 이어받아 그 맨유를 다시 잉글랜드와 유럽 정상에 올려놓았듯 언젠가 다시 그런 날이 올 거라는 믿음을 주는, 그 '저력'을 역사로 증명해낸 클럽이었다는 점이다.

 그렇다면 그 역사, 이 책에 담긴 모든 스토리들을 바탕으로 맨유의 그 날은 과연 '17년'이 되기 전에 올지, 혹은 '20년'이 되기 전에 올지, 혹은 그 이후가 될지 지켜보는 재미가 있지 않을까?

2025.11.4.

이성모

누구보다 맨유
전문가가 되고싶다

초판 1쇄 펴낸 날 | 2025년 11월 21일

지은이 | 이성모
펴낸이 | 홍정우
펴낸곳 | 브레인스토어

책임편집 | 김다니엘
편집진행 | 김진호, 정채현, 박혜림
디자인 | 이예슬
마케팅 | 방경희

주소 | (03908) 서울시 마포구 월드컵북로 375, DMC이안상암1단지 2303호
전화 | (02)3275-2915~7
팩스 | (02)3275-2918
이메일 | brainstore@publishing.by-works.com
블로그 | http://blog.naver.com/brain_store
인스타그램 | https://instagram.com/brainstore_publishing

등록 | 2007년 11월 30일(제313-2007-000238호)

© 브레인스토어, 이성모, 2025
ISBN 979-11-6978-068-1 (03690)

* 이 책은 저작권법에 따라 보호받는 저작물이므로 무단전재와 무단복제를 금하며, 이 책 내용의 전부 또는 일부를 이용하려면 반드시 저작권자와 브레인스토어의 서면 동의를 받아야 합니다.
* 잘못 만들어진 책은 구입하신 서점에서 교환하실 수 있습니다.
* 독자의 부주의로 훼손된 도서나 필요 이상의 물리적인 힘이 가해져 파손된 도서는 교환, 환불이 불가합니다.